suhrkamp taschenbuch
wissenschaft 1321

Der Titel *Bildung, Bürger, Arbeitskraft* gibt die Schlüsselbegriffe des bildungssoziologischen Vergleichs wieder, in dem die Entwicklung der allgemeinbildenden Schulen in der BRD und der DDR untersucht wird. Verglichen werden Veränderungen der Schulform, der Curricula und der Kooperationsbeziehungen zwischen Lehrern und Schülern. Die Autoren zeigen, wie sich Schulverhältnisse mit zunächst noch beträchtlichen ständischen Relikten mehr und mehr zu einer republikanischen Bildung der Bürger entwickeln. Der Entwicklung einer Bildung des Bürgers stand in beiden Gesellschaften ein neokonservativer Materialismus entgegen, der die Entwicklung der allgemeinbildenden Schulen auf Gesichtspunkte wirtschaftlich-technischer Notwendigkeiten festlegen wollte. Aber als Bildung der Arbeitskraft haben sich die Schulen in keiner der beiden Gesellschaften entwickelt. Die Differenzen zwischen den Bildungssystemen beider Gesellschaften korrespondieren mit Differenzen zwischen der liberalen und der sozialistischen Bürgerrolle. Die Arbeit stützt sich empirisch auf die wissenschaftliche und politische Berichtsliteratur und auf sozialwissenschaftliche Untersuchungen, darunter auch einige aus der DDR, die bisher nicht veröffentlicht wurden. Sie schließt an neuere Studien über Schulentwicklung und Nationenbildung aus dem angelsächsischen Bereich an und verknüpft sie mit Motiven der Marxschen und Weberschen Theorie der bürgerlichen Gesellschaft.

Gero Lenhardt, geb. 1941, Soziologe am Max-Planck-Institut für Bildungsforschung in Berlin. Gastprofessuren für Soziologie an der Stanford University und an der Universität von Tel Aviv. Studien zur Bildungsentwicklung, zu Minderheiten und Nationalismus, zur Arbeits- und Industriesoziologie sowie zur Arbeitsmarkt- und Sozialpolitik. Im Suhrkamp Verlag hat er veröffentlicht: *Berufliche Weiterbildung und Arbeitsteilung in der Industrieproduktion* (es 744); *Der hilflose Sozialstaat – Jugendarbeitslosigkeit und Politik* (es 932); *Schule und bürokratische Rationalität* (stw 466).

Manfred Stock, geb. 1958, Soziologe; 1987-1990 wissenschaftlicher Mitarbeiter an der Abteilung Bildungssoziologie der Akademie der Pädagogischen Wissenschaften der DDR; seit 1991 wissenschaftlicher Mitarbeiter am Institut für Bildungssoziologie der Freien Universität Berlin. 1996 Visiting Scholar am Department of Sociology, Stanford University. Veröffentlichungen: *Die Szene von innen* (mit Ph. Mühlberg) (1990); *Schüler erfahren die Wende* (mit M. Tiedtke) (1992); Aufsätze zur Jugendsoziologie und zur Bildungssoziologie.

Gero Lenhardt
Manfred Stock

Bildung, Bürger, Arbeitskraft

Schulentwicklung und Sozialstruktur
in der BRD und der DDR

Suhrkamp

Die Deutsche Bibliothek – CIP-Einheitsaufnahme
Bildung, Bürger, Arbeitskraft :
Schulentwicklung und Sozialstruktur in der BRD und der DDR /
Gero Lenhardt ; Manfred Stock. –
1. Aufl. –
Frankfurt am Main : Suhrkamp, 1997
(Suhrkamp-Taschenbuch Wissenschaft ; 1321)
ISBN 3-518-28921-7

suhrkamp taschenbuch wissenschaft 1321
Erste Auflage 1997

Druck: Wagner GmbH, Nördlingen
Printed in Germany
Umschlag nach Entwürfen von
Willy Fleckhaus und Rolf Staudt

1 2 3 4 5 6 – 02 01 00 99 98 97

Inhalt

BILDUNG DES BÜRGERS, BILDUNG DER ARBEITSKRAFT

Einleitung 11
Bildung des Bürgers 23
Bürgerrolle und nationales Bildungssystem 23
Der Formalismus der liberalen Ordnung, der Curricula und der schulischen Binnenorganisation 26
Bürgerliche Bildung als ›Halbbildung‹ 33
Bildung der Arbeitskraft 37
Bildungsökonomische Planung und Bürgerrolle 37
Über die Wurzeln bildungsökonomischer Theorien in der Berufsethik des Protestantismus 40
Über den gesellschaftlichen Charakter der Objektivität beruflicher Leistungsansprüche 43
Die Objektivität der Curricula als soziales Konstrukt und die schulische Binnenorganisation . . . 48

SCHULENTWICKLUNG IN DER BRD

Vorbemerkung 54
Ständische Elemente im westdeutschen Schulwesen . . . 54
Bildung und Arbeit 68
Erfolge und Mißerfolge der Bildungsökonomie 68
Bildung, Arbeit und der nichttechnische Fortschritt der Gesellschaft 77
Berufliche Weiterbildung als Bildung des Bürgers . . . 88
Entwicklungstendenzen zur Bildung des Bürgers 91
Bildungsgleichheit und Bürgerrechte 91
Verwissenschaftlichung der Bildung 105
Verrechtlichung der Schule 112
Privatisierung der Bildung in staatlichen Schulen . . . 120
›Vertrauensvolle Zusammenarbeit‹: Möglichkeiten und Realitäten 125

SCHULENTWICKLUNG IN DER DDR

Einleitung 132
Gleichheitsnorm und Einheitsschule 137
Bildung und die antifaschistisch-demokratische Umgestaltung der Gesellschaft 137
Entwicklung zur Einheitsschule 144
Bildungschancen und soziale Schichtung 153
Proletarisches Abstammungsprestige 153
Schule und Statusvererbung 159
Die marxistisch-leninistische Identifikation der Rolle von Bürger und Arbeitskraft 165
Curricula 171
Zwischen versachlichten und demokratischen Bildungsideen 171
Curricula im internationalen Vergleich 176
Die mißglückte Einheit von Bildung und Arbeit 185
Lehrer- und Schülerrolle 191
Ein besonderes Gewaltverhältnis 191
Formen individueller Distanzierung 198
Bildungsexpansion und bürokratische Herrschaft . . . 202
Bildungsexpansion und bildungsökonomischer Optimismus 202
Bildung, Parteiherrschaft und Technokratie 207

BILDUNG UND BÜRGERRECHTE: ZUSAMMENFASSUNG 217

Literatur 224
Namenregister 245
Sachregister 249

Für Ana Lenhardt und Catrin Stock

›Der Bildungspolitik stellt sich bei uns
das deutsche Problem der civil rights...‹

Danksagung

Dieser Vergleich der Schulentwicklung der BRD und der DDR hat vielfältige Unterstützung erfahren, für die wir unseren Dank sagen. Die Arbeit bildet den ersten Teil des Projekts ›Transformation der Lehrerrolle in den neuen Bundesländern‹ in der Forschergruppe ›Bildung und Schule im Transformationsprozeß von SBZ, DDR und neuen Ländern – Untersuchungen zu Kontinuität und Wandel –‹, das unter der Leitung von Peter Hübner und Gero Lenhardt von der Deutschen Forschungsgemeinschaft gefördert wurde. In den Text aufgenommen wurde ein Vergleich der Curriculumentwicklung, den der Deutsche Akademische Austauschdienst mit einem Stipendium für Manfred Stock unterstützt hat. Für Anregungen und Kritik danken wir insbesondere Michael Tiedtke, Gerhard Kluchert und John W. Meyer. Birgit Brodkorb hat die technische Herstellung des Manuskripts mit viel Sachkompetenz und Zuverlässigkeit betreut; dafür und für ihre freundliche Geduld sagen wir ihr unseren Dank.

Berlin, Herbst 1997

Gero Lenhardt
Manfred Stock

Bildung des Bürgers, Bildung der Arbeitskraft

Einleitung

Bildung, Bürger und Arbeitskraft, so lauten die Schlüsselbegriffe dieses bildungssoziologischen Vergleichs, der die Schulentwicklung in der BRD und der DDR zum Gegenstand hat. Was unter diesen Begriffen zu verstehen ist, soll zunächst in idealtypischer Konstruktion dargelegt werden. Dem Typus der Bildung des Bürgers liegen normative Vorstellungen liberalen Charakters zugrunde. Der Typus der Bildung der Arbeitskraft, der danach expliziert wird, bringt die normativen Vorstellungen eines neokonservativen Materialismus in logisch konsistenter Form zum Ausdruck. Diese Idealtypen bilden den Ausgangspunkt für die Untersuchung der westdeutschen und sodann der ostdeutschen Schulentwicklung. Sie systematisieren Normenmuster, die sich nebeneinander in jedem der beiden Bildungssysteme finden und dort eine widersprüchliche Einheit bilden. Man kann das Ergebnis dieses Vergleichs in der Feststellung zusammenfassen, daß sich beide Bildungssysteme in einer konfliktreichen Entwicklung vom Typus der Bildung der Arbeitskräfte entfernt und sich auf unterschiedliche Weise demjenigen der Bildung des Bürgers genähert haben.

Man kann die Bildungsentwicklung in der BRD und der DDR in verschiedenen theoretischen Perspektiven untersuchen, zum Beispiel in systemtheoretischer, in funktionalistischer, in bildungsökonomischer, klassentheoretischer usw. Eine andere Möglichkeit der Annäherung besteht in der Frage nach den Bildungsbegriffen, die in den Schulen beider Gesellschaften zur Herrschaft gelangten. Greifbar werden sie in den Curricula, aber ebenso sind sie eingelassen in die Organisationsstruktur der Bildungssysteme. Sie sind also mehr als das bloße Meinen, das zum Beispiel in politischen Verlautbarungen zum Ausdruck kommt. Die im Bildungssystem handlungsleitenden Ideen sind nicht konsistent; und was dort tatsächlich geschieht, stimmt mit dem, was von den Beteiligten intendiert war, häufig nicht überein. Schließlich sind diese

Bildungsvorstellungen nicht statisch, sondern haben seit der Nachkriegszeit vielfältige Veränderungen durchgemacht.
Die Bildungsbegriffe, die mit den Schulen institutionalisiert sind, repräsentieren das Selbstverständnis moderner Gesellschaften. Sie implizieren Vorstellungen vom Individuum und der Gesellschaft, von ihrer Geschichte und Zukunft und von der Natur. So stimmte das Bildungssystem der DDR mit dem der BRD darin überein, daß die Rolle der Schüler konzipiert sein sollte als diejenige zukünftiger Bürger. Insofern hatten die Bildungssysteme beider Gesellschaften Teil an einem Normenmuster, das weltweit in den Organisationsstrukturen und Curricula nationaler Bildungssysteme institutionalisiert ist (vgl. dazu Anweiler et al. 1990; Meyer/Rubinson 1975; Ramirez/Boli-Bennett 1982). Die liberale und die sozialistische Bürgerrolle unterscheiden sich in wichtigen Hinsichten. Drei davon sind in bildungssoziologischer Perspektive besonders bedeutsam. (1) Die Verselbständigung der Bürgerrolle gegenüber der Arbeitswelt, die Kennzeichen der liberalen Gesellschaft ist, ist in der sozialistischen weniger prononciert. (2) Während die Normen der liberalen Bürgerrolle formalen Charakters sind, sind die der sozialistischen materialen Charakters. (3) Während die liberale Ordnung individuelle Autonomie begründen soll und Fremdbestimmung lediglich als hinzunehmendes Resultat ihrer Wirkungsweise verstanden werden soll, verleiht die sozialistische Ordnung Verhältnissen materialer Heteronomie normativen Charakter. Diese Differenzen spiegeln sich auch in der Schulentwicklung beider Gesellschaften. Ausgehend von der liberalen Bürgerrolle soll das im folgenden skizziert werden.
Bürger der liberalen Republik, so läßt sich in aller Kürze definieren, sind die Individuen als Inhaber der politischen, der zivilen und der sozialen Bürgerrechte (vgl. dazu Marshall 1965 a). Diese Rechte konstituieren drei Dimensionen der Bürgerrolle, die des Staatsbürgers, der Privatperson und des Sozialstaatsbürgers. Als Inhaber der politischen Rechte sind die einzelnen Staatsbürger und als Inhaber der zivilen Rechte Privatpersonen. Die sozialstaatliche Dimension der Bürgerrolle wird durch die sozialen Teilhaberechte konstituiert. Der Sozialstaat soll dafür sorgen, daß der einzelne von seinen Bürgerrechten faktisch auch Gebrauch machen kann. Diese Vorsorge ist notwendig, weil sich die privaten Verhältnisse der Bürger ohne den Staat nicht reproduzieren können.

Die allmähliche Durchsetzung der Bürgerrechte hat Marshall (1965 a) exemplarisch an der englischen Entwicklung untersucht. Danach gewinnen zunächst die ökonomischen Bürgerrechte Geltung mit der Folge, daß die Sphären des Ökonomischen und Politischen institutionell unterschieden werden. Das geschah in England im 18. Jahrhundert. Dem folgten im 19. und frühen 20. Jahrhundert die Ausweitung der politischen Bürgerrechte und im 20. Jahrhundert die Entwicklung des Wohlfahrtsstaats als Ausdruck der sozialen Bürgerrechte. Marshalls Theorie hat verschiedene Einwände provoziert. Sie betreffen vor allem die Verallgemeinerung des skizzierten Entwicklungsablaufs und den Umstand, daß er dem Klassencharakter der Bürgerrechte zu wenig Beachtung gewidmet habe (vgl. Giddens 1983, S. 17-33).
Die Ausdehnung der Bürgerrechte in der Gesellschaft ist begrenzt. Als Teilnehmer des Arbeitsmarktes verfügen zwar auch die Besitzer der Ware Arbeitskraft, also Lohnarbeiter, über die wirtschaftlichen Freiheitsrechte. Die Rolle des Lohnarbeiters hat aber eine zweite Dimension, in der die Bürgerrechte nicht gelten. Die Kooperation zwischen den Arbeitskräften innerhalb der Betriebe folgt bekanntlich weder demokratischen Willensbildungsmechanismen noch ist sie tauschförmig-kontraktuell organisiert. Im Arbeitsvertrag verkauft der Lohnarbeiter seine Arbeitskraft an den Arbeitgeber, das heißt, er willigt ein, sich im Arbeitsprozeß einem fremden Willen zu unterstellen. Das geschieht formal aufgrund freier Entscheidung, faktisch aber unter materiellem Druck; denn die für Arbeit unerläßlichen Mittel sind als Kapital oder Staatseigentum der freien Verfügung der großen Mehrheit entzogen. Zugang dazu finden sie nur als abhängig Beschäftigte. Vollzogen wird der Arbeitsvertrag in bürokratischer Form. Arbeitsvorschriften und Verhaltenszwänge, die in die technischen Anlagen eingelassen sind, werden für den Arbeitsvollzug bestimmend. Ungleichheit und Fremdbestimmung der Lohnarbeit erschöpfen sich also nicht in der materiellen Versorgung, sondern prägen die Arbeitstätigkeit als Teil der Lebensführung ganz unmittelbar. Weil die zivilen Bürgerrechte im Arbeitsvollzug nicht wirksam sind, ist der einzelne als Arbeitskraft nicht Subjekt, sondern gleichsam eine dingliche Ressource.
Die Instrumentalisierung, die er als Arbeitskraft hinzunehmen hat, wird häufig als Folge ungesellschaftlicher Naturnotwendigkeiten der wirtschaftlich-technischen Entwicklung begriffen. Sie

ist tatsächlich jedoch Ausdruck soziokultureller Verhältnisse. Normative Vorstellungen setzen sich in der Arbeitsorganisation um so nachdrücklicher durch, je größer das technische Potential der Gesellschaft ist. Mit dessen Ausweitung verringern sich die Widerstände, die eine schmale technische Basis der Durchsetzung kultureller Normen in der Arbeitsteilung entgegengestellt. Daraus ergibt sich die Paradoxie, daß Ungleichheit und Fremdbestimmung der Arbeit um so weniger auf technische Notwendigkeiten zurückgeführt werden können, je größer das technische und organisationstechnische Potential der Gesellschaft ist (Marx, Das Kapital, Bd. 1, S. 389). So sind auch der Taylorismus und seine moderneren Nachfolger Ausdruck dessen, daß die normative Idee individueller Autonomie nur hinsichtlich des Arbeitsvertrages, nicht aber auch hinsichtlich des Arbeitsvollzugs Geltung erlangt hat (Schmiede/Schudlich 1976; Bravermann 1977). Die kapitalistischen Betriebe sind also als Enklaven in der bürgerlichen Ordnung anzusehen, in denen die Bürgerrechte nicht durchgesetzt sind. Dem entspricht die an Feudalverhältnisse erinnernde Form, in der die Verfügungsgewalt über die Arbeitskräfte weitergegeben wird. Im klassischen Fall hängt sie am Privateigentum und wird vererbt – ähnlich wie Rang und Stand in der Ständegesellschaft.
Wie sehr die Beschäftigten instrumentalisiert werden, ist Gegenstand sozialer Konflikte. Deren Resultate sind durch vielfältige Umstände bedingt, darunter die Reichweite der politischen Bürgerrechte. Den Arbeitern und anderen Mitgliedern der unteren sozialen Schichten wurden sie erst spät zugestanden, nachdem die durch Besitz und Bildung Privilegierten schon lange darüber verfügten. Wie prekär die soziale Anerkennung der Besitzlosen aber auch danach noch war, läßt sich an der moralischen Diskriminierung der Armen ablesen (Bendix 1960). Die kulturellen Determinanten der Arbeitsorganisation werden auch in den organisationssoziologischen Theorien des Neoinstitutionalismus und des institutionellen Individualismus zum Thema. Sie fragen, ob die Normen der Bürgerrolle und verwandte normative Regelungen in die genannten Enklaven der bürgerlichen Gesellschaft vordringen (vgl. dazu Scott 1994; Powell/DiMaggio 1991 und die hier angeführte Literatur).
Mit dem Vordringen der Bürgerrechte werden die berufliche und außerberufliche Existenz, die in der ständischen Ordnung vereint waren, institutionell getrennt. Alle Erwachsenen werden zu In-

habern der gleichen Bürgerrechte – auch die Arbeiter. So wird es möglich, daß die einzelnen als Bürger formal frei und gleich sind, während sie als Lohnarbeiter fremdbestimmt und ungleich sind. Wie bedeutsam diese Unterscheidung ist, soll hier zunächst mit einer Beobachtung illustriert werden, die Weber zu Beginn des Jahrhunderts in den USA gemacht hatte. Der Egalitarismus der amerikanischen Gesellschaft ist mit der Unterscheidung der beiden Rollen aufs engste verbunden, und diese ist im Alltag allgegenwärtig. Die deutsche Gesellschaft hatte zur Zeit des Kaiserreichs dagegen noch deutliche ständische Züge. Weber schreibt:

> »Die ständische ›Gleichheit‹ des amerikanischen ›gentleman‹ kommt z. B. darin zum Ausdruck: daß außerhalb der rein sachlich bedingten Unterordnung im ›Betrieb‹ es – wo noch die alte (demokratische, d. V.) Tradition herrscht – für streng verpönt gelten würde, wenn auch der reichste ›Chef‹ seinen ›Kommis‹ etwa abends im Klub, am Billard, am Kartentisch, in irgendeinem Sinn nicht als voll ebenbürtig behandeln und ihm etwa jenes, den Unterschied der ›Stellung‹ markierende herablassende ›Wohlwollen‹ angedeihen lassen wollte, welches der deutsche Chef niemals aus seinem Empfinden verbannen kann, ...«. (Weber 1972, S. 535)

Für die Entwicklung des Bildungssystems ist die beschriebene Unterscheidung höchst bedeutsam. Denn die Entwicklung der Bürgerrolle und die Entwicklung des nationalen Bildungssystems gehen Hand in Hand. Mit Bezug auf die Bürgerrolle entsteht eine Bildung, die jedermann zugänglich und die dem Inhalt nach für alle zukünftigen Bürger gleich ist – obwohl sich deren materiale Lebenslagen beträchtlich unterscheiden. Von dieser Feststellung bleibt die Einsicht unberührt, daß individuelle Bildungsprozesse den Einflüssen schichtenspezifischer Milieus nicht dadurch entgehen, daß das Bildungssystem sie ignoriert. Gleichviel, die republikanische Einheitsschule wird weltweit zum Standardmodell nationaler Bildungssysteme (Ramirez/Rubinson 1979).
Die Entwicklung einer Bildung des Bürgers, das heißt einer Bildung, die Normen der Unabhängigkeit und Gleichheit folgt, ist politisch umstritten. In den beiden deutschen Staaten war das Verhältnis von Bildung und Arbeit wie kaum etwas anderes Gegenstand politischer Konflikte. Dabei ging es nicht einfach darum, wie man den Einflüssen ungleicher Lebensverhältnisse auf die allgemeine Bildung am besten begegnen könne, sondern an erster Stelle darum, ob die Entwicklung der Schulen überhaupt jenen

normativen Gesichtspunkten folgen solle, die in der Bürgerrolle enthalten sind. Ein derart antibürgerliches bildungspolitisches Engagement zeichnet in Westdeutschland seit je die neokonservativen Fraktionen rechts der politischen Mitte aus. Die Verselbständigung der Bürgerrolle und die der ihr entsprechenden Bildung sei zurückzunehmen, indem man beide zu Lasten der Individualrechte an die Verhältnisse der Arbeitswelt anpaßt. In diesem Gedanken stimmt eine große Zahl neokonservativer bildungspolitischer Forderungen überein. Auf diese normativen Vorstellungen bezieht sich der Idealtypus der Bildung der Arbeitskräfte, der als Gegenbegriff zu dem der Bildung des Bürgers verstanden werden soll. Was unter Bildung der Arbeitskraft zu verstehen ist, soll anhand einer Forderung aus dem Bildungsprogramm der CDU von 1993 verdeutlicht werden. Dort findet sich neben zahlreichen konträren bildungspolitischen Auffassungen, denen eine Volkspartei Rechnung tragen muß, auch die folgende, die an das mehrgliedrige System der Allgemeinbildung anknüpft:

> »Das Bildungs- beziehungsweise Ausbildungssystem und das Beschäftigungssystem laufen zunehmend auseinander. Auf der einen Seite gibt es immer mehr Abiturienten, die ein wissenschaftliches Studium aufnehmen wollen, ohne dafür geeignet zu sein; auf der anderen Seite nimmt trotz des qualitativ hohen Standards der deutschen Berufsausbildung und guter Beschäftigungsperspektiven für Fachkräfte das Interesse junger Menschen an dieser Ausbildung ab. Aus dem Mangel an qualifizierten Fachkräften erwächst eine weitreichende Gefährdung der Leistungsfähigkeit unserer Volkswirtschaft. Eine Korrektur der Bildungspolitik zugunsten berufsbezogener Bildung ist unverzichtbar.« (CDU-Bundesgeschäftsstelle 1994, S. 4)

Die Bildung zum Abitur soll zugunsten der betrieblichen Lehre reduziert werden. Sie wird mit dem Arbeitsmarkt in Zusammenhang gebracht, obwohl sie in einem technisch-instrumentellen Sinn gar nicht nützlich sein will und das auch nicht ist. Da sie andererseits aber einem Teil der zukünftigen Bürger vorenthalten werden soll, kann sie auch nicht als Bildung des Bürgers angesehen werden, denn diese hat der Norm der Gleichheit zu genügen. So erscheint die Gymnasialbildung in der zitierten Forderung weder als Allgemeinbildung noch als Berufsbildung. Sie repräsentiert statt dessen einen Typus, der diese Unterscheidung unterläuft. Das gleiche gilt für die betriebliche Lehre. Sie soll für einen auszudehnenden Teil der jungen Leute die gymnasiale Bildung ersetzen. Gälte die Lehre als eine Berufsausbildung, die einen ganz bestimmten wirtschaftlich-technischen Qualifikationsbedarf bedient, dann könnte sie als Substitut für die gymnasiale Bildung nicht in Frage kommen; denn diese steht zur Arbeitswelt nicht in einem bildungsökonomischen Verhältnis. In Betracht zu ziehen ist darüber hinaus, daß auch die Ausbildungsleistungen des dualen Systems den wirtschaftlich-technischen Qualifikationsbedarf zu erheblichen Teilen verfehlen. Aber wegen seines partikularistischen Charakters kann man das duale System auch nicht als Teil einer allgemeinen Bildung ansprechen. Kurz, die zitierten neokonservativen Bildungsvorstellungen entsprechen also nicht liberalen Verhältnissen, sondern erinnern an vorliberale, in denen berufliche und außerberufliche Lebensbereiche in einer Ordnung ständischer Ungleichheit verbunden sind.

Ein antiliberaler Zug wird auch in den Begriffen von Individuum und Gesellschaft erkennbar, die in der zitierten Forderung zum Ausdruck kommen. Die Individuen gelten nicht als gleiche und unabhängige Bürger, sondern als ungleiche und zu instrumentalisierende Berufsangehörige. Die Schüler werden nicht als zukünftige Bürger mit der Fähigkeit zu Autonomie angesehen; sie scheinen vielmehr von der Natur mit ungleichen und festliegenden Begabungen geschlagen. Da die Schulentwicklung, die die CDU rückgängig machen will, nicht zuletzt auf die private Bildungsnachfrage und mithin auf das Grundrecht der Bildungsfreiheit zurückgeht, zielt ihre Forderung ganz direkt gegen die liberalen Bürgerrechte. Von liberalen Vorstellungen unterscheidet sich auch der neokonservative Gesellschaftsbegriff. Er sieht nicht eine Ordnung freier Individuen vor, die über den Verlauf der gesellschaftlichen Entwicklung entscheiden. Vielmehr erscheint die Gesellschaft als ein System hinzunehmender wirtschaftlich-technischer Notwendigkeiten. Sie scheinen so unabweisbar wie der Wille Gottes in Luthers Lehre von der Ständeordnung. Der neokonservative Materialismus unterscheidet sich auch von konservativen Wertideen. Denn ihm geht es nicht um die Wahrung einer traditionalen Ordnung und um die Würde, die konformem Verhalten hier innewohnt. Vielmehr neigt das neokonservative Denken dazu, alles und jeden zu technischer Disposition zu stellen. Das individuelle Verhalten soll sich durch Brauchbarkeit und genera-

lisierte Folgebereitschaft auszeichnen, nicht durch traditionalen Glauben oder im liberalen Sinne durch Eigenverantwortlichkeit.
Bei flüchtiger Betrachtung könnte es so aussehen, als stimmte die neokonservative Forderung nach einer Angleichung der Bildung an die Arbeitswelt mit jenen Forderungen aus dem Bereich der demokratischen Linken überein, die ebenfalls Bildung und Arbeit einander näherbringen wollten. Bildung, so heißt es hier, dürfe von Arbeit als wichtigem Teil der menschlichen Lebenstätigkeit nicht absehen. Deswegen seien beide zu integrieren und der beruflichen Bildung sei eine größere gesellschaftliche Wertschätzung zuzumessen. Diese Forderungen weichen von den genannten neokonservativen aber in einer wichtigen Hinsicht ab. Denn hier ist im Interesse individueller Bildung daran gedacht, die Bürgerrechte oder verwandte normative Vorstellungen auch auf den Bereich der Arbeit auszudehnen, während das neokonservative Denken darauf zielt, die Entwicklung der Bürgerrechte und der bürgerlichen Bildung zugunsten von Verhältnissen der Fremdbestimmung und Ungleichheit wieder zurückzunehmen. Tatsächlich sind Bildung und Arbeit auch einander nähergerückt. Das Bildungssystem ist Element einer berufskulturellen Entwicklung, die als Professionalisierung der Arbeit thematisiert wird (Carr-Saunders/Wilson 1968, S. 472-480; Marshall 1965 b; Platt/Parsons 1990; Parsons 1968 a). Im Korporatismus, der der deutschen Gesellschaft eigen ist, findet diese Entwicklung eine gewisse Stütze. Im Kapitel ›Bildung, Arbeit und der nichttechnische Fortschritt der Gesellschaft‹ ist davon ausführlicher die Rede.
Das westdeutsche Bildungssystem weicht mit seiner Mehrgliedrigkeit von den Normen der bürgerlichen Allgemeinbildung erheblich ab. Ein genauerer Blick auf seine Entwicklung zeigt aber auch, daß die überkommenen ständischen Ordnungselemente an Bedeutung verloren haben. Die Einführung der Gesamtschule ist zwar gescheitert, aber die Schulen haben sich dem Typus der republikanischen Einheitsschule genähert. Das geschah als Resultat offener bildungspolitischer Konflikte oder schleichend in Prozessen, die eine öffentliche Aufmerksamkeit kaum fanden.
Der neokonservative Materialismus der CDU hat in der DDR eine überrraschende Parallele. Denn mit ihm stimmt das marxistisch-leninistische Basis-Überbau-Theorem in wichtigen Elementen überein. Auch hier gilt der technische Fortschritt als

Determinante der Lebensverhältnisse, an die die Schulen die jungen Leute anzupassen hätten. Und auch hier findet diese Auffassung gesellschaftlichen Rückhalt nicht zuletzt im Bildungsbürgertum. So hatte man im Institut für Marxistisch-Leninistische Soziologie beim ZK der SED den egalitären Tendenzen der ostdeutschen Schulentwicklung die folgenden Überlegungen entgegengestellt:

»Wenn es zutrifft, daß Unterschiede im Niveau und Typ unterschiedlicher Leistungsfähigkeit auch genetisch angelegt beziehungsweise in sehr frühen Phasen der Persönlichkeitsentwicklung vorgeprägt werden, so wird diese individuelle Verschiedenartigkeit ... über fähigkeits- und leistungsbezogene Verteilungsprozesse zu einem Faktor, der die Stellung des einzelnen in der Sozialstruktur beeinflußt. Insofern dies soziale Unterschiede beinhaltet, schlagen individuelle Unterschiede in soziale um. Das ist eine wesentliche, historisch-konkrete Form produktiven gesellschaftlichen Umgangs mit Individualität.« (Adler 1986, S. 122) Über das »Zusammenwirken von Sog- und Filterwirkung fungiert das Leistungsprinzip als ›sozialer Optimierungsmechanismus‹ zwischen dem in der Gesellschaft vorhandenen Befähigungs- und Qualifikationspotential einerseits und den niveaumäßig differenzierten Qualifikationsanforderungen des arbeitsteiligen gesellschaftlichen Reproduktionsprozesses andererseits.« (Adler 1986, S. 121)

Daß die hier verwendeten Begriffe von Individuum und Gesellschaft und die bildungspolitischen Schlußfolgerungen mit den erörterten christdemokratischen weitgehend deckungsgleich sind, wäre gewiß falsch interpretiert, verdächtigte man die CDU kommunistischer Neigungen. Es scheint vielmehr so, als hätten beide Forderungen gemeinsame historische Wurzeln. Ihre Verwandtschaft mit dem Widerstand gegen die demokratischen Bildungsbestrebungen des Neuhumanismus in Preußen ist jedenfalls unübersehbar. Dessen Gleichheits- und Freiheitsideen trafen auf eine Opposition, die ebenfalls die Ungleichheit der Bildung als geboten ansah und mit Vorstellungen rechtfertigte, in denen die beruflichen und außerberuflichen Lebensverhältnisse eine Einheit bildeten. So polemisierte Ludwig von Beckedorff, der 1820 als Volksschulreferent in das preußische Kultusministerium eingetreten war:

»Nicht auf eine allgemeine und gleiche Volksbildung kommt es an, auf ein Tüchtigmachen aller und jedes zu allem möglichen, auf ein Abrichten für alle Fälle, sondern darauf, daß ein jeder zu dem Stande oder

Berufe, wozu er durch Geburt oder elterlichen Willen oder eigene Entschließung bestimmt worden ist, auch mit allem Ernste von früher Kindheit auf, gründlich und vollständig auferzogen und vorgebildet werde.« Es bedürfe »nach bisheriger alter Weise guter Bauern-, Bürger- und Gelehrtenschulen« (zitiert nach Becker/Kluchert 1993, S. 61).

Von Beckedorffs Plädoyer für gute Bauern-, Bürger- und Gelehrtenschulen zielt so wenig auf eine bloß technische Qualifizierung der jungen Leute wie die modernen Plädoyers für die mehrgliedrige Sekundarstufe 1. Hier ist eher an die Kultivierung von Konventionen ständischen Charakters gedacht ›nach bisheriger alter Weise‹. Dem Neuhumanismus ging es dagegen darum, Bildung von traditionalen Zwängen und instrumentellen Notwendigkeiten frei zu machen und damit die individuelle Entwicklung als Selbstzweck zu ermöglichen (Becker/Kluchert 1993; Benner 1990). Das ist das gerade Gegenteil eines ›Abrichtens für alle Fälle‹ oder einer Flexibilisierung der individuellen Bildung, wie es heute heißt. Aber die Bildung autonomer Bürger überstieg, was von Beckedorff und die Mehrheit in Deutschland noch lange an sich herankommen lassen wollten oder konnten. Der Vergleich der Polemik von Beckedorffs mit dem neokonservativen Materialismus der CDU und der marxistisch-leninistisch inspirierten Forderung aus dem Institut für Gesellschaftswissenschaften darf nicht überzogen werden. Was letztere angeht, so ist aber doch eine weitere Übereinstimmung zu konstatieren: Beide sind in die Defensive geraten. Sie unterlagen republikanischen Bildungsideen, die in Ost und West auf unterschiedliche Weise erfolgreich waren.
Die Schwäche des liberalen Individualismus, die die bürgerliche Kultur in Deutschland auszeichnete, hatte auch im Staatssozialismus ihre Spuren hinterlassen. Die Gleichheitsnorm wurde in den Schulen der DDR zwar schon sehr früh bestimmend, und sie gewann im Verlauf der Schulentwicklung an Wirksamkeit. Aber ihres allgemeinbildenden Charakters ungeachtet, sollten die Schulen mit der Welt der Arbeit verbunden bleiben. Gleichsam wie in Reaktionsbildung auf die ständischen Neigungen des deutschen Bürgertums – auch des Bildungsbürgertums in der DDR – erklärte man die Arbeiterklasse in der DDR zur dominierenden politischen Macht. Die Erfahrung produktiver Arbeit würde sich in besondere politische Tugenden ummünzen und die Betreffenden zur Übernahme gesellschaftlicher Führungsfunktionen qua-

lifizieren und berechtigen. So wurde in der Rolle des sozialistischen Staatsbürgers der Berufsstatus mit dem System politischer Rechte und Pflichten in verschiedenen Hinsichten kurzgeschlossen. Dabei unterschieden sich die Normen, die die sozialistische Bürgerrolle konstituierten, von den formalen der liberalen Bürgerrolle durch ihren materialen Charakter. Formale Regelungen hatten in der DDR nicht zuletzt deswegen nur eine schwache Autorität, weil der Formalismus der bürgerlichen Ordnung materiale Unversorgtheit, Ungleichheit und Abhängigkeit nicht hatte verhindern können. Die Weltwirtschaftskrise und der Nationalsozialismus, der ihr mit Zwangsläufigkeit zu folgen schien, fungierten gewissermaßen als gesamtgesellschaftliches Lehrstück.

Dem entsprachen die institutionellen Strukturen des Bildungssystems. Die Gleichheit, die hier realisiert werden sollte, galt nicht als formale Voraussetzung individueller Autonomie, sondern sollte materialen Charakters sein. Sie nahm deswegen bürokratische Form an und tendierte zu Uniformität. Dem Stereotyp von der führenden Rolle der Arbeiter und Bauern entsprach im Bildungswesen, daß Kinder aus diesen sozialen Schichten beim Zugang zu weiterführenden Bildungseinrichtungen privilegiert werden sollten. Diese Intention zielte über jene kompensatorischen Sozialpolitiken hinaus, die auch der westlichen Gesellschaft und ihren Schulen vertraut sind. Während die kompensatorische Erziehung auf die Beseitigung von Widerständen zielt, die dem Gebrauch der Bürgerrechte entgegenstehen, zielte die Privilegierung der Arbeiter- und Bauernkinder in der DDR darüber hinaus auf die Institutionalisierung von Abstammungsprestige. Damit hoffte man, den politischen Einfluß der bürgerlichen sozialen Schichten schmälern zu können, die eher ständischen als egalitären Ordnungsvorstellungen zuneigten.

Das marxistisch-leninistische Basis-Überbau-Theorem sollte die Einheit allgemeiner und beruflicher Bildung stiften. Diese Einheit sollte auf objektiv wirkenden Gesetzmäßigkeiten der gesellschaftlichen Entwicklung gründen. Die Objektivität des Wissens sollte deswegen den einheitlichen Charakter der allgemeinen und beruflichen Bildung ausmachen. So ging es in der DDR vor allem um die Aneignung objektiven Fachwissens, während in den Schulen der BRD zunehmend jene Disziplin vermittelt werden soll, die Voraussetzung intellektueller Autonomie ist. Den unterschiedlichen Wissenschaftsbegriffen, die in den Schulsystemen beider

Gesellschaften an Autorität gewannen, entsprachen die organisatorischen Formen, die die sozialen Rollen von Lehrern und Schülern annahmen. Während diese Rollen im Westen für ihre Inhaber Chancen autonomen Verhaltens eröffneten, ihnen zum Beispiel korperative Mitwirkungsrechte und die Bürgerrechte einräumten, unterlagen Lehrer und Schüler in der DDR einem engen bürokratischen Reglement.

Die soweit angedeuteten Entwicklungen bilden den Gegenstand dieser Studie über Bildung, Bürger und Arbeitskraft. Wir folgen dabei der Weber'schen Wissenschaftslehre. Zunächst werden die Bildung des Bürgers und die Bildung der Arbeitskraft in idealtypischer Weise expliziert. Das geschieht mit Blick auf Schulformen, Curricula und Lehrer-Schüler-Verhältnis. Dazu werden entsprechende Wertnormen, die in der Schulpraxis neben anderen, ihnen auch widersprechenden stehen, aufgenommen und zur Konstruktion logischer Richtigkeitstypen herangezogen. Der Idealtypus, so Weber, wird gewonnen »durch einseitige *Steigerung eines oder einiger* Gesichtspunkte und durch den Zusammenschluß einer Fülle von diffus und diskret, hier mehr, dort weniger, stellenweise gar nicht, vorhandenen *Einzelerscheinungen*, die sich jenen einseitig herausgehobenen Gesichtspunkten fügen, zu einem in sich einheitlichen Gedankengebilde. In seiner begrifflichen Reinheit ist dieses Gedankengebilde nirgends in der Wirklichkeit empirisch vorfindbar.« (Weber 1982[5], S. 191). Mit den idealtypischen Konstruktionen verbindet sich nicht die Vorstellung, die Schulen sollten oder müßten sich gemäß den darin enthaltenen Normen entwickeln. Diese Gedankengebilde sind lediglich methodische Hilfsmittel, die die Untersuchung anleiten sollen. Die Idealtypen sollen helfen, den in den empirischen Phänomenen enthaltenen Sinn verstehbar zu machen. Sie dienen also der sinnverstehenden Rekonstruktion der schulorganisatorischen Verhältnisse, sowohl derer, die mit den Idealtypen übereinstimmen, als auch derer, die sich als Abweichungen davon identifizieren lassen. Die Auswahl der Konstruktionselemente des Idealtypus aus der Vielfalt der empirischen Phänomene folgt erkenntnisleitenden Interessen, die von außen an den Gegenstand herangetragen werden. Sie ergeben sich bei diesem Schulvergleich aus der Frage nach der Demokratie in Deutschland.

Bildung des Bürgers

Bürgerrolle und nationales Bildungssystem

Die liberale Bürgerrolle versetzt die Individuen in ein formal gleiches und direktes Verhältnis zur Staatsgewalt. Damit lassen sich bestimmte Funktionen und Formen der Schulorganisation in Zusammenhang bringen. Nationale Bildungssysteme machen aus Kindern Schüler, und als Schüler sind sie die Kinder der Nation. Rasse, Geschlecht, soziale Herkunft und andere askriptive Kategorien sind in modernen Bildungssystemen typischerweise formal nicht institutionalisiert, auch wenn solche Merkmale im Schulleben faktisch eine Rolle spielen können. Der Norm bürgerlicher Gleichheit entspricht im Bildungswesen, daß der Schulbesuch für alle Kinder der Nation gleich ist.

Die Kinder werden zu Bürgern als Absolventen nationaler Bildungssysteme. Die Diplome, die sie hier erwerben, berechtigen alle formal zu den gleichen gesellschaftlichen Teilhabechancen. Die Gleichheit der Schulabsolventen beziehungsweise Bürger hat normativen Charakter und wird zu einem notwendigen Komplement funktionaler gesellschaftlicher Differenzierung. In diesem Differenzierungsprozeß werden einstmals verbundene Praktiken der Lebensbewältigung institutionell geschieden und zum Inhalt differenzierter Rollen. Zu den Reproduktionsmöglichkeiten, die sie enthalten, muß jedermann Zugang haben. Dem entspricht die Norm der Gleichheit. Die funktionale Differenzierung fordert ein zweites: Die Hinwendung zu einer dieser Rollen darf nicht durch die Inhaberschaft einer anderen präjudiziert werden. Es widerspräche dem Funktionieren dieser Ordnung, wenn zum Beispiel die Besitzlosen von den Rechten und Pflichten, die in der Staatsbürgerrolle zusammengefaßt sind, ausgeschlossen würden, oder wenn Angehörigen einer Glaubensgemeinschaft der Zugang zu Krankenhäusern, Supermärkten, Autobahnen usw. verwehrt würde. Andererseits kann die Übernahme einzelner Rollen nicht ohne weiteres bindend vorgeschrieben werden. Deswegen tritt zur Norm der Gleichheit auch ein gewisses Maß an individueller Entscheidungsfreiheit (Luhmann/Schorr 1979, S. 28).

Diesen beiden Gesichtspunkten entspricht die Bürgerrolle und ebenso die Rolle des Schülers in nationalen Bildungssystemen.

Sinnfälligen Ausdruck findet die Komplementarität der Bürger- und Schülerrolle in der Entwicklung des Status von Mädchen und Frauen. Die traditionalen Geschlechtsrollen wiesen Frauen und Müttern ein umfangreiches Bündel an Aufgaben zu. Dieses Bündel war als Ganzes zu akzeptieren, und es stand den Betreffenden kaum frei, einzelne Elemente davon auszuwählen. Männer waren von diesen Domänen traditionaler Weiblichkeit ausgeschlossen, während Frauen der außerhäusliche Bereich unzugänglich blieb. Die Auflösung dieser Ordnung bedeutete, daß aus traditionalen Frauen Bürger wurden. Dieser Transformationsprozeß vollzog sich Hand in Hand mit einem zweiten, der aus traditionalen Töchtern Schüler machte. Ein Licht auf diesen Zusammenhang wirft eine vergleichende Studie von Ramirez und Weiss über die politische Inkorporation der Frauen (Ramirez/Weiss 1979). In Ländern mit höheren Anteilen weiblicher Studierender ist danach die Erwerbsquote von Frauen größer, finden sich diese häufiger auf den oberen Rängen von Wirtschaft und Verwaltung, gleichen ihre Rechte an ihren Kindern und am Familieneigentum eher den Rechten ihrer Männer usw. Dieser Zusammenhang zwischen der Durchsetzung der Schüler- und Bürgerrolle kennzeichnet auch die Transformation anderer traditionaler Sozialkategorien.

In der Entwicklung der Bundesrepublik und ähnlich auch der DDR ist hier an die Auflösung der ständischen Lebensverhältnisse zu denken, an deren Stelle die liberale und sozialistische Bürgerrolle traten. Sie wurden in der DDR schon sehr früh zum Gegenstand von Reformen. In der BRD wurde die überkommene soziale Ungleichheit in Schule und Gesellschaft bildungspolitisch erst später attackiert. Sie wurde während der Reformperiode in den 60er Jahren in der soziologischen Konstruktion des damals sprichwörtlichen katholischen Arbeitermädchens aus der süddeutschen Provinz zum Thema. Auch wenn es nicht gelang, die mehrgliedrige Sekundarstufe durch die Gesamtschule zu ersetzen, so haben die ungleichen Schulformen doch an ständischer Distinktion verloren. Die Angleichung der Curricula durch ihre Verwissenschaftlichung, die Institutionalisierung breiter Übergänge zwischen den Schultypen und die Verrechtlichung des Bildungswesens haben in dieser Richtung gewirkt.

Der Zusammenhang zwischen Bürgerrolle und Schülerrolle erklärt, warum Schulen sich im Prozeß der Nationsbildung typischerweise zu nationalen staatlichen Bildungssystemen entwickeln. In dieser Tendenz stimmt die Schulentwicklung weltweit überein. Die Schulträger sind überwiegend staatlicher Natur oder unterliegen wie zum Beispiel in Holland einem sehr weitreichenden staatlichen Reglement. Schulen werden typischerweise aus Steuermitteln finanziert, ihre Organisationsformen gehen auf staatliche Entscheidungen zurück, Lehrer sind staatliche Bedienstete, und die Curricula, Lehr- und Lernmittel sowie Prüfungen sind gesetzlich oder gesetzesähnlich legitimiert. Der Schulbesuch ist für alle Kinder eines gewissen Lebensalters obligatorisch und vollzieht sich typischerweise in Einheitsschulen. Unterschiedliche Schulformen sind in der Regel erst in der Sekundarstufe II anzutreffen (vgl. Ramirez/Boli 1987, S. 2-17).

Der Staat wird zum Schulträger nicht wegen der Zentralisation und nationalen Reichweite seiner Macht. Staatliche Schulträgerschaft ist sehr oft in der Form von Gemeindeschulen oder von Schulen in föderal verfaßter dezentralisierter Staatsmacht institutionalisiert; Beispiele dafür liefern die Bildungssysteme der USA oder der BRD. Wichtiger für die Erklärung staatlicher Schulträgerschaft ist deswegen etwas anderes als staatlicher Zentralismus: Normen mit der Allgemeinheit der Bürgerrechte lassen sich in Schule und Gesellschaft nur durch eine Macht sanktionieren, die außerhalb der bürgerlichen Gesellschaft steht. Die Exponenten traditionaler Verhältnisse scheiden als Träger bürgerlicher Bildung aus, weil sie partikularistische Normen vertreten. Die modernen privaten Interessen, die in der bürgerlichen Gesellschaft entstehen, setzen die Geltung der liberalen Ordnung voraus, können sie aber nicht reproduzieren. Um es in der Sprache des Kommunistischen Manifests zu sagen: Es ist unter kapitalistischen Verhältnissen trotz der Durchsetzung der Bürgerrechte nicht gelungen, Verhältnisse herzustellen, »worin die freie Entfaltung eines jeden die Bedingung für die freie Entwicklung aller ist« (Marx/Engels 1968, S. 43). Das empirische Interesse des einen findet im Interesse des andern nicht seine Verwirklichung, sondern eine Grenze. Deswegen sollen die individuellen Interessenkonflikte durch eine Macht gezügelt werden, die außerhalb der empirisch vorfindbaren Interessen steht. Das ist die Staatsmacht, die die gesellschaftliche Ordnung sanktioniert. In der staatlichen Sanktionierung, die unentbehrlich ist, kommt ein Zwangselement der bürgerlichen Ordnung zum Ausdruck, das ihrem Anspruch zuwiderläuft, eine Sphäre wechselseitiger Anerkennung freier Individuen zu sein.

Der Formalismus der liberalen Ordnung, der Curricula und der schulischen Binnenorganisation

Unter liberalen rechtsstaatlichen Verhältnissen hat die Norm bürgerlicher Gleichheit den Sinn, den Individuen zu ermöglichen, ihre Interessen autonom zu entfalten, indem sie sie nötigt, sich wechselseitig in der Verschiedenheit ihrer Bedürfnisse anzuerkennen. Danach soll niemand privilegiert sein und sich mit Macht über die Interessen anderer hinwegsetzen können, wenn er die seinen realisiert. Im gesellschaftlichen Verkehr soll der Gebrauch von Macht überhaupt ausgeschlossen sein. Auf die Ausübung physischer Macht behält deswegen der Staat ein Monopol. Seine Machtausübung soll auf das Notwendige reduziert bleiben, also vor allem auf die Verteidigung der Rechtsordnung nach Innen und Außen. Der Gesichtspunkt, Macht in den sozialen Verhältnissen zu minimieren, spiegelt sich im negatorischen Charakter der Bürgerrechte: Sie schützen den einzelnen gegen Eingriffe der Staatsmacht. Die individuellen Belange werden dadurch zur Privatsache und die Individuen zu Privatleuten. Der Macht, die im Staat institutionalisiert ist, werden darüber hinaus durch die politischen Rechte der Staatsbürger Zügel angelegt (Habermas 1962).

Die Bürgerrechte haben formalen Charakter. Ihr Formalismus hat den Sinn, die materiale Bestimmung der Bedürfnisse und Interessen unabhängiger individueller Entscheidung zu überlassen; sie sollen jeder Überzeugung und jedem Interesse Ausdrucksmöglichkeiten gewähren, gleichviel welchen materialen Charakters sie sind. Entsprechendes gilt für den freien Markt. Hier sollen jedes Angebot und jede Nachfrage realisiert werden können, sofern sie nur den formalen Kriterien entsprechen, daß sie kompetitiv beziehungsweise mit Kaufkraft ausgerüstet sind. Da Machtgleichheit zwischen den Vertragspartnern Ausbeutungsverhältnisse ausschließt, gilt die Marktfreiheit zugleich als Garant von Gerechtigkeit. Kurz, die Gleichheitsnorm ist formalen Charakters und zielt deswegen nicht auf Uniformierung der Individuen, sondern soll ihre Individuierung ermöglichen.

Der formalen Gleichheit und Freiheit der liberalen Ordnung lassen sich in idealtypischer Konstruktion die Form der Einheitsschule, sowie bestimmte Arten der Curricula und der schulischen Binnenorganisation zuordnen. Mit den Bildungssystemen ist kodifiziert, was in der Gesellschaft als Bildung gelten soll, und Schulbildung entwickelt sich zum Inbegriff von Bildung schlechthin. Mit ihrer Hilfe sollen sich alle Bürger aufeinander beziehen können. Es gibt keinen vernünftigen Grund, die Bildungschancen zu rationieren und ungleich zu verteilen. Denn ungleiche Bildungschancen stehen nicht nur dem Interesse der Benachteiligten entgegen, sondern auch dem allgemeinen Interesse an der Bildung republikanischer Tugenden bei allen Mitgliedern der Gesellschaft. Die Bildungsdefizite eines einzelnen schwächen die Geltung der demokratischen Ordnung und gefährden damit die individuellen Interessen aller.

Idealtypisch entspricht dem Formalismus der bürgerlichen Ordnung in den Schulen der Formalismus wissenschaftlicher Curricula. Sie implizieren die Vorstellung, daß sich der einzelne rational auf Natur, Gesellschaft, Kultur und auch auf sich selbst beziehen soll. Die Unterrichtsdisziplinen lassen sich diesen Gesichtspunkten zuordnen (Meyer/Kamens/Benavot 1992; Kamens/Meyer/Benavot 1996). Mit ihrer Hilfe sollen rationale Bürger hervorgebracht werden. Sehr prägnant kommt das in einer Forderung des schon zitierten bildungspolitischen Programms der CDU zum Ausdruck. Hier wird ein beachtlicher Katalog demokratischer Bildungsziele in dem Ansinnen an die Schule zusammengefaßt: »Weltanschauliche Parteilichkeit wie wertneutrale Beliebigkeit verbieten sich gleichermaßen.« (CDU-Bundesgeschäftsstelle 1994, S. 7) Die Schulen sollen danach den jungen Leuten nicht inhaltlich fixierte Weltbilder nahebringen, auch keine wissenschaftlichen, sondern formale Tugenden wie Urteilsfähigkeit, Mündigkeit, Verantwortungsbereitschaft, Initiative usw. Mit deren Hilfe sollen sie im Kontext der formalen Bürgerrechte unabhängig und ihrer selbst bewußt Interessen und Überzeugungen eine persönliche materiale Gestalt verleihen können.

Dem entsprechen Curricula mit wissenschaftlichem Charakter. Sie zielen nicht auf das Einüben von Fachwissen, sondern auf die Aneignung der formalen kognitiv-moralischen Kompetenzen selbstbewußter Auseinandersetzung mit Natur und Gesellschaft. Die Normen der wissenschaftlichen Disziplin und die der demokratischen Kultur sind zwar nicht identisch, sie sind in wichtigen Hinsichten aber kongruent. Man kann sie im Anschluß an Dreebens (1980) schulsoziologische Untersuchung bestimmen als Normen eines institutionalisierten Individualismus, also als Normen der Unabhängigkeit, Leistung, Gleichheit und funktionalen Spezifizität. Diese Schlüsselbegriffe der Dreebenschen Schultheorie bedürfen jedoch einer Präzisierung. Die unterschiedenen Normenmuster können nämlich unterschiedliche Vorstellungen vom Individuum und der sozialen Ordnung zum Ausdruck bringen. Sie können den liberalen Bürgerrechten entsprechen und die darin enthaltenen Ordnungsvorstellungen in der Schulorganisation repräsentieren. Sie können sich aber auch mit dem Glauben an objektive Notwendigkeiten verbinden und bürokratischen Charakter annehmen. Sie begründen dann nicht Verhältnisse wechselseitiger Anerkennung, sondern solche wechselseitiger Instrumentalisierung.

Unabhängigkeit: Unabhängigkeit, die mit der Auflösung traditionaler Bindungen möglich wird, kann Freiheit zu eigenverantwortlichem Handeln bedeuten. Sie kann sich aber auch in der Enteignung des einzelnen von der Kontrolle der kulturellen, gesellschaftlichen und materiellen Bedingungen seines eigenen Auftretens manifestieren. Einer derartigen Institutionalisierung der Unabhängigkeitsnorm entspricht weniger Eigenverantwortlichkeit als generalisierte Folgebereitschaft.

Leistungsprinzip: Entsprechend kann das Leistungsprinzip aktive und passive Anpassung implizieren. Es kann bedeuten, daß jeder in seinem Auftreten Eignung und Neigung zum Ausdruck bringt und mit seiner Welt zugleich sich selbst formt oder aber, daß er sich an unbeeinflußbare äußere Gegebenheiten anzupassen hat. Verlangt wird im liberalen Fall allein Konformität mit formalen Regeln; sie lassen den einzelnen in der Entscheidung über praktische Schlußfolgerungen frei und ermöglichen geordneten Dissens über materiale Fragen. In der bürokratischen Version verlangt das Leistungsprinzip Konformität mit unpersönlichen, material definierten Leistungsansprüchen.

Gleichheitsnorm: Gleichheit fungiert als eine Bedingung individuellen Ausdrucks, wenn sie den Gebrauch von Macht zwischen den Kontrahenten ausschließt. Sie ist eine unabdingbare Voraussetzung freien Argumentierens, denn Einfluß kraft Macht oder höheren gesellschaftlichen Rangs würde mit der Überzeugungskraft von Argumenten konkurrieren. Aus dieser liberalen Funktion der Gleichheitsnorm ergibt sich im Hinblick auf die Unterrichtspraxis die Frage nicht nur nach der Gleichheit der Schüler, sondern auch die nach der Gleichheit zwischen Schülern und Lehrern. In der bürokratischen Variante bedeutet Gleichheit Uniformierung der Selbstdarstellungsmöglichkeiten.

Funktionale Spezifizität: Da das methodisch kontrollierte Denken von der Vielfalt der individuellen Erfahrungsbezüge abstrahiert, setzt es auch die Fähigkeit voraus, deren die funktionale Differenzierung als Organisationsprinzip der modernen Gesellschaft bedarf. Das ist die Fähigkeit, sich in den vielfältigen und widersprüchlichen Rollen der modernen Gesellschaft realitätsgerecht, konsistent und subjektiv befriedigend zu engagieren und trotz der Wechselfälle der individuellen Biographie seine Identität stabil zu halten. Die Chancen dafür sind um so günstiger, wenn der Zutritt zu den verschiedenen sozialen Rollen und ihre Ausgestaltung im einzelnen als Sache individueller Entscheidung institutionalisiert ist. In der bürokratischen Version kann funktionale Spezifizität dagegen Zusammenhanglosigkeit der individuellen Auftritte bedeuten. Sie nötigt dann zu Kontakten mit Personen und Sachen, die als flüchtig und belanglos erlebt werden. Dem einzelnen kann es dann näher liegen, mit Indifferenz zu reagieren, als seine Identität in vielfältigen Engagements zu entwickeln.

Zum Typus der Bildung des Bürgers gehören diese vier Normenmuster in ihrer liberalen Version. Sie manifestieren sich hier in Beziehungen zwischen Lehrern und Schülern, die wechselseitige Anerkennung ermöglichen und verlangen. Auf Seiten des Lehrers entspricht dem die Berufskultur des Professionalismus. Der Begriff des Professionalismus wird in der Literatur nicht einheitlich gebraucht. Er wird häufig auch zur Kennzeichnung des Expertentums herangezogen, von dem weiter unten noch die Rede sein wird. Dieser Konfusion verdanken sich viele Kontroversen (vgl. dazu die eingehenden Diskussionen bei Bommes/Dewe/Radtke 1996; Dewe/Otto 1984; Dewe et al. 1986; Dewe/Ferchhoff/Radtke 1992; Dewe/Ferchhoff/Radtke 1992; Führ 1985; Hornstein/Lüders 1989; Koring 1989; Müller/Tenorth 1977; Neumann/Oelkers 1984; Reinhardt 1972; Tenorth 1977, 1979; und die Übersicht über die angelsächsische Diskussion bei Abbott 1988). Ihnen läßt sich für die idealtypische Konstruktion der Bildung des

Bürgers folgendes entnehmen: Die Schule ist mit einem eigentümlichen Widerspruch konfrontiert. Die jungen Leute sind den genannten Normen eigenverantwortlichen Verhaltens noch nicht gewachsen. Lehrer können zur Entwicklung entsprechender Fähigkeiten aber nur dadurch etwas beitragen, daß sie den Schülern ein entsprechendes Verhalten im Unterricht zumuten und ermöglichen. Sie müssen der bewußten Fiktion produktiven Ausdruck verleihen, die Schüler wären bereits autonome Subjekte. Durch diese Funktion unterscheidet sich ihre Tätigkeit von derjenigen anderer Exponenten der wissenschaftlichen Kultur, zum Beispiel von derjenigen der Universitätsprofessoren, der technischen Experten und der Intellektuellen; denn diese können die intellektuelle Disziplin ihres Gegenübers als tatsächlich gegeben unterstellen (Platt/Parsons 1990).
Dem genannten Verhalten der Lehrer entspricht organisatorisch berufliche Unabhängigkeit. Ihre Berufsrolle muß sie von ökonomischen, politischen, bürokratischen und anderen Zwängen freihalten, damit sie ihre Schüler nicht nach Maßgabe entsprechenden Drucks instrumentalisieren müssen. Instrumentalisierender Behandlung ist aber zu wehren, weil sie dem angestrebten Unterrichtserfolg entgegensteht. Sie läßt einen heimlichen Lehrplan wirksam werden, der anderem als den genannten Normen Ausdruck verschafft. Die berufliche Autonomie der Lehrer hat neben der sozialstrukturellen eine subjektive Seite. Das abweichende Verhalten der Schüler bringt Lehrer in die Gefahr, den an sie herangetragenen affektiven Stürmen zu erliegen und selbst die Normen aufzugeben, die sie den Schülern gegenüber vertreten sollen. Lehrer werden von den Heranwachsenden affektiv besetzt. Ödipale Phantasien, Zuneigung und Ablehnung, moralischer Rigorismus und Schuldgefühle treten im Verhältnis zwischen Lehrern und Schülern typischerweise auf. Dabei hat es der Lehrer nicht nur mit dem einzelnen Schüler zu tun, sondern mit Gruppen von Schülern, die unreifes Verhalten oft auch positiv sanktionieren. Gegen die Zumutung persönlicher Unabhängigkeit werden tief empfundene Freundschaften und die Gruppennorm des Zusammenhaltens aufgeboten, gegen das Leistungsprinzip die Forderung nach Freiheit von Bewertung und Kontrolle. Formale Gleichbehandlung provoziert Forderungen nach persönlicher Rücksicht und diffuser Anteilnahme. Reifungsniveaus, die die einzelnen bereits erreicht hatten, geraten in Gefahr, wenn die

Klassengemeinschaft in regressiver Weise aktiv wird. Diese Regression ist pädagogisch auch produktiv, weil sie kindlichere Entwicklungsstufen dem reifer Gewordenen noch einmal vergegenwärtigt, neuer Interpretation aussetzt und sie damit überwindbar macht. Zugleich schützt die Solidarität der Altersgenossen die Schüler vor den Belastungen, die ihnen als faktisch Unterlegenen in der Auseinandersetzung mit den Ansprüchen ihrer Lehrer entstehen können. Aber für die Lehrer, die die Normen der Gesellschaft vertreten sollen, bilden diese jugendlichen Umtriebe eine Herausforderung sehr persönlicher Art. »Es ist darum so verzweifelt schwer für die Lehrer, es recht zu machen, weil ihr Beruf ihnen die in den meisten anderen Berufen mögliche Trennung ihrer objektiven Arbeit ... vom persönlichen Affekt verwehrt.« (vgl. Adorno 1962, S. 82) Von bürokratischem Ritualismus bis hin zu Pädophilie ist hier mit vielem zu rechnen. Auch der Zwangscharakter, der den gegebenen Schulen eigen ist, kann Lehrer zu infantilem Verhalten motivieren.

Ein Lehrer kann sich auf die infantilen Affekte seiner Schüler am produktivsten einlassen, wenn er über seine eigenen Neigungen – auch seine regressiven – autonom verfügen kann. Denn seine Selbstwahrnehmung und seine Wahrnehmung des Schülers stehen in einem engen Zusammenhang. Ein Lehrer muß sich seinen Schülern zuwenden können und, wie Freud (1975) mit Blick auf den psychoanalytischen Therapeuten einmal formuliert hat, ›im Echo seines eigenen Unbewußten‹ den Sinn ihrer unreifen und deswegen nicht ohne weiteres verständlichen Äußerungen rekonstruieren. Fähig ist er dazu aber am ehesten, wenn seine eigenen Affekte seinem Bewußtsein zugänglich sind und er sie in den Dienst seiner Wahrnehmung stellen kann. Die Unterrichtspraxis enthält also eine sehr persönliche Herausforderung. Andererseits sind Schulklassen aber kein Ort, an dem die zufälligen persönlichen Eigenheiten von Lehrern oder Schülern ausgelebt werden sollen (vgl. dazu Dewe et al. 1986). Lehrer sollen vielmehr gesellschaftlichen Normen Geltung verschaffen. Das ist zwar nicht anders möglich als im persönlichen Verhalten, aber das Persönliche ist nur legitim, sofern es diesen Normen nicht widerspricht. Diese Verschränkung von Persönlichem und Allgemeinem wird im Begriff des Vorbilds, das der Lehrer seinen Schülern sein soll, treffend zusammengefaßt. Die Elemente dieses Vorbildes werden durch die Kompetenzen gebildet, die die professionelle Berufskultur ausmachen. Sie sind verschiedener Natur, haben aber eine gemeinsame Funktion: Sie sollen das Handeln des Lehrers anleiten und der Neigung zur Regression entgegenwirken, der Erwachsene im Umgang mit Adoleszenten leicht unterliegen. Darin liegt der Sinn, daß Lehrer Vertreter einer wissenschaftlichen Fachdisziplin und damit der wissenschaftlichen Disziplin schlechthin sind. Professionelle Kompetenz in diesem Sinn schließt weiterhin die Vertrautheit mit individuellen und sozialen Voraussetzungen wissenschaftlicher Begriffsbildung ein, also die Kenntnis dessen, was mit der Vorstellung von der Objektivität wissenschaftlicher Erkenntnis verdrängt wird. Soziologie, Psychologie, Erziehungswissenschaften usw. gelten hier als nützlich.

Die Funktion derartigen Wissens wäre aber mißverstanden, wollte man darin eine Quelle allgemeiner unpersönlicher Handlungsanleitungen sehen (vgl. dazu Bommes/Dewe/Radtke 1996; Dewe/Ferchhoff/Radtke 1992; Oevermann 1981). Was Freud in seinen ›Ratschlägen für den Arzt bei der psychoanalytischen Behandlung‹ bemerkt, läßt sich zu dieser idealtypischen Konstruktion der Lehrerbildung heranziehen: »Aber ich muß ausdrücklich sagen, diese Technik hat sich als die einzig zweckmäßige für meine Individualität ergeben; ich wage es nicht, in Abrede zu stellen, daß eine ganz anders konstituierte ärztliche Persönlichkeit dazu gedrängt werden kann, eine andere Einstellung gegen den Kranken und gegen die zu lösende Aufgabe zu bevorzugen.« (Freud 1975, S. 171)

Zum Typus der professionellen Berufskultur von Lehrern gehört, daß diese ihr Verhalten an den Begriffen des Zwecks und des Mittels orientieren. In der Erfolgsorientierung, so hat Parsons (1968 b) herausgestellt, ist die Orientierung des Professionellen modern und gleicht etwa der von Kaufleuten. Sie schließt emotionale Distanz ein. Der Unterrichtserfolg hängt nicht davon ab, daß Lehrer ihre Schüler lieben; dergleichen wäre eher hinderlich. Aber während kontraktuelle Tauschbeziehungen privatistische Interessen konstituieren, konstituiert die professionelle Berufskultur gemeinsame Interessen. Der Schüler erhält vom Lehrer zwar nicht immer, was er will, aber er wird dabei nicht entmündigt. Er erhält, woran ihm gelegentlich gar nicht viel liegt, Chancen zur Entwicklung persönlicher Autonomie. Sie bestehen in einer Unterrichtspraxis, die ihm die Rolle eines autonomen Subjekts ansinnt. Das Verhalten des Lehrers ist dem Schüler Mittel zu

seiner Entwicklung. Aber ein geeignetes Mittel ist dieses Verhalten nur dann, wenn der Lehrer in dieser Kooperation selbst als Subjekt auftritt. In diesem Sinn konstituiert das skizzierte Verhältnis zwischen beiden ein gemeinsames Interesse.
Dieses ›Arbeitsbündnis‹ (Oevermann 1981) kann nur auf wechselseitiger Anerkennung beruhen, auf dem Willen zur Kooperation, und nicht auf äußeren Zwang. Das bedingt aber Unabhängigkeit auch auf Seiten der Schülerrolle (vgl. dazu Brunkhorst 1992). Für die Professionalisierung der Lehrertätigkeit ist die Liberalisierung der Schülerrolle entscheidend. Denn anders als durch die Erfahrung eigenverantwortlichen Handelns können ihre Inhaber die Fähigkeit der Autonomie nicht erwerben. Kurz gesagt: Man kann Eigenverantwortlichkeit der Schüler nicht dadurch fördern, daß man sie ihnen als Erziehungsziel ins Heft diktiert; sie machen dann lediglich die Erfahrung eines Diktats. Nur wenn sie sich frei zu den Unterrichtsgegenständen äußern können, wird thematisierbar, was der Unterricht – den Normen der liberalen Kultur folgend – kultivieren soll: ihr subjektives Verhältnis zu den Gegenständen.
In dem Maße, wie die Schulen ihren Lehrern und Schülern Möglichkeiten autonomen Verhaltens eröffnen und beide den intendierten Gebrauch davon machen, in dem Maße verliert Bildung staatlich-obrigkeitlichen Charakter und wird zu einer privaten Sache. Denn es hängt dann vom einzelnen ab, wie er sich in Auseinandersetzung mit seiner Schulerfahrung bildet. Verwissenschaftlichung der Curricula und die Implementierung der Individualrechte in den schulischen Sozialbeziehungen tragen zur Privatisierung der Bildung auch in staatlichen Schulen bei. Die Funktionsweise der Schulen nähert sich insofern derjenigen der demokratischen Öffentlichkeit und des Marktes an, deren Normen ebenfalls staatlich sanktioniert sind, aber Privatheit konstituieren.

Bürgerliche Bildung als ›Halbbildung‹

Die Entwicklung des Schulwesens ist mit der Trennung von Bildung und Arbeit verbunden. Die Schulpflicht hatte nicht zuletzt die Funktion, dem Verbot der Kinderarbeit Wirksamkeit zu verschaffen. Die inhaltliche und organisatorische Trennung von

Schule und Arbeit ist weltweit Kennzeichen bürgerlicher Bildung. In Wissenschaft und Politik findet sie jedoch regelmäßig auch Kritik. In verschiedenen politisch-kulturellen Perspektiven wird die Forderung nach ihrer Verbindung immer wieder geltend gemacht. Am präzisesten hat vielleicht Adorno die Einschränkung der Bildung durch ihre Trennung von der Arbeit analysiert. Sie bildet das Thema seiner ›Theorie der Halbbildung‹ (Adorno 1962). Adornos Begriff der Halbbildung betrifft das Verhältnis zwischen den Individuen und ihren Lebensbedingungen. Er zielt auf dessen beide Seiten, zum einen also auf Bildung als Resultat der subjektiven Aneignung von Kultur und zum andern auf die Kultur, die angeeignet werden kann.

Kultur, so definiert er bündig, ist alles, was nicht Natur ist. Dieser Kulturbegriff schließt die gesellschaftlichen und materiellen Lebensbedingungen ein, und darunter erklärtermaßen auch die Bedingungen der Arbeit. Die Welt der Arbeit geht in ihren natürlichen Bedingungen nicht auf, sondern ist bis in die Qualität der technischen Anlagen hinein immer auch Ausdruck der sozialen Ordnung, unter der sie hervorgebracht wurde; auch Maschinen sind kulturelle Artefakte. Bildung als Aneignung der Kultur in diesem umfassenden Sinn wird konstituiert durch das, was angeeignet werden kann und durch die subjektive Tätigkeit des Aneignens. Adorno knüpft an die Idee der Bildung an, wie sie einmal als Teil der bürgerlichen Gesellschaft mit dieser zusammen entstanden ist. Von mehr als einer Idee, die den tatsächlichen Verhältnissen sehr äußerlich geblieben ist, kann dabei jedoch kaum gesprochen werden.

> »Sozialcharaktere des Feudalismus, wie der gentilhomme und der gentleman, vor allem aber die theologische Erodition lösten von ihrem traditionalen Dasein und ihren spezifischen Bestimmungen sich ab, verselbständigten sich gegenüber den Lebenszusammenhängen, in die sie zuvor eingebettet waren. Sie wurden reflektiert, ihrer selbst bewußt und auf den Menschen schlechthin übertragen. Ihre Verwirklichung sollte der einer bürgerlichen Gesellschaft von Freien und Gleichen entsprechen. Zugleich aber sagte sie von den Zwecken, von ihrer realen Funktion sich los, so wie es radikal etwa in Kants Ästhetik der Zweckmäßigkeit ohne Zweck gefordert ist. Bildung sollte sein, was dem freien, im eigenen Bewußtsein gründenden, aber in der Gesellschaft fortwirkenden und seine Triebe sublimierenden Individuum rein als dessen eigener Geist zukäme. Sie galt stillschweigend als

Bedingungen einer autonomen Gesellschaft: je heller die einzelnen desto erhellter das Ganze.« (a.a.O., S. 171 ff.)

Daß die individuelle Entwicklung Zwecken folgen kann, die sich die einzelnen bewußt und in Unabhängigkeit gegenüber den äußeren Handlungsbedingungen setzen, und daß diese Entwicklung in ihrem ›eigenen Bewußtsein gründet‹, setzt freiheitliche, gesellschaftliche Verhältnisse voraus. Die liberalen Freiheitsrechte sollten entsprechende Möglichkeiten begründen. Tatsächlich haben sie sich jedoch in Verhältnissen der Fremdbestimmung materialisiert. Mit diesem Gedanken schließt Adorno an die Marx'schen Theoreme der realen Subsumtion der Arbeit unter das Kapital sowie der Trennung von Hand- und Kopfarbeit an. Die Trennung von Hand- und Kopfarbeit, so Marx, ist Kennzeichen jeglicher Herrschaft, unter dem Kapitalismus wird sie aber auf die Spitze getrieben. Diese Verhältnisse lassen es nicht zu, daß der einzelne in seiner Lebenspraxis Autonomie über seine Existenzbedingungen gewinnt und damit auch Autonomie im Umgang mit sich selbst.

Unter diesen Verhältnissen änderte aber auch der Begriff der Bildung seinen Inhalt. Die Idee freier Selbstentfaltung hört auf, Maßstab zu sein, an dem auch die objektive Seite des Verhältnisses zwischen Individuen und Gesellschaft gemessen wird. Die Lebensumstände geraten überhaupt aus der Reichweite der Bildungsidee. Übrig bleibt ein Begriff von Bildung, der sich auf abstrakte Individuen bezieht, abstrakt, weil die äußeren Lebensbedingungen, vermittels derer sie Identität nur gewinnen können, nicht berücksichtigt werden. Und diese Verkürzung der Bildungsidee, so die These Adornos, wird immer nachdrücklicher durchgesetzt. Zweckfreie Bildung wird damit als Ideologie institutionalisiert. »Je weniger die sozialen Verhältnisse, zumal die ökonomischen Differenzen dies (liberale, d. V.) Versprechen einlösen, um so strenger wird der Gedanke an die Zweckbeziehung von Bildung verpönt ... Man verbeißt sich in die von Anbeginn trügende Hoffnung, jene könne von sich aus den Menschen geben, was die Realität ihnen versagt« (a.a.O., S. 172).

Die Inhalte bürgerlicher Bildung qualifizierten das Bürgertum einmal für seinen gesellschaftlichen Aufstieg. Unausgesprochene Voraussetzung dafür, daß Bildung in dieser Schicht entsprechend wirksam werden konnte, war die Trennung von Hand- und Kopfarbeit. Sie war an die privilegierte Stellung des Bürgertums gebunden. Die unteren sozialen Schichten sind mit ganz anderen Bildungsvoraussetzungen konfrontiert. Selbst dann, wenn der einzelne hier nicht von institutionalisierten Bildungsmöglichkeiten durch Gesetz oder Geld ausgeschlossen ist, fehlt es an den sozio-kulturellen Voraussetzungen der Bildung. Die Verlängerung der Freizeit und ein vergrößertes Bildungsangebot können daran, so Adorno, wenig ändern. Dabei ist es ›vielleicht noch das harmloseste‹, daß subjektive Dispositionen, also Fähigkeiten und Motive defizitär sind. Als viel wichtiger stellt er heraus, daß es die Bedingungen des Alltagslebens dieser sozialen Schicht gar nicht erlauben, den Inhalten bürgerlicher Bildung lebendigen Sinn abzugewinnen. Die nicht selten als Bildungsfeindlichkeit denunzierte Distanz der Arbeiter zu Einrichtungen weiterführender Bildung läßt in dieser Perspektive einen rationalen Kern erkennen.

Die Inhalte von Bildung werden zu ›Kulturgütern‹, die die einzelnen mit ihren Lebensbedingungen nicht in einen aufklärenden Zusammenhang bringen können. Sie werden in den Schulcurricula fetischisiert. »Erstarrt das Kraftfeld, das Bildung hieß, zu fixierten Kategorien, sei es Geist oder Natur, Souveränität oder Anpassung, so gerät jede einzelne dieser isolierten Kategorien in Widerspruch zu dem von ihr gemeinten und gibt sich her zu Ideologie, befördert die Rückbildung.« (a.a.O., S. 170) Bildungsreformen allein können diesem Mangel nicht abhelfen. Wenn sich lediglich die Inhalte schulischer Bildung verändern, aber nicht die sozialstrukturellen Bedingungen der Aneignung der Kultur, dann kommt Bildung aus der Krise nicht heraus (vgl. Gruschka 1988; Paffrath 1994[2]).

Adornos Theorie der Halbbildung entsprechen Überlegungen zur Einheit von Bildung und Arbeit bei Marx. Marx hatte zwar für eine Einführung der Schulpflicht plädiert, war dabei aber – in beachtlicher Fehleinschätzung der gesellschaftlichen Entwicklung – davon ausgegangen, daß sich die Unternehmen die preisgünstige Arbeitskraft Jugendlicher nicht gänzlich streitig machen ließen. Arbeit ließe sich mit Schulbildung vereinbaren, so hatte er spekuliert, wenn die Organisation der Arbeit von der Vorherrschaft des Kapitals befreit würde. Von der Erfahrung, die eine befreite Arbeit ermöglicht, sollten Jugendliche nicht ausgeschlossen sein. Denn nur durch Arbeit könnten sie über die Lebensverhältnisse verfügen, von denen ihre Entwicklung abhängt. Marx nennt das Verbot der Kinderarbeit ›reaktionär‹, weil es die Jugendlichen von dieser Kontrolle ausschließt (Marx 1952, S. 28). Vermittels der Verbindung von Arbeit und Bildung sollen sich also nicht nur die jungen Leute bilden; sie sollen auch ihre Lebensbedingungen nach Maßgabe ihres Willens bilden können, den sie in freier Arbeitserfahrung formen.

Bildung der Arbeitskraft

Bildungsökonomische Planung und Bürgerrolle

Der Idealtypus der Bildung der Arbeitskraft, der im folgenden expliziert wird, greift die Elemente des neokonservativen Materialismus auf und bringt sie in einen konsistenten Zusammenhang. Bildung erscheint hier, kurz gesagt, als Ausdruck einer gesellschaftlichen Rationalisierung, die an der Anerkennung des Subjekts vorbeizukommen sucht. Einen systematischeren Begriff der Bildung der Arbeitskraft gewinnt man, wenn man sich an bildungsökonomische Theorien hält. Sie fanden in Wissenschaft und Öffentlichkeit während der 60er Jahre größtes Interesse. Unter den verschiedenen bildungsökonomischen Theorien kommt in Deutschland dem Arbeitskräftebedarfsansatz besondere Bedeutung zu. (Eine Übersicht über bildungsökonomische Theorien findet sich in: Psacharapoulos/Woodhall 1985.) Er hat im Westen viel Aufmerksamkeit gefunden und ist weitgehend kongruent mit dem marxistisch-leninistischen Basis-Überbau-Theorem, auf das sich die Bildungspolitik in der DDR berief (vgl. Arbeitsgruppe des Instituts für Arbeitsmarkt- und Berufsforschung und des Max-Planck-Instituts für Bildungsforschung 1976; Krais 1984; Mertens 1988; für die Diskussion in der DDR vgl. Ludwig/Maier/Wahse 1972; Korn/Maier 1977; die kritische Darstellung bei Deppe/Hoß 1980).
Die entsprechenden Grundannahmen lassen sich folgendermaßen resümieren: Wissenschaftliche Forschung und Entwicklung entdecken Gesetzmäßigkeiten der Natur und verkörpern sie in den technischen Anlagen. Diese bestimmen die Arbeitsteilung und mithin die Berufsordnung. Auf die damit institutionalisierten Qualifikationsansprüche hat die Schule die jungen Leute vorzubereiten.

Wird der wirtschaftlich-technische Qualifikationsbedarf verfehlt, ist mit individuellen Berufsrisiken und mit gesamtwirtschaftlichen Krisen zu rechnen. Der unterstellte Zusammenhang zwischen Schulentwicklung und Wirtschaftsentwicklung wurde dramatisiert in der Annahme, mit zunehmender Spezialisierung der Arbeitsaufgaben und Arbeitskräfte werde die Abstimmung zwischen Schule und Arbeitswelt komplizierter. Berufsfähigkeiten könnten nicht mehr durch Erfahrung, sondern nur noch durch Schulung erworben werden. Die Qualifizierungsleistungen der Schule seien folglich präzise auf den zu erwartenden wirtschaftlichen Qualifikationsbedarf abzustimmen. Um dem Wandel der beruflichen Qualifikationsansprüche genügen zu können, seien die Arbeitskräfte darüber hinaus auf Weiterbildungsmöglichkeiten angewiesen, für die der Sozialstaat Sorge zu tragen habe. Schließlich, unter den Bedingungen der wissenschaftlich-technischen Revolution komme einer wissenschaftlich fundierten staatlichen Bildungsplanung die Führerschaft in der Schulentwicklung zu.
Die Vorstellung, die Gesellschaft sei ein System wirtschaftlich-technischer Sachnotwendigkeiten und die Individuen seien entsprechende Ressourcen, spiegelt sich in Schulverhältnissen, die vom Typus der Bildung des Bürgers sehr abweichen. Während der Bildung des Bürgers die Einheitsschule entspricht, so der Bildung der Arbeitskräfte ein differenziertes Schulwesen. Während die republikanische Einheitsschule ihre Absolventen mit gleichen Rechten entläßt, so die Bildung der Arbeitskräfte die ihren mit ungleichen. Gelten bei der Bildung des Bürgers die liberalen Freiheitsrechte, so fordert die staatliche Planung der Arbeitskräftebildung den Verzicht darauf. Schülerströme müssen innerhalb des Bildungssystems und vom Bildungssystem in die einzelnen Bereiche der Arbeitswelt gelenkt werden. Das ist nur möglich, wenn die liberalen Grundrechte der Bildungs- und Ausbildungsfreiheit, der Freiheit der Berufswahl, der Vertragsfreiheit, der Freizügigkeit usw. angetastet werden. Bildungsplanung kollidiert darüber hinaus auch mit den staatsbürgerlichen Rechten. Denn über den unterstellten gesellschaftlichen Qualifikationsbedarf können nur Experten in Wissenschaft und Bildungsadministration entscheiden, nicht aber die demokratische Öffentlichkeit. Das Publikum von Laien kann die bildungspolitischen Notwendigkeiten nur verfehlen. So können die Rechte demokratischer Willensbildung für bildungspolitische Fragen nicht gelten.

Von der Bildung des Bürgers unterscheidet sich die Bildung der Arbeitskräfte schließlich auch hinsichtlich der Vorstellungen vom Schüler. Danach haben die Schüler nicht die Fähigkeit, individuelle Autonomie zu entwikeln, sondern besitzen festliegende Begabungen, die das individuelle Verhalten mehr oder weniger determinieren. Während das Wertmuster der Bildung des Bürgers mit seiner Betonung der Gleichheitsnorm und der Vorstellung allgemeiner Bildungsfähigkeit eine kompensatorische Bildung nahelegt, gilt die Ungleichheit der unterstellten Begabungen im Falle der Arbeitskräftebildung als Sachzwang, den auch die Schule hinzunehmen hat. Institutionalisiert wird diese Vorstellung mit der Ungleichheit der Bildungsmöglichkeiten im mehrgliedrigen Bildungssystem und seinem Berechtigungswesen. Diese normativen Begriffe von Bildung, Individuum und Gesellschaft schließen die Vorstellung aus, daß die einzelnen ihren inneren und äußeren Lebensbedingungen frei gegenübertreten können. Diese Ordnungsbegriffe bilden den Idealtypus der Bildung der Arbeitskraft.

Liberalen Verhältnissen näher steht eine andere Version bildungsökonomischen Denkens, die Humankapitaltheorie. Sie hat in der bildungspolitischen Öffentlichkeit eine viel geringere Rolle gespielt als der Arbeitskräftebedarfsansatz. Die Differenzen zwischen beiden Theorien sind aber höchst aufschlußreich für die Bestimmung des neokonservativen Materialismus. Die Humankapitaltheorie unterscheidet sich vom Arbeitskräftebedarfsansatz in wesentlichen Grundbegriffen: Während jener Naturzwänge behauptet, denen sich staatliche Bildungspolitik und individuelle Bildungsinteressen zu fügen hätten, geht die Humankapitaltheorie von der Möglichkeit freier Bildungsentscheidungen aus (Schultz 1961; Becker 1964). Die Individuen erscheinen hier nicht als Angehörige von Berufsgruppen, sondern in der eingangs schon genannten Doppelrolle: Sie sind zum einen freie Marktteilnehmer und zum andern Arbeitskräfte. Sie können den Tauschwert ihrer Arbeitskraft durch Bildungsinvestitionen steigern; über diese soll jeder einzelne frei entscheiden können. Die Humankapitaltheorie will über den einzelnen nicht verfügen, sondern hat ihm eine Dienstleistung anzubieten. Sie will zeigen, wie hoch sich Investitionen in Bildung verzinsen.

Die Humankapitaltheorie will auch der Bildungspolitik zu Diensten sein. Aber anders als es der Arbeitskräftebedarfsansatz gebietet, soll der demokratische Willensbildungsprozeß dadurch nicht präjudiziert werden. Verschiedene bildungspolitische Optionen sollen transparent gemacht werden, indem die zu erwartenden Ertragsraten staatlicher Bildungsinvestitionen berechnet werden. Was dabei als Nutzen und was als Kosten gelten soll, entscheidet prinzipiell der Investor. Der theoretische Ansatz ist offen für jegliche politische Priorität. Er übersetzt auch marktfremde Aufwendungen und Zwecke in Kosten- und Ertragsbegriffe (Psacharapoulos/Woodhall 1985, S. 29-71). Die Humankapitaltheorie konzipiert also die Gesellschaft als ein System von Marktbeziehungen und die Individuen als rationale Marktteilnehmer, die über die Bürgerrechte verfügen. Der Arbeitskräftebedarfsansatz konzipiert die Gesellschaft dagegen als ein System von Naturnotwendigkeiten und die Individuen als ökonomische Ressourcen, über die von den Experten eines akademisch-staatlichen Komplexes zu verfügen ist.

Über die Wurzeln bildungsökonomischer Theorien in der Berufsethik des Protestantismus

Die Humankapitaltheorie und der Arbeitskräftebedarfsansatz der Bildungsökonomie sind empirisch gehaltlos, wenn man sie wörtlich nimmt. Denn die Schulentwicklung ist der Entwicklung des wirtschaftlichen Qualifikationsbedarfs nicht gefolgt. Aber Aufmerksamkeit verdienen diese Theorien als Ausdruck verbreiteter Vorstellungen von Bildung, Individuum und Gesellschaft, die gleichsam als Mythen in der Schulentwicklung wirksam sind; sie repräsentieren ›imagined communities‹ (Anderson 1983). Die beiden Theorien lassen an zwei Versionen der Wirtschaftsethik denken, die sich mit dem Protestantismus herausgebildet haben. Der Arbeitskräftebedarfsansatz erinnert an die Berufsethik des Luthertums und die Humankapitaltheorie an die Wirtschaftsgesinnung des asketischen Protestantismus. Stichworte dazu sollen Max Webers Abhandlung über ›Die protestantische Ethik und der Geist des Kapitalismus‹ entnommen werden (Weber 1963⁵).

Luther hatte die biblischen Texte, die selbst eine traditionalistische Wirtschaftsgesinnung enthalten, im Kontext seiner gesellschaftlichen Umstände ebenfalls traditionalistisch interpretiert. Eine wichtige Neuerung besteht zunächst nur darin, daß »der sittliche

Akzent und die religiöse Prämie für die innerweltliche, beruflich geordnete Arbeit mächtig schwoll« (Weber 1963[5], S. 74). Der Gedanke an eine dem Individuum vorgegebene Berufsordnung, der im Mittelpunkt des Arbeitskräftebedarfsansatzes steht, ist hier vorgezeichnet. Lediglich die Legitimation dieser Ordnung ist eine andere. Bei Luther ist sie Ausdruck göttlichen Willens, im Arbeitskräftebedarfsansatz Ausdruck natürlicher Zwänge, die durch die Technik in die menschliche Ordnung eingreifen. Gleichviel, ob Gott oder Natur, die Berufsordnung bleibt willentlicher Gestaltung entzogen. Luther zufolge soll sich der einzelne grundsätzlich dem Beruf und Stand fügen, in den Gott ihn gestellt hat. Der Gesichtspunkt der Einkommensmaximierung ist dieser Gesinnung fremd. Arbeit gilt als Dienst am Nächsten. Die Aufforderung zum Gehorsam gegen die Obrigkeit und zur Schickung in die gegebene Lebenslage sind weitere Elemente dieses noch vorbürgerlichen Weltbildes.

Im asketischen Protestantismus nimmt die Berufsidee eine andere Bedeutung an. Nicht naturalwirtschaftlicher Traditionalismus, sondern die erwerbswirtschaftlich orientierte Rationalisierung der Arbeit, also eine unternehmerische Orientierung, wird zum sittlichen Gebot. Einkommensmaximierung gilt nicht nur als erlaubt, sondern als gottgewollt. Die Grundmaxime kapitalistischen Wirtschaftens, daß Zeit Geld ist, daß Kosten zu sparen und Gewinne zu maximieren sind, findet hier eine religiöse Grundlage. Die Individuen verstehen sich als Sachwalter Gottes auf Erden. Mit den Ressourcen, die Gott ihnen in die Hände gelegt hat, muß ökonomisch und das heißt auch innovativ umgegangen werden.

Mit den beiden Wirtschaftsorientierungen sind unterschiedliche Vorstellungen vom Individuum verbunden. Die Humankapitaltheorie setzt die Vernunft der Individuen voraus. Die Frage, wer die Erzieher erzieht, findet hier die radikal-demokratische Antwort: die zu Erziehenden. Denn die befinden per Investitionsentscheidung über ihre Bildung selbst. Dem Arbeitskräftebedarfsansatz zufolge ist dagegen der individuellen Vernunft nicht zu trauen. Denn die individuellen Bildungsinteressen gelten hier als partikularisch: Sie brächten die soziale Ordnung und damit alle in Gefahr, wenn man ihnen freien Lauf gestattete. Von einer ›weitreichenden Gefährdung der Leistungsfähigkeit unserer Volkswirtschaft‹ spricht die zitierte Forderung der CDU, um bildungspolitische Eingriffe des Staates zu Lasten der Individualrechte zu legitimieren. In der Perspektive des Arbeitskräftebedarfs-Mythos erscheint die Freisetzung individueller Interessen als Auflösung jeglicher gesellschaftlichen Ordnung. Dem implizierten neokonservativen Denken ist kaum noch nachvollziehbar, daß der liberale Individualismus nicht Regellosigkeit bedeutet, sondern Ausdruck einer anderen Ordnung ist.

Dem entsprechen Vorstellungen von individuellem Erfolg und von den Verhaltensweisen, die ihn begünstigen. Sie werden in den beiden Theorien und auch in den beiden religiösen Berufsethiken unterschiedlich konzipiert. Dem Arbeitskräftebedarfsansatz zufolge gewährt die Anpassung an die unantastbare Berufsordnung soziale Sicherheit. Die sprichwörtliche Geborgenheit oder Absicherung werden zum Inbegriff des Erfolgs. Die Humankapitaltheorie empfiehlt statt dessen individuelle Profilierung und Vertrauen in die eigenen Kräfte. Den Unwägbarkeiten des Marktes kann man nur mit Selbstvertrauen begegnen, und wer davon genug besitzt, wird auch seine Geschäftspartner für sich einnehmen. Diese berufskulturellen Differenzen korrespondieren mit den spezifischen Formen, in denen sich das Problem der Heilsgewißheit stellt. Das Luthertum sieht Mittel vor, mit denen der einzelne seinen Gnadenstand und seine Erlösung beeinflussen kann. Dazu gehören vor allem die Beschäftigung mit dem persönlichen Inneren, das Bemühen um festen Glauben, Eingeständnis der Sünde, Demut und reuiges Gebet. Das Dogma des asketischen Protestanten will es dagegen, daß Gott in unabänderlichem Ratschluß über sein Seelenschicksal entschieden hat. Am Gnadenstand ist nichts zu ändern. Um peinigender Ungewißheit zu begegnen, kann man lediglich herauszufinden versuchen, wie es um einen steht. Als Zeichen, die auf Erwählung schließen lassen, gelten fester Glaube, der – wie die Erwählung selbst – eine Gnadengabe ist. Subjektive Heilsgewißheit wird damit zur religiösen Pflicht. Rastlose Berufsarbeit wird als hervorragendes Mittel empfohlen, um religiöse Selbstzweifel zu beseitigen. Sie beseitigt diese Zweifel um so gründlicher je profitlicher sie ist; denn auch ökonomischer Erfolg ist als Zeichen der Gnade zu verstehen.

Über den gesellschaftlichen Charakter der Objektivität beruflicher Leistungsansprüche

Die Frage nach den gesellschaftlichen Qualifikationsansprüchen steht im Schnittpunkt zahlreicher bildungsökonomischer, erziehungswissenschaftlicher, bildungssoziologischer und industriesoziologischer Untersuchungen. Die Qualifikationsansprüche werden dabei in unterschiedlichen Begriffen beschrieben. Viele Theorien stimmen jedoch in der Abgrenzung technischer und nichttechnischer Qualifikationen überein. Im Hinblick auf Schulen wird unter den technischen Qualifikationen dem Fachwissen das größte Gewicht zugemessen. Variationenreicher sind die Bestimmungen der nichttechnischen Qualifikationen. Sie reichen von Typen der intrinsischen Arbeitsmotivation und Aufstiegsorientierung über Typen der Loyalität gegenüber dem Betrieb bis hin zu weltanschaulichen Leitbildern und politischen Ideologien. Zusammenhänge zwischen dem Fachwissen und verschiedenen nichttechnischen Verhaltensorientierungen hat Weber in seiner Theorie bürokratischer Rationalisierung expliziert. Sie zielt zugleich auf die Frage, welche Eigenschaften das Fachwissen als ein Typus der Verhaltensorientierung hat und welche Bedeutung ihm im Kontext gesamtgesellschaftlicher Entwicklung zukommt. Zur Explikation des Typus der Arbeitskräftebildung ist Webers Theorie deswegen besonders aufschlußreich und soll an dieser Stelle herangezogen werden.

Nach Webers Rationalisierungstheorie nehmen die westlichen Gesellschaften zunehmend bürokratischen Charakter an. Auf der Ebene individuellen Handelns manifestiert sich die Bürokratisierung als Ausbreitung des Fachwissens. Es wird zum dominierenden Typus der Verhaltensorientierung nicht nur in der Arbeitswelt, sondern durchdringt auch alle übrigen Lebensäußerungen. »Hinter allen Erörterungen der Gegenwart um die Grundlagen des Bildungswesens steckt an irgendeiner entscheidenden Stelle der durch das unaufhaltsame Umsichgreifen der Bürokratisierung aller öffentlichen und privaten Herrschaftsbeziehungen und durch die stets zunehmende Bedeutung des Fachwissens bedingte, in alle intimsten Kulturfragen eingehende Kampf des ›Fachmenschen‹-Typus gegen das alte ›Kulturmenschentum‹.« (Weber 1972, S. 578)

Das Fachwissen zeichnet sich gegenüber anderen Begriffen, an

denen die Individuen ihr Handeln orientieren, durch unpersönliche Sachlichkeit oder Objektivität aus. Objektivität bedeutet dabei nicht, diese Begriffe brächten die Strukturen des Anschauungsgegenstandes unverfälscht, weil frei von subjektiven Beimischungen der Wahrnehmung, zum Ausdruck. Subjektiv voraussetzungslose Erkenntnis kann es gar nicht geben. Die Objektivität des Fachwissens ist subjektiver Natur. Sie ist Ausdruck gesellschaftlicher Bedingungen der Wahrnehmung, die von außen an die Betrachtungsgegenstände herangetragen werden. Diese subjektiven Präsuppositionen der Wahrnehmung sind mit den gesellschaftlichen Verhältnissen institutionalisiert. Deswegen haben in Webers Theorie das Fachwissen und die Bürokratie Sachlichkeit oder Objektivität als gemeinsamen Nenner.
Was es heißt, in bürokratischen Verhältnissen rein sachlich als Fachmann aufzutreten, hat er detailliert analysiert. Die unpersönliche Sachlichkeit ist im Herrschaftscharakter der Bürokratie begründet. Mit der bürokratischen Organisationsform wird die soziale Identität von Personen als die von Sachen institutionalisiert. Der ideale Beamte, so Weber, waltet seines Amtes ohne Ansehen der Person. Gehorsam schuldet er nicht der Person des Herrn oder Vorgesetzten, sondern der unpersönlichen Ordnung von Dienstpflichten. Nur innerhalb sachlicher Zuständigkeit besteht Verpflichtung zum Gehorsam. Die Klienten sind als unpersönliche Fälle zu behandeln, und unpersönlich ist auch der amtliche Verkehr mit den Kollegen. Indem sich die Inhaber bürokratischer Positionen als Vertreter dieser Ordnung verhalten, machen sie sich auch selbst zur Sache. Ihre spezifische Eigenart entwickelt die Bürokratie um so vollkommener, je mehr die »Ausschaltung von Liebe, Haß und allem rein Persönlichen, überhaupt allem Irrationalen, dem Kalkül sich entziehenden Empfindungselementen aus der Erledigung der Amtsgeschäfte, gelingt.« (Weber 1972, S. 563)
Was aber veranlaßt die einzelnen, von persönlichen Gesichtspunkten in ihrem Handeln abzusehen? Zum einen, so Weber, ist es soziale Macht. Sie ergibt sich aus der materialen Abhängigkeit der Beschäftigten als Arbeitnehmer. Sie arbeiten in völliger Trennung vom Eigentum an den Verwaltungsmitteln. Im Falle von Regelverletzungen kann gekündigt werden. Diese Bestimmungen der Bürokratie erinnern an die Marxsche Theorie der Lohnarbeit. Weber war sich auch sehr wohl bewußt, daß seine

Analyse der bürokratischen Arbeitsorganisation der Marxschen in entscheidenden Hinsichten gleicht. So hat er hervorgehoben: »Insbesondere ist aber diese unentrinnbare universelle Bürokratisierung dasjenige, was sich hinter einem der am häufigsten zitierten sozialistischen Schlagworte verbirgt – dem Schlagwort von der ›Trennung des Arbeiters vom Arbeitsmittel‹.« (Weber 1924, S. 498) Gegen den Marxismus behauptet er in diesem Zusammenhang lediglich, daß die Enteignung der Arbeitenden letztlich nicht auf das Privateigentum zurückgeführt werden kann.
Mit der materiellen Abhängigkeit verbunden sind bestimmte normative Vorstellungen. Sie legen es den Beschäftigten ebenfalls nahe, sich sachlich zu verhalten. Besondere Bedeutung kommt dabei der protestantischen Ethik, berufsständischen Ehrvorstellungen, dem Legalitätsglauben und der sachlichen Disziplin zu. Sie zielen sämtlich auf die ›Ausschaltung aller rein persönlichen Empfindungselemente aus der Erledigung der Amtsgeschäfte‹. Ihre Kehrseite ist, daß die Bürgerrechte oder verwandte Normen im Arbeitsvollzug nicht gelten. Die Versachlichung sozialer Beziehungen hat religiöse Wurzeln. In der schon zitierten Untersuchung über die protestantische Ethik beschreibt Weber die Wahlverwandtschaft zwischen dem Fachmenschentum und jenen Mitteln zur Erlangung religiöser Heilsgewißheit, die der asketische Protestantismus entstehen ließ. Das Motiv der Negierung persönlicher Empfindungselemente findet sich hier wieder. Religiös motivierte innerweltliche Askese und Systematisierung der Lebensführung tragen zur Versachlichung der sozialen Beziehungen und zur Entstehung des Berufsmenschentums bei (Weber 1972, S. 337). Eine weitere normative Grundlage findet die Sachlichkeit bürokratischer Expertise in Begriffen ständischer Ehre. Der ideale Beamte rechnet sich die Fähigkeit zur Ehre an, einen Befehl auf Verantwortung des Befehlenden so gewissenhaft und genau ausführen zu können, als ob er seiner eigenen Überzeugung entspräche. Dabei kommt es nicht darauf an, was er persönlich vom Inhalt der Befehle denkt. »Ohne diese im höchsten Sinne sittliche Disziplin und Selbstverleugnung zerfiele der ganze Apparat.« (Weber 1958, S. 524)
In der Objektivität der fachlichen Orientierung äußert sich ein drittes normatives Element, nämlich der Legitimitätsglaube der Herrschaft, in deren Dienst die Bürokratie steht. Das ist im Fall moderner Gesellschaften der Glaube »an die Legalität gesatzter

Ordnungen und des Anweisungsrechts der durch sie zur Ausübung der Herrschaft Berufenen« (Weber 1972, S. 124). Dem Legalitätsglauben in der Politik entspricht in der Wirtschaft die Autorität, die mit dem Privateigentum institutionalisiert ist. Für die Folgebereitschaft des bürokratischen Personals ist entscheidend, daß Befehle wie Dienstpflichten satzungsgemäß und in der üblichen Form zustande gekommen und in diesem Sinne legal sind. Damit entsteht aber die Frage nach der Autorität der ›Satzung‹, also der Verfassung, die die Gesetzgebung bzw. das Privateigentum begründet. Sie beruht nicht auf freier interessengeleiteter Vereinbarung, sondern auf Oktroy durch eine als legitim geltende Herrschaft von Menschen über Menschen. Deren Legitimität wiederum hat im Alltagshandeln wenig rationale Formen. Die Folgebereitschaft der Massen beruht typischerweise auf »einer Mischung von Traditionsgebundenheit und Legalitätsvorstellungen«, wobei es den fügsam Handelnden »natürlich nicht einmal bewußt ist, ob es sich um Sitte, Konvention oder Recht handelt«. Hinzu kommen Furcht oder Interessenlagen der verschiedensten Art (Weber 1972, S. 20).

Religiöse und auch berufsständische Grundlagen der Sachlichkeit haben in den Bürokratien heute an Bedeutung verloren. Der siegreiche Kapitalismus bedarf dieser Stütze nicht mehr, seit er auf ›bürokratisch-maschineller‹ Grundlage beruht. So kommentiert Weber das Schicksal der protestantischen Ethik. Bürokratische Regeln und Zwänge, die mit den technischen Anlagen institutionalisiert werden, legen sich von außen immer dichter um die Individuen. Die Voraussetzungen für eine intrinsische Arbeitsmotivation werden dadurch zerstört. Ständische Ehre und Religion, aber auch der Legalitätsglaube weichen einer Orientierung, die Weber rationale Disziplin nennt. »Von allen jenen Gewalten aber, welche das individuelle Handeln zurückdrängen, ist die unwiderstehlichste eine Macht, welche neben dem persönlichen Charisma auch die Gliederung nach ständischer Ehre entweder ausrottet oder doch in ihrer Wirkung rational umformt: rationale Disziplin. Sie ist inhaltlich nichts anderes als die konsequent rationalisierte, das heißt planvoll eingeschulte, präzise alle eigene Kritik bedingungslos zurückstellende Ausführung des empfangenen Befehls und die unablässige innere Eingestelltheit ausschließlich auf diesen Zweck.« (Weber 1972, S. 681) Mit dieser Disziplin wird die Gewalt der bürokratischen Verhältnisse stumm.

Die Verbreitung der bürokratischen Organisationsform hat zu der Vorstellung beigetragen, Bürokratie repräsentiere eine Rationalität ungesellschaftlicher Natur. Gesellschaftlich sind dieser Auffassung zufolge erst die Zwecke, für die sie in Anspruch genommen wird. So hatten die staatssozialistischen Länder die bürokratische Organisationsform ausgedehnt und darauf insistiert, der sozialistische Charakter der neuen Herrschaftsverhältnisse liege außerhalb der Bürokratien, nämlich in den politischen Zielen, für die sie in Anspruch genommen würden. Die bürokratische Organisationsform selbst verdanke sich ungesellschaftlichen Naturnotwendigkeiten. Im Gegensatz zu dieser Auffassung hat Weber die Bürokratie jedoch nicht einfach als Organisationsmittel, sondern als Herrschaftsmittel beschrieben. Sie gilt ihm als die »formal-rationalste Form der Herrschaftsausübung« (Weber 1972, S. 128). Als Herrschaftsmittel sind Bürokratien effizient in dem Sinn, daß sie die Fremdbestimmung individuellen Verhaltens wie kaum eine andere Organisationsform maximieren. Der Anschein der Sachlichkeit entsteht nicht zuletzt dadurch, daß die Funktion der Bürokratie auf Zwecke nicht zurückgeführt werden kann. Diese Feststellung steht in Widerspruch zur Bestimmung der Bürokratie als Herrschaftsmittel. Aber dieser Widerspruch ist keiner der Theorie, sondern einer in der Sache. Der Bürokratie wird die Bedeutung eines Mittels zugeschrieben; und so geht sie in den Idealtypus bürokratischer Herrschaft ein. Diesem ihr zugewiesenen Sinn widerspricht sie aber im tatsächlich sich herstellenden Effekt. Weber zeigt in seinen empirischen Analysen, daß die bürokratischen Organisationen ihre Herrscher paralysieren, die über sie doch verfügen können sollen. In dieser Feststellung stimmen das Ergebnis der Staatssoziologie, der Wirtschaftssoziologie und der Parteiensoziologie überein (Weber 1972, S. 128 ff. und S. 835; 1958, S. 532; 1924, S. 409).

Die unpersönliche Sachlichkeit bürokratischer Handlungsorientierung, so ergibt sich, spiegelt nicht Notwendigkeiten der Natur und auch nicht den Willen der außerbürokratischen Organisationsspitzen, sondern ist Ausdruck sozialer Normen. Diese Normen sind unterschiedlichen Charakters, stimmen aber darin überein, daß sie mit der normativen Idee individueller Autonomie konfligieren.

Die Objektivität der Curricula als soziales Konstrukt und die schulische Binnenorganisation

Der Vorstellung vom naturnotwendigen Charakter des gesellschaftlichen Qualifikationsbedarfs entsprechen Vorstellungen von der Qualität des Unterrichtsstoffes. Die Begriffe, die den Schülern danach zu vermitteln sind, sollen objektiv sein. Aus ihnen soll nichts als die Sache sprechen. Subjektive Elemente der Wahrnehmung, so ist dabei mitgedacht, können die objektive Abbildung der Betrachtungsgegenstände nur trüben. Hat der Typus der bürgerlichen Bildung die Idee individueller Autonomie als Zentrum, so der Typus der Arbeitskräftebildung einen positiven Pflichtenkatalog aus Fachwissen und sachlicher Disziplin, statt der Kultur eines liberalen Individualismus die ›Kultur des Fachmenschentums‹. Die verdinglichende Metaphorik von den Fundamenten, die die Schule legen muß, von den Lücken, die der Schüler nicht entstehen lassen darf, und von den Versäumnissen in der Gegenwart, die die Zukunft belasten, deuten darauf ebenso hin wie die auf die Zukunft gerichteten Nützlichkeitserwägungen, mit denen die Wahl bestimmter Schulfächer begründet wird. Schulbildung hat danach vor allem instrumentelle Bedeutung. Der Objektivitätsglaube, der sich mit den Curricula verbindet, bringt Verschiedenes zum Ausdruck, die methodisch kontrollierbare Reproduktion von Phänomenen der verschiedenen wissenschaftlichen Disziplinen, Konventionalismus, also die fraglose Wiederholung einer einmal gewählten Praxis, wissenschaftlich legitimierte und staatlich sanktionierte Lehrplanentwicklung usw.

In der Alltagskultur der Schule stößt das Fachwissen als Inhalt von Bildung bei Lehrern und Schülern auf vielfältige Kritik. Es erscheint als unumgänglich, aber besondere Tugenden, die über die unterstellte Notwendigkeit hinausgingen, werden ihm nicht zugeschrieben. Diese Kritik am Schulstoff reicht bis in den Schulalltag des 19. Jahrhunderts zurück und ebenso die Sorge, die Schüler müßten gegen ›Überbürdung‹ geschützt werden (Bekker/Kluchert 1993). Praktischen Konsequenzen dieser Kritik steht aber eine große Zahl schulischer Strukturelemente entgegen. Sie bestehen aber kaum in der Menge der Unterrichtsgegenstände. Das Stoffproblem ergibt sich vielmehr aus den bürokratischen Strukturen der Unterrichtskommunikation. Sie nehmen Schülern und Lehrern Möglichkeiten persönlichen Ausdrucks. Diese Kommunikationsbedingungen verleihen den Inhalten ihrer Verhandlungen die schwer erträgliche Form der Auseinandersetzung über objektiven Schulstoff. Damit ist nach der Objektivität der Curricula ein weiteres Element des Idealtypus der Arbeitskräftebildung angesprochen.

Unpersönlichen Charakters sind nicht nur die Unterrichtsinhalte, sondern auch die Mittel, mit denen sie den Schülern nahezubringen sind. Zu diesen Mitteln zählt die fachwissenschaftliche Kompetenz der Lehrer auf dem Gebiet ihres Unterrichtsfaches und auf dem Gebiet der Erziehungs- und verwandter Wissenschaften. Danach sollen Lehrer ihre Schüler nach Maßgabe allgemeiner wissenschaftlicher Begriffe behandeln. Gesichtspunkte objektivierender Zweck-Mittel-Rationalität haben eine Entsprechung in den organisatorischen Arrangements des Unterrichts. Sie sollen es ermöglichen, die Schüler gleichsam wie in einem naturwissenschaftlichen Experiment einem gut kalkulierten erzieherischen Reiz auszusetzen. Damit der um so besser gezielt werden könne, müssen – dem Vorbild des naturwissenschaftlichen Experiments entsprechend – möglichst viele Kontextvariablen im Unterrichtsgeschehen unter Kontrolle gebracht werden. Dessen ›Komplexität‹ soll durch Standardisierung sachlicher, sozialer und zeitlicher Elemente des Schullebens reduziert und an die ebenfalls zu rationalisierende Steuerungskapazität der Lehrkräfte angepaßt werden.

Diesem Gesichtspunkt entspricht, daß die Differenzierung und Formalisierung von Organisationskategorien im Bildungssystem eine der wichtigsten Formen bildungspolitischer Rationalisierung darstellt (Dreeben 1980). Die differenzierte Behandlung der Schüler gilt als Bedingung effizienten Unterrichts. Differenziert werden Schultypen nach Erziehungszielen, und das ist gleichbedeutend mit einer Differenzierung der Schüler. Die Schüler werden darüber hinaus nach Alter, vorheriger Schulerfahrung und vermuteter Schultüchtigkeit kategorisiert und zu homogenen Klassen zusammengefaßt. Standardisiert wird die Ausbildung der Lehrer. Prüfungsrituale und Berechtigungen werden geschaffen, die festlegen, welcher Lehrertypus an welcher Schule, in welchen Klassen und Fächern unterrichten darf und in welchen nicht. Auch diese Spezialisierung zielt auf Rationalisierungsgewinn. Standardisiert werden schließlich auch die Unterrichtsmaterialien, Stundentafeln und Rahmenpläne, Schulbücher und sonstigen Hilfsmittel, die für Unterrichtszwecke zugelassen sind. Auf die Einhaltung der entsprechenden Regeln wird größter Wert gelegt. Ob sie aber auch halten, was man von ihnen erwartet, wird – wenn überhaupt – nur ausnahmsweise überprüft.

Im Kontext instrumenteller Zweck-Mittel-Rationalität nehmen die Normen der Unabhängigkeit, Leistung, Gleichheit und funktionalen Spezifizität eine restriktive Form an. Sie legen die Schüler auf ein unpersönliches und in diesem Sinne objektives Verhalten fest, das als objektiver, das heißt unverzerrter Ausdruck subjektiven Leistungsvermögens gilt. Unabhängigkeit bedeutet in diesem Fall, daß die Schüler über die äußeren Bedingungen ihres eigenen Austretens nicht verfügen können. Leistung manifestiert sich in passiver Anpassung an unpersönliche Normen. Gleichheit vollzieht sich als uniforme Gleichbehandlung, und funktionale Spezifizität nötigt zu Kontakten mit Personen und Sachen, die als flüchtig und belanglos erlebt werden. In dieser restriktiven Version begründen die vier Normenbündel kein Arbeitsbündnis zwischen Schülern und Lehrern, sondern ein Machtverhältnis. Es wird mit der Schulpflicht sanktioniert und mit dem Berechtigungswesen, das die Zwänge der Gesellschaft in den Schulen wirksam werden läßt. Beides wird im Alltag der Schüler präsent gemacht durch Noten und durch die Aufmerksamkeit besorgter Eltern. Verbunden ist dieses Arrangement mit der Vorstellung, den Schülern kämen die Rechte freier Äußerung nicht zu. Mitgedacht wird dabei, daß ihnen diese Rechte zu ihrem eigenen Besten vorenthalten blieben. Denn es gilt als ausgemacht, daß sie ihr eigenes Bestes gar nicht erkennen können, gerade so wie auch die erwachsenen Mitglieder der Gesellschaft als unfähig zu eigenverantwortlichem Handeln gelten. Was ihnen frommt, kann nur fachmännisch entschieden werden.

Die Vorstellungen objektiver Unterrichtsrationalität hat mythischen Charakter. Das wird deutlich, wenn man sich vergegenwärtigt, daß die bürokratische Unterrichtspraxis gar nicht leistet, was sich ihre Anwälte davon versprechen. Sie läßt einen Lehrplan wirksam werden, der – weil er gar nicht intendiert ist – der heimliche genannt wird. In den Bildungswissenschaften besteht ein weitreichender und gut gesicherter Konsensus darüber, daß Bildungsprozesse instrumenteller Zweck-Mittel-Rationalität nicht folgen. Besonders deutlich zeigt sich das im Umgang der Schule mit den

ungleichen Lernvoraussetzungen, die die Schüler von Hause aus mitbringen. Ihnen sollen die verschiedenen Formen der Differenzierung des Unterrichts und der Schulorganisation begegnen. Dem liegt die Vorstellung zugrunde, daß Ungleiches nicht gleich behandelt werden darf. Diese Annahme bildet heute den vielleicht wichtigsten Legitimationsgrund für die Existenz des mehrgliedrigen Bildungswesens. Kaum ein anderes Merkmal der schulischen Organisation von Lernprozessen ist so intensiv untersucht worden wie die unterschiedlichen Formen der Kategorisierung der Schüler. Ob aber Homogenisierung der Klassen den Lernfortschritt beschleunigt oder bremst, ist gänzlich ungewiß. »Seit 50 Jahren wird auf diesem Gebiet geforscht, ohne daß sich allgemein akzeptierte Antworten für die dem pädagogischen Alltagsverstand so wichtige Frage ergeben hätten, wie man auf die unterschiedlichen Lerngeschwindigkeiten und Lerninteressen von Kindern am besten eingehen könnte.« (Fend 1980, S. 290) Zu diesem Ergebnis sind zehn Jahre früher und zehn Jahre später auch die sehr eingehenden Literaturauswertungen von Hopf und Aurin gelangt (Hopf 1970; Aurin 1990).
Von geringer Bedeutung für die Schulleistung erweisen sich auch andere Organisationsmerkmale der Schule, wie die Klassengröße, die Ausbildung, Erfahrung und Bezahlung der Lehrkräfte, die Qualität des Lesematerials, die Beschaffenheit der Schulgebäude, der Umfang der Schulbibliotheken, öffentliche beziehungsweise private Schulträgerschaft usw. Der Einschätzung befragter Lehrer zufolge tragen auch die in der Ausbildung vermittelten sozialisatorischen Fachkenntnisse zum Gelingen des Unterrichts kaum bei (Averch/Carroll/Donaldson/Kiesling/Pinces 1972; Coleman 1966; Dornbusch/Scott 1975; Jencks et al. 1972; Stephens 1967; Hanushek 1981). Die Suche nach Mitteln, um die Leistung der Schüler zu verbessern, so resümieren Purkey und Smith ihre Literaturübersicht, ist nicht sehr erfolgreich gewesen (Purkey/Smith 1991, S. 75). Sehr zurückhaltend beurteilt auch Dreeben die Wirkungszusammenhänge zwischen Schulorganisation und der Erfahrung, die die Schüler damit machen. »Die Übernahme von Normen ist eine Variable; ... (sie) kann zwischen Internalisierung, Bekenntnis zu einer tiefen inneren Überzeugung, deren Verletzung Angst und Schuldgefühle auslöst, und zynischer Zustimmung wechseln.« (Dreeben 1980, S. 45)
Der Unterricht wird um so unberechenbarer, je mehr Nachdruck

auf seine sozialtechnische Rationalisierung gelegt wird. Denn er ignoriert damit immer gründlicher, daß der einzelne nur als gesellschaftliches Individuum begriffen werden kann, daß das, was er tut, erst in seiner Interaktion mit seinen Lebensumständen konkrete Gestalt gewinnt und folglich auch nur im Hinblick darauf verstanden werden kann. Das gilt zum einen hinsichtlich seiner sozialen Identität: die Schüler streifen die sozialen Beziehungen, in denen sie außerhalb der Schule leben, im Unterricht nicht ab. Diese Beziehungen sind in dem, was sie hier äußern, immer präsent. Zum anderen, welchen Sinn sie dem beilegen, was ihnen im Unterricht entgegentritt, und dem, was sie dort von sich äußern, ergibt sich immer auch aus ihrer vorgängigen Lebenserfahrung. Sie müssen ihr Selbstbild konsistent halten, das sie im Verlauf ihrer Biographie entworfen haben (Krappmann 1971). Wer sein Verhalten unter Absehung von den sozialen und biographischen Dimensionen seiner Identität konstruierte, müßte als pathologisch angesehen werden und bedürfte der Therapie. Die sozialtechnische Unterrichtsorganisation schließt aber aus, daß die sozialen und biographischen Dimensionen individuellen Verhaltens zum Thema werden können. Sie läßt die Schülerrolle zur Realabstraktion des Jugendlichen werden. Die sprichwörtliche Bezeichnung der Eselsbrücke deutet an, welche Qualität das persönliche Verhältnis der Schüler zum objektiven Schulstoff unter diesen sozialen Bedingungen annehmen kann.
Diesen Befunden über Wirkungszusammenhänge organisierter Bildung entsprechen bildungssoziologische Untersuchungen über die gesellschaftliche Funktion der Schule. Sie entsprechen der Volksweisheit: ›Wem Gott ein Amt gibt, dem gibt er auch den Verstand‹. Das Bildungssystem mißt den Kindern als Schülern eine bestimmte soziale Rolle zu. Mit ihr verbinden sich innerhalb und außerhalb der Schule bestimmte Verhaltenserwartungen und Selbstdarstellungsressourcen. Auf diese Erwartungen stellen sich die Kinder ein und machen sie sich in ihrer Lebenspraxis zu eigen. Die Chancen der Lehrer, darauf gezielt Einfluß zu nehmen, sind gering. Besonders treffend hat Meyer diesen Mechanismus beschrieben. »The most powerful socializing property of a school is its external institutional authority, derived from the rules of educational allocation, rather than its network of internal socializing experiences. Educators, who attend with great rigor to the accreditation of their schools seem to be more aware of this process

than do socialization researchers.« (Meyer 1977, S. 61; vgl. dazu auch in klassentheoretischer Perspektive: Bourdieu/Passeron 1971; Bowles/Gintis 1978; in systemtheoretischer Perspektive: Luhmann/Schorr 1979) Die Darstellung der Idealtypen der Bildung des Bürgers und der Bildung der Arbeitskraft ist damit abgeschlossen. Ihre wichtigsten Definitionselemente werden im folgenden noch einmal schematisch gegenübergestellt. Dem folgt die Darstellung zunächst der westdeutschen und dann der ostdeutschen Schulentwicklung.

	Idealtypen	
	Bildung des Bürgers	**Bildung der Arbeitskräfte**
Begriff der Gesellschaft	liberale Republik	Funktionszusammenhang von Naturnotwendigkeiten
Begriff des Individuums	freie und gleiche Bürger	ungleiche und fremdbestimmte Arbeitskräfte
Struktur des Bildungssystems	liberale Einheitsschule	bürokatische Bildungshierarchie
	– unbegrenzte Bildungsexpansion	Quotierung der Bildungsmöglichkeiten
	– Bildungsfreiheit	Selektion
	– rechtlich geordnet, demokratisch	besonderes Gewaltverhältnis
Lernziele	Autonomie	Fungibilität
Curricula	formale kognitiv-moralische Disziplin	Fachwissen
Rolle des Schülers	Inhaber von Rechten	Inhaber von Begabungen
Rolle des Lehrers	autonomer Professioneller	fremdbestimmter Experte
Lehrer-Schüler-Kooperation	praktische Intersubjektivität	sozialtechnische Behandlung

Schulentwicklung in der BRD

Vorbemerkung

Im Licht der beiden Idealtypen der Bildung des Bürgers und der Bildung der Arbeitskraft soll im folgenden von der Schulentwicklung in der Bundesrepublik die Rede sein. Dabei wird als erstes deren Ausgangspunkt umrissen. Er liegt bei Verhältnissen, in denen ständische Ordnungsprinzipien noch eine beachtliche Wirkung hatten. Diese Verhältnisse, so soll danach gezeigt werden, wurden attackiert zum einen mit bildungsökonomischen Argumenten im Namen unterstellter bildungsökonomischer Ausbildungsnotwendigkeiten und zum anderen im Namen der Bürgerrechtsidee. Eine Bildungsplanung, die bildungsökonomischem Denken entsprochen hätte, hat es in der BRD aber nicht gegeben. Politisch wirksam waren die bildungsökonomischen Debatten vor allem, indem sie die Autorität der überkommenen Bildungsverhältnisse untergruben. Das westdeutsche Bildungssystem hat sich dem Typus der Bildung des Bürgers genähert. Der gemeinsame Nenner sehr vieler und sehr bedeutsamer Entwicklungen im Bildungswesen besteht im Autoritätszuwachs eines liberalen Individualismus. Das soll im folgenden beschrieben werden. Es geht also nicht darum, den Zustand des Bildungswesens insgesamt festzuhalten; da wäre von vielen überkommenen bürokratischen Elementen zu berichten (Lenhardt 1984). Zum Thema sollen vor allem die Veränderungen des Bildungswesens werden.

Ständische Elemente im westdeutschen Schulwesen

Nach dem Krieg war Bildungspolitik zunächst Sache der Besatzungsmächte. Die vier Alliierten gingen davon aus, daß das deutsche Schulwesen an der Bildung jener Eliten und ihrer Anhänger mitgewirkt hatte, die für den Nationalsozialismus verantwortlich zu machen seien. Je nach ihren eigenen Bildungssystemen und je nach den politischen Mitteln, die ihnen als legitim und zweckmäßig erschienen, versuchten sie eine Art differenzierter Einheitsschule zustande zu bringen. Von ihren vielfältigen Reformbemühungen sei hier nur die Direktive 54 der Alliierten Kontrollbehörde genannt, die auf amerikanische Initiative zustande gekommen war. Sie sah für alle Schüler eine gemeinsame Grundstufe von sechs Jahren vor und daran anschließend eine gleich lange Sekundarstufe. Letztere sollte nicht verschiedene Schulformen beinhalten, sondern aufeinanderfolgende Abschnitte. Besonderer Wert sollte auf die Erziehung zu demokratischem Verhalten gelegt werden. Die Direktive enthielt darüber hinaus 15 Reformrichtlinien, die von der Schulorganisation bis zur Lehrerbildung viele bildungspolitische Fragen betrafen (vgl. dazu und zum folgenden Becker 1989, S. 332 ff.; v. Friedeburg 1993, S. 281 ff.; Zymek 1992).

Diese und ähnlich gerichtete bildungspolitische Anstöße überstiegen, was der Schule und der Gesellschaft in Westdeutschland damals an Demokratie möglich war. Sie erlagen deswegen der Opposition deutscher Bildungspolitiker und Beamter, die von den Besatzungsmächten zur Mitarbeit herangezogen worden waren. In deren offenem und verstecktem Widerstand äußerte sich ein kulturelles Beharrungsvermögen, das auch die damalige Öffentlichkeit in ihrer Mehrheit auszeichnete. Vor allem die Kirchen, die Universitäten, die Arbeitgeber, die organisierte Gymnasiallehrerschaft und die Elternverbände stemmten sich den alliierten Reforminitiativen entgegen. Die ›abendländische‹ Wertegemeinschaft mit den USA beruhte damals weniger auf gemeinsamen Werten als auf gemeinsamen Feinden, auf dem Antikommunismus.

In den ersten Landesparlamenten konnten sich die restaurativen Tendenzen der Bildungspolitik frei entfalten. Das zeigen die Schulgesetze der westdeutschen Bundesländer. In ihnen lebten regionalspezifische Schultraditionen wieder auf. In Anknüpfung an die überkommenen Schulverhältnisse und nach Maßgabe des konfessionellen und politischen Profils der Regierungen und Parlamente machten sich einige Länder daran, das dreigliedrige Schulsystem auszubauen, während andere – wie die Stadtstaaten – Einheitsschultendenzen verfolgten. Die Gesetze der letzteren glichen darin weitgehend dem ›Gesetz zur Demokratisierung der Deutschen Schule‹, das in den ostdeutschen Ländern einheitlich verkündet wurde. In den westdeutschen Bundesländern wurden die Elemente einer Einheitsschule häufig wieder zurückgenommen. So verkürzten einzelne von ihnen die gemeinsame Grundschulzeit, die zunächst sechs Jahre betragen hatte, wieder auf vier Jahre. Lediglich in Westberlin hielt man an der sechsjährigen Grundschule fest, worin die vier Sektoren der Stadt übereinstimmten. Das mehrgliedrige Bildungssystem wurde bis heute nicht überwunden.

Die Rückkehr zur vierjährigen Grundschule war nicht zuletzt durch das Interesse motiviert, dem Gymnasium die Eingangsklassen zu sichern und damit seinen ›grundständigen‹ Charakter. Diese Grundständigkeit war zum Bedauern ihrer Anhänger bereits zu Beginn der Weimarer Republik in Mitleidenschaft gezogen worden, als die Vorschule durch die allgemeine vierjährige Grundschule abgelöst worden war. Zurückgenommen wurden auch jene Reformansätze, die das gegliederte Schulwesen in Richtung auf einen gestuften Schulaufbau verändert hatten. Sie kollidierten nicht zuletzt mit dem Interesse am religiösen Charakter der Volksschule. Denn anders als Realschulen und Gymnasien waren die Volksschulen als christliche Gemeinschaftsschulen oder Konfessionsschulen eingerichtet worden. Die Integration der oberen Volksschulklassen, der Gymnasien und Realschulen in einer Sekundarstufe I hätte deswegen kirchliche Interessen beeinträchtigt. Die Einheitsschule wurde auch in West-Berlin zugunsten der dreigliedrigen Sekundarstufe I beseitigt, obwohl damit eine der letzten schulstrukturellen Gemeinsamkeiten der Stadt verloren ging. Im Düsseldorfer Abkommen zur Vereinheitlichung des Schulwesens besiegelten die Bundesländer im Jahr 1955 einstweilen die Vorherrschaft der Dreigliedrigkeit als verbindliche Grundstruktur des Schulwesens. Vorausgegangen war diesem Beschluß der Ausbau des Realschulwesens in den süddeutschen Bundesländern, das dort keine Tradition gehabt hatte.

Ein Licht auf die damals geltenden Vorstellungen von Schule, Individuum und Gesellschaft wirft eine Formulierung des Deutschen Ausschusses für das Erziehungs- und Bildungswesen. Der Deutsche Ausschuß wirkte zwischen 1953 und 1965. Er war als Kompromiß zwischen Bund und Ländern zustande gekommen. Er sollte die Schulentwicklung analysieren sowie bildungspolitische Empfehlungen erarbeiten. In seinem ›Rahmenplan zur Umgestaltung und Vereinheitlichung des allgemeinbildenden öffentlichen Schulwesens‹ wird der damals herrschende bildungs-

Übersicht 1:
Aufbau des Bildungssystems in der BRD Ende der 80er Jahre

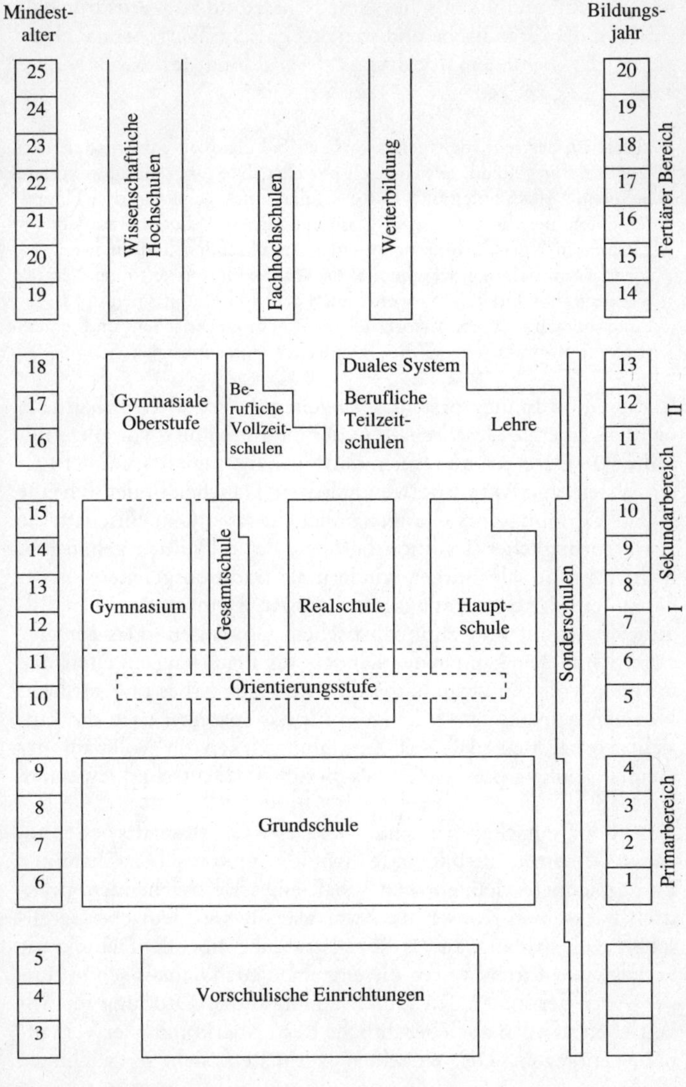

Zitiert nach Arbeitsgruppe Bildungsbericht, 1994, S. 19.

politische Geist zusammengefaßt, gegen den sich der Deutsche Ausschuß sehr vorsichtig wandte. Diese Zusammenfassung bringt weniger ein republikanisches Gesellschaftsbild zum Ausdruck als eines, in dem ständische und sozialtechnische Wertnormen changieren. Es steht dem Idealtypus der Bildung der Arbeitskräfte nahe.

> »Man ist bestrebt, den gegenwärtigen Schulaufbau zu erhalten und macht dafür geltend, er habe sich bewährt. Die Dreiteilung in höhere Schulen, Volksschulen und Mittelschulen entspräche den drei Hauptschichten der Berufe, die sich im modernen Leben herausgebildet hätten: einer geistig führenden, einer ausführenden und einer dazwischen vermittelnden Schicht praktischer Berufe mit erhöhter Verantwortung. Die Dreiteilung werde auch den drei Haupttypen der Begabung gerecht: einem theoretischen, einem praktischen und einem theoretisch-praktischen Typ.« (Deutscher Ausschuß 1963, S. 9)

In diesen Ordnungsvorstellungen gelten die sozialen Verhältnisse nicht als liberale Gesellschaft, in der die Individuen vor allem mit Hilfe von Gesetzen und freien Verträgen interagieren, sondern als ein System von Arbeitsnotwendigkeiten. Daneben findet sich eine zweite Ordnungsvorstellung, nämlich die einer Gemeinschaft, die auf ursprünglicher Tradition beruht. Die Individuen gelten hier nicht als rationale Bürger, sondern als traditionsgeleitete Angehörige einer Abstammungsgemeinschaft. Dem entsprechen Bildungsideen mit konventionalistischem Charakter. »Das gemeinsame Schulleben kann in den Kindern die Erfahrung einleiten, daß unserem Volk ein Grundtatbestand geistigen Erbes und sittlicher Normen gemeinsam ist. Es kann für das spätere Leben die Einsicht vorbereiten, daß das Zusammenwirken im Volk auf der Gemeinsamkeit dieses Besitzes beruht.« (Deutscher Ausschuß 1966[3], S. 13)
Das vom Deutschen Ausschuß skizzierte Gesellschafts- oder genauer Gemeinschaftsbild hatte nicht idiosynkratischen Charakter. Es bezeichnete vielmehr den Inhalt eines weitreichenden, praktisch wirksamen Konsensus. Zwar war die westdeutsche Gesellschaft von Anfang an als sozialstaatliche liberale Demokratie verfaßt, und formal waren die einzelnen auch damals schon Bürger. Aber der materialen Durchsetzung dieser Ordnung im Alltagsleben standen noch beachtliche Reste überkommener Verhältnisse entgegen. Die einzelnen verhielten sich in wichtigen

Hinsichten nicht als Bürger, sondern als Standesangehörige. Sie waren noch sehr ›abstrakte Bürger‹, wie Dahrendorf damals formulierte. Das zeigt sich nicht zuletzt in ihrem Verhältnis zu den Schulen und in den Schulstrukturen. Die linke und die liberale bildungspolitische Opposition hatte diese Verhältnisse zu Beginn der Reformperiode in den 60er Jahren sehr treffend in der soziologischen Konstruktion des ›katholischen Arbeitermädchens aus der süddeutschen Provinz‹ zum Thema gemacht. Damit wurden die traditionalen Partikularismen zusammengefaßt, die in Schule und Gesellschaft noch galten. Das waren berufsständische Subkulturen, Elemente traditionaler Geschlechtsrollen, religiöse Orientierungen, Differenzen zwischen dem städtischen und ländlichen Milieu und schließlich regionale Partikularismen. Die bildungssoziologische Bedeutung dieser Ordnungselemente soll im folgenden skizziert werden.

Die Differenzen zwischen den schichtenspezifischen Subkulturen waren ausgeprägter als heute. Vor allem die Unterschiede zwischen Mittelschicht und Arbeiterschicht waren bedeutsam. Der Traditionalismus der Arbeiterschaft, der eher ständische Bewährung als individuelle Entwicklung sanktionierte, stand der Herausbildung eines Interesses an weiterführender Bildung entgegen (Bourdieu/Passeron 1971; Oevermann 1972, 1974; Dahrendorf 1965; Popitz et al. 1957 b). Ihm entsprachen der Konventionalismus und das Streben nach Exklusivität in den mittleren Schichten. Die soziale Herkunft der Schüler galt noch als so beachtenswert, daß sie hinter dem Namen in den Klassenbüchern vermerkt wurde. Wie kaum ein anderes Thema hat die Ungleichheit der Bildungschancen die Öffentlichkeit bewegt (Trommer-Krug/Krappmann 1980). Denn in der Dreigliedrigkeit des Bildungswesens und der Ungleichheit der Bildungschancen fanden die schichtenspezifischen Subkulturen ein institutionelles Pendant.

Die überkommene Geschlechterordnung wies Frauen und Männern unterschiedliche soziale Rollen zu, und mithin sah auch die Schule für Jungen und Mädchen unterschiedliche Bildungschancen vor. Wo immer möglich, wurden sie getrennt unterrichtet. Nur auf dem Land, wo die Zahl der Schüler für eine Segregation der Geschlechter zu gering war, wurde notgedrungen Koedukation praktiziert. Die geschlechtsspezifischen Zugangschancen zu weiterführenden Bildungseinrichtungen differierten noch für längere Zeit ganz erheblich.

Die Konfession der Schüler beziehungsweise ihrer Eltern war noch eine wichtige Determinante ihrer Bildungsentscheidungen. Katholiken, so zeigte die Schulstatistik, verstanden sich seltener zu weiterführender Bildung als Protestanten. Auf diese Differenz war zu Beginn des Jahrhunderts schon Max Weber in seiner Untersuchung über ›Die protestantische Ethik und der Geist des Kapitalismus‹ gestoßen (Weber 1963). Die Bedeutung religiöser Mächte manifestierte sich auch in der Organisation des Bildungswesens. Es wurde schon erwähnt, daß das bürgerliche Prinzip der Trennung von Kirche und Staat in den öffentlichen Volksschulen nicht realisiert werden konnte. Auch wenn in Unterricht und Lehrerbildung der konfessionelle Einfluß faktisch nur gering war und mit der Zeit an Bedeutung verlor, so blieb die Bekenntnisschule doch als äußerer organisatorischer Zwang bestehen. Die Volksschule als Bekenntnisanstalt war nur bei Beschränkung der Einheitsschule auf die Grundstufe, konfessionelle Lehrerbildung nur außerhalb der Universität zu erhalten. »Eine Entscheidung für die Konfessionsschule war damit zugleich immer eine gegen die Erweiterung der Gesamtschule und für die überkommene berufsständische Spaltung des Schulsystems und der Lehrerbildung.« (v. Friedeburg 1993, S. 283) Die Kirchen standen republikanischen Vorstellungen einer Bildung des Bürgers entgegen. Im engen Verhältnis von Kirche und Staat, von öffentlicher Erziehung und anstaltsförmig verfaßtem religiösen Leben wird eine Tradition deutlich, in der sich die deutschen Verhältnisse von denen der klassischen Demokratien in den USA und Frankreich unterscheiden.

Die Lebensbedingungen in der Stadt unterschieden sich vom ländlichen Milieu, das in bedeutsamen Resten noch anzutreffen war. Für Demokratisierung der Gesellschaft ergaben sich daraus gravierende Probleme. Ein Licht auf die ländlichen Verhältnisse wirft eine Bemerkung Adornos. Unter Berufung auf Kogons Beobachtung, »die Quälgeister des Konzentrationslagers, in dem er selbst Jahre verbracht hat, seien zum größten Teil jüngere Bauernsöhne gewesen«, gibt Adorno zu bedenken: »Ich gehe so weit, die Entbarbarisierung des Landes für eines der wichtigsten Erziehungsziele zu halten.« (Adorno 1970) Die kulturellen Differenzen zwischen Stadt und Land spiegelten sich in den ländlichen Schulverhältnissen mit ihren Zwergschulen und großen Distanzen zu weiterführenden Bildungseinrichtungen. In den 50er Jahren war noch jede zweite Schule in der Bundesrepublik eine Zwergschule, das heißt eine Schule, in der der Unterricht nicht durchgängig in Jahrgangsklassen erteilt wurde. Auf dem Land war der jahrgangsübergreifende Unterricht die Regel. Lehrer, die kaum eine wissenschaftliche Ausbildung hatten, hatten nur begrenzte Chancen, sich dem lokalen Milieu zu entziehen (Baumert 1980). Das Stereotyp vom katholischen Arbeitermädchen aus der süddeutschen Provinz spielt schließlich auf länderspezifische Partikularismen an. Sie manifestierten sich im religiösen oder laizistischen Charakter der Volksschulen ebenso wie in der unterschiedlichen Expansion weiterführender Bildungseinrichtungen, Regelungen der Lehrerausbildung usw.

Der Bildungspolitik wurden diese ständischen Distinktionen nur langsam zu einem Problem. Die Schulen der Bundesländer sollten in den 50er Jahren vereinheitlicht, aber noch nicht liberalisiert werden. Diese Vereinheitlichung ist auch in einigen Hinsichten gelungen und hat die Entwicklung der Schulen zu einem nationalen Bildungssystem ein paar Schritte vorangebracht. Im Düsseldorfer Abkommen ›Zur Vereinheitlichung auf dem Gebiet des Schulwesens‹ im Jahre 1955 fanden die Bundesländer einheitliche Regelungen zu folgenden Elementen des Schulwesens: Einschulungsalter und Vollzeitschulpflicht, Dauer des Schuljahres und Ferienordnung, die Bezeichnung der Schulen und ihrer Organisationsformen, Bezeichnungen der Klassen, Fremdsprachenangebot, Notensystem, sowie die gegenseitige Anerkennung der Abschlußzeugnisse.

Festgeschrieben wurde auch die Dreigliedrigkeit der Sekundarschulen. Mit der Berufswelt waren Volksschule, Realschule und Gymnasium nicht nur durch die jeweilige schichtenspezifische Herkunft ihrer Schüler verbunden, sondern auch durch die berufliche Zukunft ihrer Absolventen. Dieser ständischen Gliederung entsprach die Struktur der Curricula: Für die Kinder der unteren sozialen Schichten sah die Volksschule die sogenannte volkstümliche Bildung vor mit Disziplin und allgemeinen Kulturtechniken. Auf die Realien der Wirtschaft und Verwaltung sollten die Mittelschulen vorbereiten, während das Gymnasium Sprachen, die wissenschaftlichen Propädeutika und Wissensbestände pflegte, die als Geisteskultur konzipiert waren. Diesen Bildungsvorstellungen entsprachen Fächerkanon, Stundentafeln, Lehrpläne, Lern- und Lehrmittel und Lehrerausbildung.

Die Veränderungen im Bildungswesen reichten in den 50er Jahren aber über die genannten Vereinheitlichungstendenzen hinaus. Liberalisierungstendenzen, die in den 60er und 70er Jahren an Dynamik gewannen, deuteten sich bereits an. Mit der Lockerung der Aufnahmeverfahren öffneten sich die weiterführenden Bildungseinrichtungen. Der Expansion der ›höheren Schulen‹ kamen zudem die Einführung der Schulgeldfreiheit entgegen, der Aufbau eines ›Zweiten Bildungsweges‹ und im Hochschulwesen die Studentenförderung nach dem sogenannten Honnefer Modell. Mit Recht kennzeichnet Anweiler die 50er Jahre als eine Periode nur »relativer Stabilität« (Anweiler 1990, S. 18).
Besondere Aufmerksamkeit verdienen die Verhältnisse in der Volksschule. Denn hier erhielt die große Mehrheit der Kinder und Jugendlichen damals ihre Schulbildung. Der Anteil der Volksschüler an allen 13jährigen betrug im Jahr 1950 ca. 80 Prozent und im Jahr 1960 immerhin noch 70 Prozent. Der Anteil der Gymnasiasten schwankte um 15 Prozent und der der Realschüler stieg auf ca. 10 Prozent (Köhler 1990). Auch für die Volksschüler, so hatte der Deutsche Ausschuß gefordert, sollte sich der Unterricht als Fachunterricht vollziehen. Er trat damit Verhältnissen entgegen, die sich folgendermaßen skizzieren lassen: Im Mittelpunkt des Unterrichts stand in der Volksschuloberstufe typischerweise der Deutschunterricht. Mit sechs bis acht Wochenstunden beanspruchte er einen erheblichen Teil der ca. 30 Unterrichtsstunden pro Woche. Seine Wirkung übertraf jedoch das, was diese Zahlen vermuten lassen. Der Deutschunterricht strahlte nämlich auch auf den Sachkundeunterricht aus. Für den literarischen Unterrichtsteil waren Texte obligatorisch, die eine vormoderne Weltsicht zum Ausdruck brachten oder in dieser Weise mißverstanden wurden. An sie war der Sachkundeunterricht rückgebunden. Er vollzog sich nicht als wissenschaftlicher Fachunterricht, sondern als ›Kunde‹, als Naturkunde, Erdkunde, Politische Gemeinschaftskunde, Geschichte usw. Analytische Präzision und intellektuelle Distanz waren diesem Bildungskanon fremd. »Tendenziell«, so beschreiben Leschinsky und Roeder den Zusammenhang von Deutsch- und Sachkundeunterricht, wurde auf diese Weise die schulische »Aufschließung der Welt an die Vermittlung überlieferter Sinndeutungen zurückgebunden, die eine bestimmte Art ausgewählter literarischer Texte verbindlich zu repräsentieren hatte« (Leschinsky/ Roeder 1980, S. 348). Von modernen Forde-

rungen nach fächerübergreifendem Unterricht unterschied sich diese Praxis dadurch, daß sie die Möglichkeiten des Fachunterrichts nicht überbot, sondern romantisch unterbot.
Was das im Unterricht bedeuten konnte, hat Richard L. Warren als Doktorand der kalifornischen Stanford University zu Beginn der 60er Jahre in einer ethnologischen Gemeindestudie in Baden-Württemberg ermittelt (Warren 1967; eine Diskussion der Studie Warrens findet sich in dem deutsch-japanischen Schulvergleich von Schubert 1994). Der Literaturunterricht der ›Education in Rebhausen‹, so der Titel, zielte – wie derjenige andernorts auch – auf sogenannte Lebenshilfe, auf Praxisrelevanz, wie es heute heißt. Aber diese Lebenshilfe bestand nicht in der Vermittlung intellektueller Unabhängigkeit, deren demokratische Selbstverständigung bedarf, sondern in der Präsentation von positiven Verhaltensregeln mit konventionalistischem Charakter, anders gesagt: im Einüben normativer Sinnsprüche. Sie wurden in Rebhausen nicht zuletzt den Werken Schillers entnommen, dem ›Wilhelm Tell‹ und dem ›Lied von der Glocke‹ – ganz im Gegensatz zu dem, was diese Texte intendieren. Vom Erfolg dieses Unterrichts zeigt sich der amerikanische Beobachter beeindruckt:

> »With almost eight years of elementary school behind them the students had accumulated an impressive fund of literary and folk sayings – a useful shorthand for defining behavior they encountered and problems they confronted.... The exploration through discussion of the social, political or personal meaning of literature such as William Tell was not a part of the students' classroom experience.« (Warren 1967, S. 80)

Der konventionalistischen Ganzheitlichkeit des Unterrichts kam das Klassenlehrerprinzip entgegen und damit verbunden die Ausbildung der Volksschullehrer. Das Klassenlehrerprinzip sorgte dafür, daß wesentliche Teile des Unterrichts in der Hand eines Lehrers lagen, während das Fachlehrerprinzip schon aus organisatorischen Gründen eine Berücksichtigung der wissenschaftlichen Arbeitsteilung verlangt und auch ermöglicht.
Vom Fachlehrerprinzip war auch die Ausbildung der Volksschullehrer damals noch weit entfernt. Sie war bis Ende der 50er Jahre und mit abnehmender Tendenz auch danach noch sehr heterogen und vorwissenschaftlichen Charakters. Lediglich in Hamburg hatte sie ihren Ort an einer Hochschule mit Universitätsrang,

nämlich im dortigen Institut für Pädagogik. Im Saarland, in Baden-Württemberg und in Teilen Bayerns waren seminaristische Ausbildungseinrichtungen geschaffen worden, die denjenigen der Jahrhundertwende noch sehr nahe standen. In anderen Bundesländern knüpfte man an die eigenständigen Einrichtungen mit Hochschulcharakter an, die in Preußen während der Weimarer Zeit unter Carl-Heinrich Becker mit dem Ziel der Verwissenschaftlichung der Lehrerausbildung eingerichtet worden waren. Wie das Beispiel katholischer Seminare für die Ausbildung von Volksschullehrerinnen in Bayern zeigt, waren auch konfessionelle Aspekte und Gesichtspunkte der Geschlechtertrennung für die Ausbildung der Volksschullehrer bedeutsam. Schließlich standen auch die Ausbilder der Lehrer einer konventionalistischen Unterrichtspraxis näher als einer wissenschaftlichen. Ein akademischer Grad erschien zumeist nicht als notwendige Berufsvoraussetzung, und zeitweise lag die Ausbildung der Lehrer mehrheitlich in den Händen nebenberuflicher ›Lehrerbildner‹ (Leschinsky/Roeder 1980).

Konventionalistischen Bildungsvorstellungen entspricht eine bestimmte Kommunikationsform zwischen Lehrern und Schülern. Einige ihrer Elemente sollen im folgenden dargelegt werden. Dabei geht es um gesellschaftliche Voraussetzungen individuellen Handelns von Lehrern und Schülern. Ob Lehrer und Schüler sich mit diesen Verhältnissen identifiziert haben oder ob und wie sie auf Distanz gegangen sind, muß offen bleiben. Nur soviel läßt sich sagen: Ignorieren konnten sie diese soziokulturellen Gegebenheiten nicht. Sie mußten von jenen Volksschullehrern als eine Belastung erlebt werden, die sich um reformpädagogische und verwandte Ansätze bemühten (Zymek 1992, S. 951 f.). Unterricht, der einem festliegenden Bildungskanon Geltung verschaffen soll, darf individueller Entscheidung nicht unterworfen sein. Individuelle Eignung und Neigung sollen sich nach Maßgabe der Grundwerte entwickeln; und nicht soll umgekehrt in der Gesellschaft als Wert gelten, was ›bloß‹ auf dem Willen der Individuen beruht. Lehrern und Schülern sind also Freiheiten im Schulleben nicht einzuräumen. Liegen die Grundwerte des Bildungskanons fest, dann kann der Unterricht nur die Form der Verkündigung, also des Frontalunterrichts haben und nicht die des freien Diskurses. Denn der brächte persönliche Gesichtspunkte auf Kosten traditionaler Autorität ins Spiel. Dem entsprach, daß die Schülerrolle

den Jugendlichen Individualrechte und bürgerliche Ansprüche auf Würde noch weitgehend vorenthielt.
Die Schulen waren durch die Rechtsfigur des besonderen Gewaltverhältnisses geordnet, also als ein der rechtlichen Normierung nicht bedürftiger staatlicher Binnenbereich, ähnlich wie das Militär und die Strafvollzugsanstalten. Bürgerrechte waren den Schülern noch nicht zugestanden (Laaser 1980). Ein Licht auf die Stellung der Schüler werfen die Schulstrafen. Die gebräuchlichsten, das Nachsitzen und die Strafarbeit, stimmten materialiter mit den üblichen Schulroutinen überein und ließen diese in einem eigentümlichen Licht erscheinen. Im Nachsitzen gewinnt die schiere Anwesenheit in der Schule die Bedeutung des Freiheitsentzugs, und die Strafarbeit verleiht den Hausaufgaben den Charakter von Zwangsarbeit. So verband sich auch mit dem Sitzenbleiben nicht nur die Vorstellung von pädagogischer Zweckmäßigkeit, sondern auch die einer sozialen Degradierung. Noten erschienen nicht nur als Protokollierungstechnik im Dienst der Selbstvergewisserung der Lernenden, sondern auch als Drohung und als Werturteil über die ganze Person. Sie wurden vor der Klassenöffentlichkeit herausgestellt. Diskretion und Takt, entscheidende Tugenden in der bürgerlichen Kultur, bildeten im Umgang mit Schülern noch eine Ausnahme (vgl. Warren 1967, S. 27).
Die Ähnlichkeit von Sanktion und Schulroutine erlaubt den Schluß, daß dem Unterricht vielfach eine ähnliche Bedeutung zugeschrieben wurde wie den Strafen: die Beherrschung einer inakzeptablen menschlichen Natur. Wie ein Nachklang dieses Geistes nimmt sich der anthropologische Pessimismus aus, den Konrad Adam den liberalisierten Schulverhältnissen von heute in der Frankfurter Allgemeinen Zeitung entgegengestellt hat. »Nichts zu lernen, Gewalt zu üben und die eigenen Wünsche über die aller anderen zu stellen – das braucht man niemandem beizubringen, Kindern schon gar nicht. Das Tier liegt immer schon zum Sprung bereit, man darf es nicht noch reizen.« (Adam 1993, S. 1) Dieses Menschenbild zeigte sich während der 50er Jahre in den körperlichen Züchtigungen. Kinder durften geprügelt werden: etwa mit der Hand ins Gesicht oder mit dem Stock auf Hände und Gesäß. Noch in den 60er Jahren gehörte einer Umfrage von Horn (1967) zufolge körperliche Züchtigung zu den westdeutschen kulturellen Selbstverständlichkeiten; in den Schulen war sie zu dieser Zeit untersagt. ›Eine Ohrfeige‹, so

lautete der Titel von Besinnungsaufsätzen, die die Schüler der dritten Klasse in Rebhausen üblicherweise zu schreiben hatten. Die Kinder stellten dort Situationen dar, in denen sie erfahrungsgemäß mit Ohrfeigen rechneten. Warrens Bericht merkt man an, daß der Ohrfeige in Rebhausen/Baden-Württemberg eine sehr viel größere kulturelle Bedeutung zukam als in Stanford, Kalifornien. Seine Auswertung zeigt: Die Kinder erhalten Ohrfeigen für schlampige Hausarbeiten, für Zank und Streit, für Widerworte, für verschmutzte Kleidung, für das ungewollte Zerbrechen von Fensterscheiben, für schlechte Tischmanieren und langsames Essen; sie erhalten Ohrfeigen von Fremden, und sie berichten freimütig von ihrer Lust, selbst Ohrfeigen auszuteilen. »They are accustomed to Ohrfeigen, so what they experience at school, of physical punishment, is no deviation from what they experience at home.« (Warren 1967, S. 56) Über die Ohrfeige bestand zwischen Elternhaus und Schule ein vertrauensvolles pädagogisches Einvernehmen.

Von der eindrucksvollen Länge der zitierten Situationsbeschreibungen darf nicht auf die Häufigkeit geschlossen werden, mit der in den Schulen tatsächlich geohrfeigt wurde. Denn physische Züchtigung wurde nicht immer in berechenbarer Weise als gerechte Strafe oder als zweckmäßiges Erziehungsmittel verhängt, sondern oft auch impulsiv. Dem entspricht, daß Strafen unter Umständen auch ausbleiben konnten, wo sie zuvor hinzunehmen waren. Und was für die verschiedenen Formen der Strafen galt, galt auch für die Freundlichkeiten und Sympathie, mit der sich Lehrer ihren Schülern näherten. Ihre Zuwendung folgte nicht immer eindeutigen Regeln, und man konnte nicht immer mit Sicherheit darauf vertrauen. Anerkennung war prekär. So äußerte sich im aufgeregten Melden nicht nur jugendlicher Enthusiasmus, sondern oft auch ein angestrengter Kampf um Anerkennung. Er war um so anstrengender, weil es die didaktische Tradition in Deutschland mit sich bringt, daß der Unterricht von Lehrern dominiert wird; Schülern bleibt selbst für reaktive Äußerungen nur wenig Zeit (Warren 1967, S. 72 ff.; Hopmann/ Riquarts 1994). Wichtiger als die Häufigkeit der positiven und negativen Sanktionen war deren Selbstverständlichkeit. Die bloße Zeugenschaft der Klasse bei körperlichen Züchtigungen eines ihrer Mitglieder entfaltete bereits sozialisatorische Effekte.

Eine aufklärende Wirkung kommt derartigen Praktiken kaum zu.

Die wurde auch nicht erwartet. Sie sollten vielmehr die fraglose Konformität mit gesellschaftlichen Konventionen befördern. Mit dem sprichwörtlichen Ruf: ›Er/sie widerspricht auch noch!‹ konnten Versuche inkriminierter Kinder zurückgewiesen werden, sich mit Lehrern oder Eltern über Vorwürfe zu verständigen. Konventionalistische Bildungsideen verbieten die reflektierende Distanz des einzelnen zu den an ihn gestellten Erwartungen. In den Konventionen des Schulalltags verband sich die Erwartung der Fraglosigkeit schon mit dem Nächstliegenden. Wer in Ansehung eigener Interessen und äußerer Handlungsumstände reflektiert entscheiden wollte, wie er dieser Ordnung entgegentrat, konnte bereits als unzuverlässig gelten und sich verdächtig machen (Bücher 1983; Schütze/Geulen 1983; Deutsches Jugendinstitut 1991). Die kindliche Natur galt als unbeherrscht, der Mangel an Beherrschung als sündhaft oder unschicklich, und folglich war ihre Beherrschung wichtiges Erziehungsziel. Nicht nur Schüler, sondern auch Lehrer wurden durch diese Situation belastet. Sie verschaffte Lehrern ein Image, das Adorno in einer erregten Bemerkung über tabuisierte Elemente im öffentlichen Lehrerbild so gekennzeichnet hatte: »Das negativ besetzte Urbild – ich spreche von einer Imagerie, nicht oder nur rudimentär von einer Realität –: Das Urbild jener Imagerie ist der Kerkermeister, mehr noch vielleicht der Unteroffizier.« (Adorno 1977, S. 663)

Die Verhaltenskontrolle reichte bis in die Kleiderordnung hinein. Das Tragen von Blue Jeans, die damals noch Nietenhosen hießen, stieß nicht nur in der DDR, sondern auch in der BRD auf Widerstand. Vermutlich wurde diese Kleidung mit der freizügigeren und deswegen verdächtigen amerikanischen Lebensart in Verbindung gebracht. Daß Mädchen Hosen trugen, war in ländlichen Gegenden nicht unumstritten. Die Aufregung, die Kleidungs- und andere Gewohnheiten türkischer Einwanderer in den heutigen Schulen gelegentlich provozieren, zeigt an, wie unsicher die Schulkultur auch heute noch in derartigen Fragen sein kann. Wie selbstverständlich kontrollierte die Schule auch Körperhaltungen und verordnete eine Bewegungsarmut, unter der Kinder sehr zu leiden hatten. Die Verrichtung der Notdurft außerhalb der Pausen war nicht Sache diskreter individueller Entscheidung, sondern bedurfte der öffentlich einzuholenden Erlaubnis durch den Lehrer.

Diese frühen westdeutschen Verhältnisse, von denen sich die

Schulen heute weit entfernt haben, verdankten sich vielleicht weniger traditionaler Ordnung als deren Auflösung. Das wird am Umgang des Nationalsozialismus mit der kulturellen Überlieferung deutlich. Die Nationalsozialisten hatten viele Bücher verbrannt, aber eine viel größere Zahl war nicht verbrannt worden. Sie erschienen als unanstößig, obwohl in ihrem Licht doch jedermann den Charakter des Nationalsozialismus hätte erkennen können. Diese Werke waren auch nicht unbekannt geblieben, aber offenbar konnten sie nicht verstanden werden. In der öffentlichen Perzeption und auch in den Schulen waren sie zu totem Bildungsgut geworden. Das Ende des Nationalsozialismus hatte die allgemeine Orientierungslosigkeit verschärft. Es hatte sich nicht als Selbstbefreiung vollzogen, die Zuversicht und eine neue Ordnung hätte begründen können, sondern als ›Zusammenbruch‹. Pädagogischem Optimismus, ohne den eine demokratische Bildung nicht möglich ist, stand die demoralisierende Erfahrung des Nationalsozialismus und des Krieges noch lange entgegen. Wenn Tradition ihre Autorität verloren hat und neue Ordnungsvorstellungen sie noch nicht gewonnen haben, dann kann das Machtgefälle zwischen Lehrern und Schülern zu einem Problem werden, das beide überfordert. Der schwache Status der Schüler wird dann zu einer verführerischen Kraft, die auf seiten der Lehrer starke affektive Neigungen provoziert. Schüler überlassen sich einer trüben Illusionslosigkeit, in der alles als möglich erscheint und damit auch als hinnehmbar.

Bildung und Arbeit

Erfolge und Mißerfolge der Bildungsökonomie

In den 60er Jahren verband sich die Idee der Bildung nachdrücklicher mit dem Glauben an ökonomische Zweckmäßigkeit. Die ständische Einheit beruflicher und außerberuflicher Lebensverhältnisse sollte damit nicht überwunden, sondern rationalisiert werden. Deutlich wird das in dem berühmt gewordenen Titel von Georg Picht ›Die deutsche Bildungskatastrophe‹ (1965). Picht warnte Gesellschaft und Schule nicht vor sittlichem, sondern vor ökonomischem Untergang. Derartige Befürchtungen waren zunächst in den USA aufgetreten. Hier begleitete der Sputnik-

Schock die Bildungsexpansion. In der BRD vollzog sich diese Entwicklung in zivileren Bahnen. Katastrophenängste hefteten sich hier an das wirtschaftliche Wachstum. Es galt den politisch illusionslosen Westdeutschen als Inbegriff ihrer individuellen und politischen Zuverlässigkeit, als Ausweis ihrer Überlegenheit gegenüber dem Kommunismus und der Ebenbürtigkeit mit ihren Verbündeten; zudem bringt es auch materielle Annehmlichkeiten mit sich.
In der bildungsökonomischen Debatte wurde der Abiturient zur entscheidenden Größe. »Die Zahl der Abiturienten bezeichnet das geistige Potential eines Volkes«, formulierte Picht. Das hatte man zwar auch früher schon geglaubt, aber dabei an einen Stand gedacht, dessen Bildung Distanz zu den technischen und wirtschaftlichen Notwendigkeiten des Lebens hielt. In den 60er Jahren wurde die Rolle des Abiturienten modernisiert. Picht fährt fort: »Von dem geistigen Potential sind in der modernen Welt die Konkurrenzfähigkeit der Wirtschaft, die Höhe des Sozialprodukts und die politische Stellung abhängig.« (Picht 1965, S. 17) Schulbildung wurde als wirtschaftliche Produktivkraft definiert (vgl. dazu auch die Diskussion in: Arbeitsgruppen des Instituts für Arbeitsmarkt- und Berufsforschung und des Max-Planck-Instituts für Bildungsforschung 1976). Die Bildungsausgaben in der BRD, so zeigten internationale Vergleiche, waren recht bescheiden, und daraus zog man ebenso weitreichende wie ungesicherte Schlüsse.
Picht hatte ein bildungspolitisches Stereotyp für die Begründung von Reformvorschlägen benutzt, das bislang vor allem zur Rechtfertigung der bestehenden Schulverhältnisse gebraucht worden war. Im Zitat des Deutschen Ausschusses ist es bereits angeklungen. Deutlicher noch kommt es in einer verbreiteten Gewißheit zum Audruck, wie sie in den 50er Jahren zum Beispiel von dem Pädagogen Weinstock formuliert wurde. »Dreierlei Menschen braucht die Maschine: den, der sie bedient und in Gang hält; den, der sie repariert und verbessert; schließlich den, der sie erfindet und konstruiert ... was ergibt sich nun aus dieser Struktur unserer modernen Arbeitswelt für den Aufbau des Bildungswesens? Offenbar verlangt die Maschine eine dreigegliederte Schule.« (Weinstock 1955, S. 121 f.) Pichts auf Reformen zielende Verbindung von Bildung und Ökonomie provozierte heftige Opposition nicht zuletzt von seiten des Philologenverbands. Sie war

motiviert unter anderem durch die Vorstellung, daß Bildung eine Kultur repräsentieren müsse, die unter Abstraktion von den tatsächlichen Lebensverhältnissen als reine Geisteskultur zu verstehen sei. Zugleich regte sich aber auch ein liberales Bedenken: die Entwicklung der Individuen dürfe nicht nach Maßgabe wirtschaftlich-technischer oder anderer gesellschaftlicher Notwendigkeiten instrumentalisiert werden; sie solle sich am Bild freier Bürger orientieren (Dahrendorf 1965).

Die Bildungsökonomie hatte in Öffentlichkeit und Politik viel Zuwendung erfahren. So schreibt Friedrich Edding, einer der Wegbereiter der neuen wissenschaftlichen Disziplin, in seinen autobiographischen Notizen, »daß ich damals trotz mancherlei kritischer Widerstände das Gefühl haben konnte, von einer starken Welle getragen zu sein. Man mag das die Gunst der Stunde nennen oder von Zeitgeist sprechen.« (Edding 1989, S. 58) Diese Welle war hoch aufgelaufen, obwohl es wissenschaftliche Belege für die bildungsökonomischen Erwartungen nicht gab. Freimütig berichtet Edding: Der Bundestagsabgeordnete Baack »fragte mich, ob ich die Richtigkeit meiner These von der rentierlichen Investition in Bildung wissenschaftlich fundiert beweisen könne. Das mußte ich verneinen« (a.a.O., S. 56). ›Produktion und Qualifikation‹ lauteten die Schlüsselbegriffe, auf die sich große Teile der Soziologie und Erziehungswissenschaften konzentrierten. An den Universitäten entstanden Lehrstühle für Bildungsökonomie und außerhalb der Universitäten so bedeutsame Forschungseinrichtungen wie das Institut für Arbeitsmarkt- und Berufsforschung der Bundesanstalt für Arbeit, das Bundesinstitut für Berufsbildung des Bundesministeriums für Arbeit und Soziales und das Max-Planck-Institut für Bildungsforschung. Die Arbeit dieser und zahlreicher anderer Institute war zwar auf bildungsökonomische Fragen nicht beschränkt, sie widmeten ihnen jedoch eine große Aufmerksamkeit.

Das Gewicht, das die Wissenschaft in allen Fragen der Bildungsentwicklung gewann, läßt sich an den Ausgaben für Bildungsforschung ablesen. Sie stiegen von 22 Millionen im Jahr 1967 auf 126 Millionen im Jahr 1974 und erreichten bei abflachender Wachstumskurve im Jahr 1980 die Summe von 164 Millionen Mark. Der überwiegende Teil davon entfiel auf die sogenannte angewandte Forschung, der Rest auf Grundlagenforschung. Die Zahl der Bildungsforschungseinrichtungen stieg zwischen 1967 und 1975 von 18 auf 29. Die bildungspolitisch gerichteten Aktivitäten, die an den Universitäten in den rasch expandierenden Bildungswissenschaften entstanden, sind kaum übersehbar. Für die politische Relevanz der Wissenschaft sollten zusätzlich jene Institutionen sorgen, die Wissenschaft und Politik unmittelbar zusammenbrachten: der Wissenschaftsrat, der Deutsche Bildungsrat und die Bund-Länder-Kommission für Bildungsplanung (vgl. dazu Hüfner et al. 1986).

Aus der wissenschaftlichen Diskussion drangen bildungsstrategische Überlegungen in die Programme der politischen Parteien ein. Die Sprache der Wissenschaft wurde zur Sprache der Bildungspolitik (Wingens/Weymann 1988; Gstettner/ Seidl 1975). Von Friedeburg zeigt, daß die politischen Parteien ihre bildungspolitischen Programme erst spät formulierten und sich dabei weitgehend auf die Wissenschaft verließen. »Zu Beginn der 70er Jahre hatten demnach alle Bundesparteien die Strukturreform des Bildungswesens zum Bestandteil ihres eigenen politischen Programms gemacht und inhaltlich die weitreichenden Reformen der Experten und Beratungsgremien in einem unerwartet hohen Ausmaß gleichförmig übernommen.« (v. Friedeburg 1993, S. 401) Bildungsökonomische Theoreme prägten das sozialdemokratische Programm der aktiven Arbeitsmarkt- und Bildungspolitik, in dem die Schule als Hebel gesamtgesellschaftlicher Steuerung galt. Die Regierung Brandt nahm sich die Reform der beruflichen Bildung als Jahrhundertaufgabe vor (Offe 1975), und Helmut Schmidt entwarf die Vision einer blaupausenexportierenden Leistungsgemeinschaft fachlich versierter Schulabsolventen.

Für eine kurze Zeit teilte man diesen bildungsökonomisch inspirierten Optimismus über die Entwicklung von Bildung und Arbeit auch rechts der politischen Mitte. So führte man im konservativen Bayern an allen Volks- und höheren Schulen Erhebungen durch, um die Begabungsreserve wissenschaftlich zu prospektieren. Die so gewonnenen Einsichten wurden umgesetzt in ein ›Sofortprogramm zur Ausschöpfung der Begabungsreserven‹ (KMK 1965). Ein Schulentwicklungsplan, Bildungswerbung, Begabtenförderung und staatliche finanzielle Beihilfen für begabte, aber bedürftige Schüler sollten neben anderen Maßnahmen die Begabungsreserve mobilisieren. Mit den gleichen bildungsökonomischen Vorzeichen nahm sich die Bildungspolitik Baden-Württembergs vor, die Abiturientenquote zu verdoppeln. Nicht einmal die Dreigliedrigkeit der Sekundarstufe I war sakrosankt. So wurden im bildungspolitisch fortschrittlichen Hessen bereits in den 50er Jahren neue Übergänge erprobt und Integrationsversuche unternommen. »Die nächsten Schulzentren in Kirchhain (1956) und Wolfhagen (1957), schon als Gesamtschulen bezeichnet, entstanden in Nordhessen, nicht zuletzt um mit dem besseren Schulangebot die Industrieansiedlung zu fördern. In der Gesamtschule Kirchhain begann 1958 eine Förderstufe ... weitere folgten, auch in Großstädten« (von Friedeburg 1993, S. 362). Die Kultusministerkonferenz legte 1963 eine ›Bedarfsfeststellung 1961-1970‹ für alle Bereiche ihrer Zuständigkeit vor.

Das bildungsökonomische Denken erwies sich als so suggestiv, daß ihm in den 60er Jahren selbst die katholischen Bischöfe erlagen; bis dahin waren sie vom besonderen Wert auch kleinster christlicher Bekenntnisschulen überzeugt. Im katholischen Bayern beugten sie sich jetzt dem materialistischen Glauben, mit Schulen ohne Jahrgangs- und Leistungsgliederung seien die Begabungsreserven nicht im notwendigen Maße zu mobilisieren. Immerhin bestand man dabei auf dem Elternrecht. So erklärte Kardinal Döpfner zur bayerischen Landschulreform: »Wo eine hinreichende Gliederung nur dadurch erreicht werden kann, daß Volksschulen verschiedenen Bekenntnischarakters oder Bekenntnis- und Gemeinschaftsschulen vereinigt werden, kann es angesichts des Zwanges der Verhältnisse hingenommen werden, daß Kinder in der Gemeinschaftsschule zusammengefaßt werden, vorausgesetzt, daß es dem Willen der Erziehungsberechtigten entspricht.« (Pütz 1974, S. 68) Der gleiche Geist war zu jener Zeit in der Bildungspolitik der SED anzutreffen. In West wie Ost war die Parallelität der Entwicklung auffallend: In beiden Staaten dominierte für eine Weile der materialistische Glaube, das Bildungssystem habe sich an den aktuellen und zukünftigen Anforderungen des Beschäftigungssystems zu orientieren.

Bildungsökonomische Planungsmodelle haben sich in der westdeutschen Schulentwicklung aber nicht durchsetzen können. Zwar ist die Frage nach dem wirtschaftlich-technischen Qualifikationsbedarf mit viel Aufmerksamkeit verfolgt worden, aber zur Leitlinie der Bildungspolitik wurde die Nachfrage nach Arbeitskräften nicht einmal dort, wo es unmittelbar um Qualifikation und Produktion zu gehen schien: im dualen System der betrieblichen Lehre. Entsprechende Reformversuche der Regierung Brandt sind in den frühen 70er Jahren gescheitert. Offenbar bestimmten andere Faktoren als der wirtschaftlich-technische Qualifikationsbedarf die Bildungspolitik selbst in wirtschaftsnahen Bereichen (Offe 1975). Wie der Berufsbildungsbericht der Bundesregierung alljährlich zeigt, verfehlt die betriebliche Lehre nach Ausbildungsmenge und Qualität die Nachfrage nach Arbeitskräften in großem Umfang. Das ist auch nicht überraschend, denn die einzelnen Ausbildungsbetriebe haben Funktionsbedingungen zu folgen, in denen der zukünftige wirtschaftliche Qualifikationsbedarf nicht entscheidungswirksam zum Ausdruck kommt.

Was die Entwicklung der allgemeinbildenden Schulen angeht, so hat das Elternrecht der staatlichen Bildungsplanung enge Grenzen gezogen. Bereits Mitte der 50er Jahre hatte das Bundesverwaltungsgericht entschieden, daß die sogenannte positive Auslese der Schüler durch die Schule unzulässig sei (BVerwGE 5, S. 153 ff.). Danach können die Schulbehörden Schülern die Aufnahme in bestimmte Bildungsgänge zwar verweigern, sofern diese bestimmte Leistungsanforderungen nicht erfüllen. Sie können die Schüler dagegen nicht positiv zu weiterführenden Bildungsgängen delegieren (Laaser 1980, S. 1355 f.). Einer staatlichen Zuweisung der Schüler zu bestimmten Bildungs- und Berufskarrieren gemäß administrativ festgelegter Quoten, Voraussetzung bildungsökonomischer Planung, fehlt damit ein entscheidendes Mittel.

Man wird der Bedeutung der bildungsökonomischen Diskussionen aber nicht gerecht, wenn man ihren Erfolg oder Mißerfolg allein an der Existenz bildungspolitischer Planungsmechanismen mißt. Wirksam geworden ist die Bildungsökonomie vielmehr dadurch, daß sie zur Überwindung traditionaler Bildungsvorstellungen beitrug. Die Bildungs- und Wissenschaftsressorts, so beobachteten Beckerhoff und Jochimsen (1976), »hätten es innerhalb der Regierungen von Ländern und Bund schwerer gehabt, den Anteil der staatlichen Bildungsausgaben am öffentlichen Gesamthaushalt in dem Maße zu steigern, wie das tatsächlich der Fall war, von 10 Prozent im Jahr 1963 auf über 15 Prozent im Jahre 1975« (Beckerhoff/Jochimsen 1976, S. 4). Jochimsen kannte diese Schwierigkeit sehr genau, denn er war damals Staatssekretär im Bundesministerium für Bildung und Wissenschaft und wissenschaftlicher Beirat im Max-Planck-Institut für Bildungsforschung. Auf Unterstützung waren die Bildungspolitiker auch angewiesen. Denn als Wissenschaft und Politik in den 60er Jahren immer lauter die Notwendigkeit einer Bildungsexpansion beschworen, da hatte diese längst begonnen. Seit den frühen 50er Jahren hatten Schüler und Eltern durch ihre Bildungsentscheidungen die Quote der Gymnasiasten und Realschüler zu Lasten der Hauptschüler ansteigen lassen. Diese Bildungsnachfrage hätte sich mit vertretbaren politischen Kosten kaum abweisen lassen. So reagierten Wissenschaft und Politik auf die Individualinteressen der Schüler, denen die Bürgerrechte den Weg frei machten, mit Sachzwangideologien, die diesen Interessen zwar entgegen kamen, aber zugleich noch vorliberale Ordnungsvorstellungen repräsentierten.

Die Begriffe vom Individuum und von der Gesellschaft, die im Arbeitskräftebedarfsansatz der Bildungsökonomie impliziert sind, erinnern einerseits an berufsständische Ordnungsvorstellungen. Der Glaube an Naturnotwendigkeiten scheint noch einmal jene Verhaltensgewißheiten zu versprechen, die die Tradition einst gewährt hatte. Traditionale Autorität wird andererseits aber auch durch die Vorstellung ›entzaubert‹, über Bildung könne und müsse planmäßig entschieden werden. Die traditionale Vorstellung, daß Gott den Individuen durch Geburt unterschiedliche Würde und damit Rang und Stand verliehen habe, wird zu der Anschauung rationalisiert, die Natur habe ihnen durch Geburt unterschiedliche Begabungen verliehen und damit eine bestimmte Position im System objektiver Sachnotwendigkeiten. Die Schüler gelten nicht mehr als Inhaber einer moralisch inakzeptablen mythischen Natur, sondern erfahren als nationale Begabungsreserve einen beachtlichen Statusgewinn; von ihnen scheint nicht weniger abzuhängen als der Bestand der Gesellschaft. Ungleichheit soll lediglich noch den Charakter einer Naturnotwendigkeit haben. Das dreigliedrige Bildungssystem wird hier nicht mehr als Bestandteil einer ständischen Ordnung legitimiert, sondern mit Annahmen über seine erzieherische Effizienz. Unterstellte Naturnotwendigkeiten, gleichviel ob solche der Begabung oder solche wirtschaftlich-technischer Art, kann man – anders als ständische Ordnungsbegriffe – legitimerweise in Frage stellen. Man kann zum Beispiel untersuchen, ob Begabungen die Individuen tatsächlich so festlegen, wie das in neokonservativer Perspektive behauptet wird, oder ob sie nicht als entwicklungsfähig angesehen werden können, wie es pädagogischem und demokratischem

Optimismus entspricht. Einschlägige Untersuchungen sind auch alsbald publiziert worden (vgl. zum Beispiel Roth 1968).

Diese gesellschaftspolitischen Implikationen des bildungsökonomischen Denkens sind von Anfang an bedeutsamer gewesen als Versuche, eine staatliche Bewirtschaftung des Begabungspotentials zu installieren. »Den Denkansatz der Bildungsökonomie, der vom Bedarf des Arbeitsmarktes her Bildungserfordernisse zu ermitteln sucht, habe ich nie für hinreichend tragend gehalten. Tendenzen, Bildungsbemühungen überwiegend als Funktion der Entwicklung des Angebots von Arbeitsplätzen zu sehen, habe ich frühzeitig als einseitig und irreführend kritisiert.« (Edding 1989, S. 62) Auch sonst erschöpften sich bildungsökonomische Forderungen keineswegs im Gedanken an die Versorgung der Wirtschaft mit Arbeitskräften. Vielmehr wurde darauf spekuliert, daß besser qualifizierte Arbeitskräfte auch tugendhaftere Bürger sein würden.

Links der politischen Mitte hatte man Sachzwangargumente mobilisiert, um die Forderung nach einer Expansion des Bildungswesens zu stützen. Auf der neomarxistischen Linken schöpfte man aus der Furcht des Bürgertums vor Bildungskatastrophen revolutionäre Hoffnung. Die Marx'sche Revolutionstheorie wurde bildungsökonomisch redefiniert: Der Kapitalismus werde am schicksalhaften Zusammenhang von technischem Fortschritt und Bildungsexpansion zerbrechen. Schulbildung und nicht länger die Erfahrung entfremdeter Lohnarbeit sollte den Arbeitern zu politisch-moralischer Überlegenheit verhelfen. Andere spekulierten darauf, das Kapital sei nicht fähig (Jańossy 1966) oder willens (Altvater/Huisken 1971), den Notwendigkeiten des technischen Fortschritts zu folgen und planmäßig in die Bildung der Arbeiter zu investieren. Eben daran werde es zugrunde gehen. In den Theorien der Neuen Arbeiterklasse galten die hochqualifizierten Arbeitskräfte anstelle der manuell tätigen Lohnarbeiter als revolutionäres Subjekt (Basso 1975; Mallet 1972). Mit diesem Gedanken näherte sich die Linke dem konservativen Bildungsbürgertum, das seit je davon überzeugt war, den unteren sozialen Schichten auch politisch-moralisch überlegen zu sein.

Mit den marxistischen Protagonisten der Bildungsexpansion stimmten auch neokonservative Bildungspolitiker in wichtigen Annahmen überein. Die beiden Kontrahenten teilten die Annahme, die Schulentwicklung müsse sich am wirtschaftlichen

Qualifikationsbedarf orientieren. Aber im Gegensatz zur Linken zog die Rechte daraus schon bald den Schluß, die materiellen Grundlagen der gesellschaftlichen Entwicklung erforderten eine Einschränkung der Bildungsexpansion. Entsprechenden Plädoyers lag nicht zuletzt die Vorstellung zugrunde, die auch der Linken geläufig ist: Schulbildung erzeuge politischen Widerspruchsgeist. Um den Bestand von Bildung, Kultur und Gesellschaft zu verteidigen, engagierte man sich also gegen eine expansive Bildungspolitik. Man war sogar bereit, administrative Mittel gegen das Elternrecht aufzubieten, um eine größere Zahl von Schülern vom Gymnasium in die Hauptschulen umzulenken. Das geschah freilich mit einer Zurückhaltung, die einen Vergleich mit der Bildungsplanung in der DDR kaum zuläßt (vgl. dazu die Darstellung eines derartigen Versuchs in Hessen bei Fuchs 1989). An dieser Zurückhaltung erkennt man zugleich, daß der bildungsökonomische Materialismus auch bei den Neokonservativen nur ein begrenztes Gewicht erlangte.

Die bildungsökonomischen Kontroversen haben den Zusammenhang zwischen Bildung und Arbeit problematisiert und damit die überkommenen Bildungsverhältnisse zur Disposition gestellt. Versuche der Bildungsplanung sind aber gescheitert, weil diese Problematisierung im Effekt gegen die Individualrechte zielte. Andererseits verstand sich aber auch die bildungspolitische Institutionalisierung eines liberalen Individualismus nicht von selbst. Sie bedurfte anscheinend der Legitimation durch den Glauben an objektive Notwendigkeiten. Daß es zumindest links der politischen Mitte weniger um die Befriedigung des wirtschaftlich-technischen Qualifikationsbedarfs ging als um die Bildungsexpansion, zeigte sich in einer überraschenden Wende des bildungsökonomischen Denkens. Als Mitte der 70er Jahre deutlich wurde, daß das Angebot an hochqualifizierten Arbeitskräften die Nachfrage überstieg, wurde die bis dahin unterstellte Bedeutung des wirtschaftlich-technischen Qualifikationsbedarfs für die Schulentwicklung in einer theoretischen Kehrtwendung herabgestuft. Der Zusammenhang zwischen Bildung und Arbeit sei nicht so eng, wie es das zentrale Theorem des Arbeitskräftebedarfsansatzes, nämlich das der sogenannten Limitationalität der Produktionsfaktoren, einmal behauptet hatte. Es sei richtiger, von der Flexibilität dieses Verhältnisses auszugehen. Es schade also keineswegs, trotz eines sehr massiven Angebots an hochqualifizierten Arbeitskräften dem steigenden Bildungsinteresse des Publikums auch weiterhin Raum zu lassen (vgl. Arbeitsgruppen des Instituts für Arbeitsmarkt und Berufsforschung und des Max-Planck-Instituts für Bildungsforschung 1976).

Bildung, Arbeit und der nichttechnische Fortschritt der Gesellschaft

Verbreitet war die Vorstellung, der technische Fortschritt lasse die beruflichen Qualifikationsansprüche zwangsläufig steigen und verlange zunehmend Tugenden, die auch der demokratischen Kultur entsprechen. Dabei dachte man an den expandierenden Dienstleistungssektor, also an die Tätigkeiten des Lehrens, Planens, Organisierens, Verwaltens, Kontrollierens, Heilens, Beratens usw. Diese zeichneten sich, wie Offe zum Beispiel argumentierte, durch »in weiten Grenzen hinzunehmende Nichtnormierbarkeit« aus, die »durch Eigenschaften wie Interaktionskompetenz, Verantwortungsbewußtsein, Empathie und kasuistisch erworbene Erfahrung ersetzt werden« müsse (a.a.O., S. 48). Und weiter: »Diese – gleichermaßen sozial-ökonomische wie kognitive und normative – Distanz ist Voraussetzung dafür, daß jene polemisch oft so apostrophierte ›neue Klasse‹ zum sozialen Entstehungsort von Werten und Einstellungen wird, welche die Arbeitsgesellschaft und ihre Rationalitätskriterien (Leistung, Produktivität, Wachstum) herausfordern und zugunsten materialer qualitativer und ›humanistischer‹ Wertmaßstäbe in Frage stellen.« (Offe 1983, S. 49) Der Neigung zu ›humanistischen‹ Werten unter den Dienstleistenden der oberen sozialen Schichten stehen danach materialistische Orientierungen unter den übrigen Beschäftigten gegenüber. Dieser Materialismus würde mit der Kontraktion des produzierenden zugunsten des Dienstleistungssektors allmählich zurücktreten.
Der Dienstleistungsarbeit sind jedoch ›humanistische‹ Wertmaßstäbe von Natur aus so wenig eigen wie der übrigen Arbeit die versachlichten von ›Leistung, Produktivität und Wachstum‹. Letztere werden vielmehr von den im Dienstleistungssektor Beschäftigten ausgearbeitet und in Arbeitsorganisation und technischen Anlagen inkorporiert. So hatte Weber argumentiert: Nur weil Technik nicht einfach Natur, sondern ›geronnener Geist‹ ist, hat sie »die Macht, die Menschen in ihren Dienst zu zwingen und

den Alltag ihres Arbeitslebens so beherrschend zu bestimmen wie es tatsächlich in der Fabrik der Fall ist« (Weber 1958², S. 320). Die Dienstleistungsarbeiter in Führungspositionen sind also als Produzenten der Versachlichung zu verstehen. Sie folgen dabei nicht zuletzt jenen eingangs angesprochenen vorliberalen Normen, die Grundlage des unpersönlichen bürokratischen Handelns sind. Deren gemeinsamer Nenner besteht in der Vorstellung, daß den einzelnen als Arbeitskräften der Status unabhängiger Subjekte nicht zukommen soll. Daran hegten die Dienstleistungseliten, die dem Kaiserreich dienten, die Weimarer Demokratie bekämpften und dem Nationalsozialismus folgten, offenkundig kaum einen Zweifel; auch nicht die Intelligenz in der DDR, wie sich weiter unten noch zeigen wird. Aber auch die unteren sozialen Schichten hatten sich den Objektivitätsglauben zu eigen gemacht und neigten insofern auch selbst zur Anpassung an die versachlichten Verhältnisse.

So ergibt sich: Solange die eigentlichen Produzenten versachlichten Leistungs-, Produktions- und Wachstumsnormen unterworfen werden, so lange kann die Berufsorientierung derjenigen nicht ›humanistisch‹ sein, die diese Versachlichung durch ihre Dienstleistungsarbeit in den Arbeits- und Lebensbedingungen institutionalisieren. Wenn sich demgegenüber an den Arbeitsverhältnissen etwas geändert hat, dann nicht, weil Naturnotwendigkeiten mit der Ausweitung der Dienstleistungsberufe zur Zivilisierung der Arbeit beigetragen hätten, sondern weil sich in einem Prozeß soziokulturellen Wandels der institutionalisierte Individualismus allmählich auch in der Arbeitswelt durchsetzt. Dafür gibt es Anhaltspunkte. Die bürokratische Rationalisierung untergräbt die normativen Grundlagen, auf denen sie beruht. Sie stellt mit den materiellen Arbeits- und Lebensbedingungen auch die kulturellen immer radikaler zur Disposition und darunter auch die überkommenen berufskulturellen. Sie werden unter Rationalisierungsdruck in Frage gestellt und verlieren dadurch ihre traditionale Autorität. Normen berufsständischer Ehre, religiöse Überzeugungen, allgemeine traditionale Einverständnisse über Individuum und soziale Ordnung, die wie eingangs gezeigt der unpersönlichen Sachlichkeit bürokratischen Handelns zugrunde liegen, werden außer Kraft gesetzt. Der traditionale Autoritätsglaube, der ihnen Überzeugungskraft verlieh, fällt Vorstellungen instrumenteller Zweck-Mittel-Rationalität zum Opfer.

Für das berufliche Handeln ergibt sich daraus ein doppeltes Orientierungsproblem. Es versteht sich zum einen immer weniger von selbst, was zu tun ist, und zum anderen, warum der einzelne sich dem widmen sollte. Der Glaube an instrumentelle Zweck-Mittel-Rationalität, der in den modernen Arbeitsorganisationen allgegenwärtig ist, kann weder das Informations- noch das Motivationsproblem lösen. Darauf war bereits Weber gestoßen, der seinem Idealtypus der Bürokratie Normen instrumentellen Handelns zugrunde legte, in seinen empirischen Analysen aber zu dem Ergebnis kam, daß das bürokratische Handeln auf andere normative Orientierungen angewiesen ist. Während die bürokratische Rationalisierung ihre vorliberalen Bestandsbedingungen auflöst, scheinen individualistische Ordnungsvorstellungen in der Arbeitsorganisation an Bedeutung zu gewinnen. Sie sind erkennbar zum einen in den berufskulturellen Orientierungen der einzelnen und zum anderen in den damit korrespondierenden Veränderungen der Arbeitsorganisation. In beiden wird das Bildungssystem zu einem immer wichtigeren Strukturelement.

Die Bildungsexpansion geht nicht zuletzt auf einen Wandel der Berufsorientierungen zurück. Das vorliberale Muster der Statusvererbung, bei der der einzelne wie selbstverständlich im elterlichen Beruf und Stand bleibt, ist individueller Karriereplanung gewichen. Weiter unten ist davon noch ausführlicher die Rede. Als ethisch indifferenter Karrierismus kann der Versuch sozialen Aufstiegs durch Bildung nur erscheinen, wenn der hierin enthaltene Individualismus als Normlosigkeit mißverstanden wird. Vor dem Hintergrund konservativer Ordnungsvorstellungen kann dieser Eindruck leicht entstehen. Tatsächlich äußern sich hier aber die klassischen bürgerlichen Tugenden wie Eigenverantwortlichkeit, Offenheit, Toleranz, Risikobereitschaft, Disziplin und Innovationsfähigkeit (vgl. Baethge et al. 1989). Zur Disposition stehen bei Bildungsentscheidungen eine erhebliche Lebensspanne, Geldbeträge in Höhe einiger Jahreseinkommen, kulturelle Orientierungen und soziale Bindungen. Mit Verwahrlosung ist damit erfolgreich nicht umzugehen.

Jedermann weiß, daß man ohne den Besuch weiterführender Bildungseinrichtungen den entfremdetsten Arbeitsbedingungen nicht entgehen kann, nämlich der anspruchslosen, aber belastenden unqualifizierten Arbeit, bei der der Lohn niedrig und das Beschäftigungsrisiko hoch ist, wo man von sich selbst im Arbeitsprozeß nichts geltend machen kann und nur wenig Anerkennung findet. So benutzt der einzelne das Bildungssystem nicht, um sich der gegebenen Berufsordnung anzupassen, sondern um ihren am wenigsten liberalen Bereichen zu entkommen. Der Abschluß einer weiterführenden Schule bietet zwar keine Garantie für eine günstigere Berufsposition, aber ohne Diplome kann man im Konkurrenzkampf nicht einmal antreten. Je weiter also das Angebot an qualifizierten Arbeitskräften von der Nachfrage abweicht, um so mehr muß der einzelne in seine Bildung investieren, wenn er nicht in eine aussichtslose Lage geraten will. Das Bildungssystem entfernt sich insofern immer weiter von der Nachfrage nach Arbeitskräften – es sei denn, der soziokulturelle Wandel, der sich in der Bildungsexpansion äußert, erfaßt auch die Nachfrageseite auf dem Arbeitsmarkt.

Aber auch dort, wo ein beruflicher Aufstieg nicht stattfindet, ist mit liberalen Veränderungen der Arbeitsorientierung zu rechnen. Weber hatte den Niedergang überkommener Berufsorientierungen diagnostiziert, als Resultat dieses Prozesses aber behauptet, die einzelnen würden auf eine weiterreichende ethische Ausdeutung ihrer Arbeit verzichten und sich ihr als einem rein ökonomischen Zwang fügen. Mit Blick auf die USA stellt er fest, daß das »seines religiösen Sinnes entkleidete Erwerbsstreben heute dazu (neigt), sich mit rein agonalen Leidenschaften zu assoziieren, die ihm nicht selten geradezu den Charakter des Sports aufprägen« (Weber 1963, S. 188 f.). Den Individualismus, der sich in diesen ›agonalen Leidenschaften‹ äußert, nimmt er zur Kenntnis, er hat ihm aber nicht viel zugetraut. Webers pessimistische Prognose kann sich heute auf viele Befunde der Berufssoziologie stützen, viele stehen ihr allerdings auch entgegen. An die Stelle der schwindenden berufsständischen Identifikationen treten vielfach die Normen eines liberalen Individualismus. Die unauffälligste Form, in der das geschieht, hat Luhmann in einer Analyse formaler Organisationen beschrieben. Auch wenn sich an der unpersönlichen Sachlichkeit der Arbeitsvollzüge selbst nichts ändert, so gewinnt diese doch eine neue subjektive Bedeutung. Sie wird zum Mittel der Selbstdarstellung, die als diejenige eines unverwechselbaren Subjekts verstanden wird.

> »Für den einzelnen ist Unpersönlichkeit die persönlichste Strategie, die er wählen kann, weil er damit seine Persönlichkeit von jeder Verflech-

tung mit organisiertem Handeln frei zeichnen, sie gleichsam darauf beschränken kann, den Eintritt in die Organisation zu verantworten. Im übrigen läßt diese Lösung ihn frei, sich persönlich mit was auch immer sonst zu identifizieren....« (Luhmann 1964, S. 390)

Man kann sich zudem als Subjekt behaupten, indem man in den außerberuflichen Existenzweisen des bürgerlichen Lebens Identität zu gewinnen sucht. Man kann Anerkennung in der Familie suchen, als Kunde auf dem Markt, als Mitglied in Vereinen, als planmäßig Lernender zum Beispiel in Volkshochschulen oder als Inhaber eines zu kultivierenden Innenlebens beim Therapeuten usw. Diese Existenzweisen werden mit der liberalen Unterscheidung der Rollen von Arbeitskraft und Bürger möglich.
Der Individualisierungsprozeß, der sich in diesen und ähnlichen Verhaltensorientierungen äußert, verändert auch die Arbeitsorganisation. Der immer wieder nachgewiesene Bedeutungszuwachs des Bildungssystems in der beruflichen Statuszuweisung ist gleichbedeutend mit Veränderungen der Selektionskriterien im betrieblichen Personalwesen. Die alten Kriterien ständischer Zugehörigkeit haben an Bedeutung verloren und ebenso betriebsspezifische Erfahrungen und Loyalitäten. An ihre Stelle sind Bildungsabschlüsse getreten. Die Betriebe verzichten zum Beispiel auf Personalentscheidungen, die sich vom allgemein akzeptierten Zusammenhang zwischen Bildungs- und Berufsstatus allzu weit entfernen. Denn man weiß um die Konflikte, die sich daraus ergeben können. Einen anschaulichen Beleg dafür enthält ein Experteninterview aus einer Studie über den sogenannten Verdrängungswettbewerb, die Baethge et al. unternommen haben: »Wir haben uns gerade für die gewerblichen Berufe bisher immer geweigert, dafür Abiturienten einzustellen, da wir befürchten, daß sie dann später Störfaktoren im Betrieb sind.« (Baethge et al. 1980, S. 258; für Abiturienten als Banklehrlinge vgl. Gruschka 1991/92)
Die Autorität der Bildungsabschlüsse kommt auch in den Ergebnissen der Mobilitätsforschung zum Ausdruck. Mobilitätsstudien zeigen immer wieder, daß berufliche Auf- und Abstiegsprozesse nur eine geringe Reichweite haben. Dem einzelnen stehen je nach dem Niveau seiner Eintrittsplazierung im Beschäftigungssystem nur schmale und gut abgeschottete Übergänge zwischen eindeutig definierten Berufsgruppen offen; ihre Fixierung auf eine be-

stimmte Stelle der Arbeitswelt wird auch durch wirtschaftlichen Strukturwandel kaum gelockert (Blossfeld 1990). Diese Befunde deuten darauf hin, daß die Entscheidungsgewalt der Unternehmen über ihre Arbeitskräfte schrumpft. Gegen die Autorität der Berechtigungen, die das Bildungssystem verleiht, vermögen die Rechte der Arbeitgeber, die aus dem Privateigentum resultieren, offenkundig immer weniger.

Der Zusammenhang zwischen Bildung und Beruf läßt sich kaum damit erklären, daß die Schulen mit ihren Ausbildungsleistungen den technischen Qualifikationsbedarf der Arbeitsorganisationen bedienten. Wie die Redeweise vom ›Störfaktor‹ zeigt, zu dem der ›falsch‹ plazierte Schulabsolvent werden kann, steht das Diplom hier nicht für technische Qualifikationen und damit für technische Produktionsfunktionen des Bildungssystems, sondern für kulturelle. Darauf deutet bereits die Geschichte des Berechtigungswesens hin. Die preußische Schulentwicklung läßt erkennen, daß ihr Bezug zur Arbeitswelt nicht auf der Vermittlung im engeren Sinne technischer Qualifikationen beruhte, sondern auf der Vermittlung kultureller. In Preußen wurden die Gymnasien mit der Arbeitswelt bereits im 19. Jahrhundert durch ein förmliches Berechtigungswesen verbunden. Das geschah, obwohl sich die Gymnasien als Träger einer Bildung verstanden, die von instrumentellen Aspekten der Daseinsbewältigung denkbar weit entfernt war. Zudem zeichnete sich der öffentliche Dienst keineswegs durch eine besonders fortschrittliche Produktionstechnik aus (vgl. dazu Becker/Kluchert 1993). Seitdem hat das schulische Berechtigungswesen auch in der Privatwirtschaft an Wirkung gewonnen. Aber während im Preußen des 19. Jahrhunderts kulturelle Qualifikationen mit ständisch-konventionalistischem Charakter im Schnittpunkt von Schule und Arbeitswelt standen, setzen sich in der Schulentwicklung der BRD allmählich solche mit liberalem Charakter durch.

Daß der Bedeutungszuwachs des Bildungssystems in der Arbeitswelt Ausdruck eines kulturellen und nicht eines technischen Wandels ist, wird auch in amerikanischen Studien deutlich. Collins (1979) hat in 309 Betrieben beziehungsweise öffentlichen Einrichtungen ermittelt, unter welchen Umständen Schuldiplome zu Selektionskriterien im Personalwesen werden. Ein Zusammenhang mit dem Entwicklungsstand der Arbeitstechnik war dabei nicht erkennbar. Schulische Ausbildungszertifikate werden im

Personalwesen vor allem dort benutzt, wo es auf öffentliche Reputation ankommt, also in Krankenhäusern, in Sicherheits- und Bildungseinrichtungen usw. Diese legen besonderen Wert darauf, die Kompetenz und Zuverlässigkeit ihrer Mitarbeiter demonstrieren zu können. Wie kaum etwas anderes taugen dazu heute aber Bildungszertifikate. Deswegen dienen sie hier den Personalabteilungen besonders häufig als Entscheidungsgrundlage, neben polizeilichen Führungszeugnissen und anderen förmlichen Angaben zur Berufsbiographie potentieller Mitarbeiter.
Diesem Befund läßt sich der folgende von Baron/Dobbin/Jennings (1985) hinzufügen. Die Autoren zeigen, daß schulische Selektionskriterien vor allem in solchen Betrieben benutzt werden, die über eine Personalabteilung verfügen, und daß Personalabteilungen vor allem dort anzutreffen sind, wo der Staat im betrieblichen Personalwesen interveniert. Ein Vergleich zwischen mehr als 200 Betrieben von Pfeffer/Cohen (1985) ergab ebenfalls, daß Schulzeugnisse in den Personalentscheidungen besonders dann eine Rolle spielen, wenn es eine betriebliche Personalabteilung gibt. In den Personalabteilungen, so lautet die Erklärung dieses Zusammenhangs, finden sich Angestellte, die ihren eigenen Status wissenschaftlicher Ausbildung verdanken, und die deswegen selbst vom Wert der Schule überzeugt sind. Sie können ihre innerbetriebliche Stellung befestigen, wenn sie diesem Glauben in der betrieblichen Sozialstruktur praktischen Ausdruck verleihen. Auf diese Weise werden auch andere wissenschaftliche Fachdisziplinen, wie zum Beipiel Betriebspsychologie, in der betrieblichen Organisationsstruktur bestimmend.
Diese Zusammenhänge zwischen Bildung und Arbeit gehen über die Angebotsseite des Arbeitsmarkts hinaus. Das Bildungssystem kategorisiert nicht nur die Arbeitskräfte, indem es sie als Schulabsolventen mit unterschiedlichen Berechtigungen ausrüstet, sondern es manifestiert sich auch in der Konstruktion der Berufspositionen. Das gilt vor allem für die Bildungseinrichtungen jenseits der Sekundarschulen. Der Arbeitsprozeß wird zunehmend durch Regeln strukturiert, die als Stand der Wissenschaft, geltende Kunstlehre, Berufsethik und normative Selbstverständlichkeiten im Kontext des Bildungswesens formuliert und mit Autorität ausgerüstet werden. Sie werden häufig auch staatlich sanktioniert (vgl. dazu Lutz 1976). Bourdieu und Boltanski zeigen, daß sich Angebots- und Nachfrageseite in der Arbeitswelt

Hand in Hand mit der Bildungsexpansion transformieren. »Im Ergebnis dehnt sich auch die Tendenz zur Sanktionierung und Zementierung der einmal eingeführten sozialen Unterscheidungen, wie sie das Bildungssystem aufgrund seiner eigenen Trägheit begünstigt, allmählich auf die gesamte Sozialstruktur aus.« (Bourdieu/Boltanski 1981, S. 16) Die Regeln dieses Berufssystems binden nicht nur die Arbeitgeber, sondern auch die Arbeitnehmer. Die Wirkung der liberalen Rechte, über die sie auf dem einstigen Arbeitsmarkt verfügen konnten, wird insofern ausgehöhlt. Da die Marktfreiheit jedoch in Konkurrenz resultierte, und die Stellung des einzelnen gegenüber den Arbeitgebern schwächte, steht dem Verlust formaler Marktfreiheit ein Gewinn an faktischer Unabhängigkeit gegenüber.

Dieser Effekt hat die Vorstellung entstehen lassen, der Bedeutungszuwachs der Ausbildungskategorien gehe auf partikularistische Statusinteressen zurück (vgl. Abbott 1988 und die hier genannte Literatur). Mit dem Berechtigungswesen solle die Zahl der Konkurrenten und die Last der Konkurrenz gering gehalten und damit dem Lohn eine Monopolrente hinzugefügt werden. Durch dieses Interesse sei auch der Bedeutungszuwachs der Bildungsinhalte für die Berufspraxis zu erklären. Denn gelingen kann die genannte Strategie nur dann, wenn bestimmte Arbeitsfunktionen zugunsten der Absolventen jener Ausbildungsgänge monopolisiert werden. Sie müssen also von anderen Berufspositionen, deren Teil sie einmal gewesen sein mögen, abgezogen und zum Inhalt der beanspruchten Berufsdomäne gemacht werden. Letztere gewinnen ihre Struktur nicht zuletzt dadurch, daß sie Wissens- und Regelbestände in die Definition der Berufsaufgaben aufnehmen, deren Ursprungsort die akademischen Einrichtungen sind (Hughes 1958). Nur wenn zum Beispiel die Gesundheit als Sache der Schulmedizin monopolisiert worden ist, läßt sie sich zum Monopol formal qualifizierter Ärzte machen. Bildung muß zum Monopol der Schule werden, bevor sie zum Monopol diplomierter Lehrer werden kann usw. Derartige Monopolbildungen reichen heute bis in den Bereich manueller Arbeit hinein. Berufsvereinigungen dienen der sozialen Abschließung der Berufsgruppe und der Sicherung ihrer Ansprüche (Sarfatti-Larson 1977; Freidson 1975).

Dieser interessenstrategischen Erklärung der Verberuflichung entsprechen zahlreiche empirische Phänomene. Ihre Grenzen werden aber deutlich, wenn man in Betracht zieht, daß auch die Antagonisten der abhängig Beschäftigten, die Arbeitgeber, an der Verberuflichung des Personals interessiert sind, ebenso der Staat (Krüger 1983) und im Fall selbständiger Akademiker auch deren Klienten. Offenbar besteht über die Wertschätzung der Verberuflichung ein weitreichender gesellschaftlicher Konsensus. Mit der Unterstellung abgezweckter Interessenstrategien einzelner Gruppen kann diese Entwicklung nicht erklärt werden. Es scheint vielmehr, daß deren Berufsvertretung vor allem deswegen erfolgreich ist, weil sie sich diesem gesellschaftlichen Konsensus anschließt. Das läßt die Frage nach dessen Inhalt jenseits partikularer Interessen entstehen. Eine Antwort auf diese Frage ist in bestimmten Theorien der Professionalisierung zu finden (Behr 1995; Hughes 1958; Marshall 1965 b; Parsons 1954, 1968 a; Platt/Parsons 1990; Dewe/Otto 1984; Sutton et al. 1994).

Der Professionelle, so sieht es dessen Berufskultur vor, kooperiert mit seinem Klienten auf der Grundlage formaler Normen der Verständigung. Darin unterscheidet er sich vom Fachmann, der seinem Gegenüber in Begriffen unpersönlicher Sachlichkeit ein bestimmtes Verhalten vorschreibt und ihn als Fall behandelt. Der Professionelle soll dagegen seinen Klienten ermöglichen, ihre Bedürfnisse eigenverantwortlich zu definieren. An Autonomie kann es ihnen mangeln, (1) weil ihnen die inneren Antriebe ihres Handelns nicht zu Gebote stehen oder aber (2) weil sie mit den äußeren Handlungsbedingungen nicht hinreichend vertraut sind. Der zweite Fall ist der hier zunächst interessierende.

Für die Beziehung zwischen Professionellen und Klienten ist die Unabhängigkeit beider entscheidend. Sie kann in unterschiedlichen sozialen Formen institutionalisiert sein, nicht nur in freien Vertragsbeziehungen (Marshall 1965 b). Der Klient muß, wenn traditionale Normen sein Bedürfnis und dessen äußere Verwirklichungsbedingungen nicht mehr definieren, in Ansehung der verfügbaren Möglichkeiten klären, wie sein Interesse befriedigt werden kann, das heißt im wörtlichsten Sinne, worin es besteht. Wer zum Beispiel ein Wohnbedürfnis mit einem zu bauenden Haus befriedigen will, kann dieses Bedürfnis rational nur definieren in Ansehung der Formensprache der Architektur, baugesetzlichen Regelungen, technischen und ökonomischen Gegebenheiten des Bauwesens usw. Dazu bedarf er des Architekten, der mit diesen Möglichkeiten vertraut ist. Umgekehrt bedarf der

Architekt der Artikulation seines Klienten, denn die Möglichkeiten des Bauwesens, um die er weiß, schreiben unter liberalen Verhältnissen keine Entwürfe vor. Entsprechendes gilt für die innerbetriebliche Kooperation. Was zu tun ist, bedarf der Klärung, wenn es sich nicht mehr von selbst versteht. Welche Gesichtspunkte und Interessen dabei Berücksichtigung finden, hängt nicht zuletzt von den Artikulationsmöglichkeiten ab, die den Kooperierenden verfügbar sind. In der Professionskultur sind es andere als in der bürokratischen.

Diese Differenz spiegelt sich in der Unterscheidung der Stabs- und bürokratischen Linienorganisation. Berufspositionen, deren Struktur in engerem Zusammenhang mit dem Bildungssystem und den hier geltenden Normen steht, werden aus den Kommandolinien der bürokratischen Organisationshierarchie herausgelöst und in Stäben institutionalisiert. Denn die Normen, die im Zusammenhang mit der Bildungsexpansion an Bedeutung gewinnen, konfligieren mit jenen, die den bürokratischen Hierarchien zugrunde liegen. So wachsen die Stäbe zu Lasten der Bürokratie. Dabei wurde das mittlere Management um viele seiner überkommenen Funktionen gebracht und in eine Krise gestürzt. Sie fand während der 50er und 60er Jahre in der Industriesoziologie einmal viel Aufmerksamkeit (vgl. dazu v. Friedeburg 1963; Kornhauser 1962; Popitz et al. 1957 a).

Aber auch außerhalb der Stabsabteilungen sind die Verhältnisse nicht die alten geblieben. Der Verfügungsgewalt über die Arbeitskräfte, die auf dem Privateigentum beruht, stehen in zunehmendem Maße Arbeitnehmerrechte entgegen. Darauf spielt die Bezeichnung ›Arbeitsplatzbesitzer‹ an. Sie faßt die Rechte zusammen, die die einzelnen als Mitglieder ihrer Arbeitsorganisationen haben. Diese sind vielgestaltig und bestehen zum Beispiel in den betrieblichen Mitbestimmungsmöglichkeiten und gewerkschaftlicher Interessenvertretung, in sozialstaatlichen Regelungen und informell geltenden normativen Vorstellungen der Öffentlichkeit, und nicht zuletzt in jenen Berechtigungen, die mit den Bildungszertifikaten in unterschiedlicher Verbindlichkeit festgelegt sind. Diese Rechte und informell gesicherten Ansprüche ziehen der Instrumentalisierung der Arbeitskräfte Grenzen. Das ist nicht nur in materieller Hinsicht höchst bedeutsam, sondern bringt auch eine gesellschaftliche Aufwertung der unteren sozialen Schichten zum Ausdruck. Ihre traditionelle moralische Diskriminierung gilt immer weniger als statthaft. Daß es bis heute um Anerkennung geht, hat der Kampf um die Lohnfortzahlung im Krankheitsfall sinnfällig gemacht. Das Thema wurde von den Gewerkschaften zu einer ›Frage der Ehre‹ erklärt. Tatsächlich konnte die pauschale Kürzungsforderung als pauschale Verdächtigung verstanden werden, die Arbeiter machten vom legitimen Ausnahmefall der Krankheit illegitimen Gebrauch. Und so wurde die Kürzungsforderung hier und da auch begründet – insgesamt aber mit beachtlicher Zurückhaltung. Die Angegriffenen haben auf Anerkennung bestanden, und materielle Zugeständnisse an weniger ehrenrührigen Stellen gemacht: beim Weihnachtsgeld. Darauf konnten sich auch ihre Kontrahenten verständigen.

Der klassische Fall des Professionalismus ist der, der persönliche Neigungen zu abweichendem Verhalten betrifft. Beispiele dafür sind Lehrer und die Devianz, die mit dem Jugendalter verbunden ist, Sozialarbeiter, Therapeuten usw. und die Devianz, die sich aus gestörten Entwicklungsprozessen ergibt und – um ein letztes Beispiel zu nennen – Ärzte, die mit abweichendem Verhalten in der psychosomatischen Form der Krankheit zu tun haben. Sie widmen sich ihren Klienten nicht in der Form fachmännischer Behandlung und paternalistischer Betreuung, sondern mit dem Ansinnen, den Normen eigenverantwortlichen Handelns zu folgen. Diese Zumutung im Widerspruch zu den devianten Neigungen der Klienten aufrecht zu erhalten, soll ihnen ihre Berufskompetenz ermöglichen. Das schließt die Sicherung ihrer eigenen Autonomie notwendigerweise ein. Die bedarf des Schutzes, weil der Umgang mit abweichendem Verhalten starke Affekte und die Neigung zu Normenverstößen provozieren kann, mit denen nicht leicht umzugehen ist (Dewe/Ferchhoff/Radtke 1992 und die hier genannte Literatur). Von dieser Koinzidenz des Interesses an individueller Autonomie, die das Arbeitsbündnis zwischen Professionellen und Klienten stiftet, war mit Blick auf den Lehrerberuf eingangs schon die Rede.

Kennzeichen des Professionalismus ist schließlich, daß die hier vertretenen Normen mit den allgemeinen Werten der Gesellschaft übereinstimmen. Letztere bezeichnen kein materiales Gemeinwohl, sondern die formalen Bürgerrechte und ihnen verwandte Wertideen und Regelungen. Sie sollen die soziale Identität der Individuen als die von autonomen Subjekten institutionalisieren und damit die Integration der Gesellschaft ermöglichen. Vor diesem Hintergrund ist auch die Funktion der Berufsverbände zu sehen. Sie sollen die universalistischen Normen der professionellen Berufskultur gegen partikulare Interessen vertreten, seien es die partikularen Interessen der Professionsmitglieder, ihrer Klienten oder Dritter. Empirisch gelingt das nur mit erheblichen Einschränkungen. Das zeigt sich nicht zuletzt in den genannten wissenschaftlichen Studien, die Professionalisierungstendenzen als Akkumulation von Macht und Erwerbschancen und als Täuschung der Öffentlichkeit entlarven. Diese Studien deuten zugleich aber auch auf die Autorität des Professionalismus hin. Denn ihr kritischer Impetus setzt den Glauben voraus, daß die Professionsnormen gelten sollen. Dieser Glaube liegt auch der öffentlichen Empörung zugrunde, die sich bei den Verstößen gegen Professionsnormen zuverlässig einstellt.

Der Professionalismus, so ergibt sich als Resumee, ist Teil der demokratischen Kultur. Er verlängert sie in die Arbeitsverhältnisse hinein gegen den tauschförmigen und bürokratischen Instrumentalismus. Das macht diese Entwicklung interessant, auch wenn ihr empirisch unübersehbare Widerstände entgegenstehen. In diesem Sinne bezeichnet Parsons die Ausbreitung des Professionalismus als »the most important change that has occured in the occupational system of modern societies« (Parsons 1968 a, S. 536).

Berufliche Weiterbildung als Bildung des Bürgers

Daß es auch in der Berufsbildung zunehmend um die Normen eines liberalen Individualismus geht, zeigt das Beispiel der beruflichen Weiterbildung. Die berufliche Weiterbildung ist für die Frage nach dem Verhältnis von Bildung und Arbeit besonders instruktiv; denn sie operiert besonders nah an der Arbeitswelt, näher als das übrige Schulwesen. Besondere Bedeutung kommt in diesem Zusammenhang der Arbeitslosigkeit zu. Ihr soll mit Weiterbildungsmaßnahmen begegnet werden. Sie wird zu beachtlichen Anteilen auf individuelle Qualifikationsdefizite zurückgeführt. Der Bildungsstatus des einzelnen korreliert auch tatsächlich mit seinem Risiko, den Arbeitsplatz zu verlieren, mit seiner Chance, danach wieder einen neuen zu finden, und schließlich auch mit der Beschäftigungsstabilität, die der neue Arbeitsplatz gewährt (vgl. dazu Cramer 1990; Klein 1990; v. Rosenbladt 1990; Reyher/Spitznagel/Kretschmer 1990).

Aber bildungsökonomische Erklärungen werden diesen Zusammenhängen nicht gerecht. Das ergibt sich schon daraus, daß die Betreffenden im Konjunkturaufschwung, sehr häufig aber auch schon früher, wieder eingestellt werden, auch ohne daß sich an ihren Qualifikationen etwas geändert hätte. Die Arbeitslosenstatistik besagt weniger über das Angebot an Arbeitskräften als über die Nachfrage. Sie zeigt, daß die Nachfrage nach weniger qualifizierten Kräften konjunkturabhängiger ist als die nach qualifizierteren. Wegen dieser größeren Konjunkturabhängigkeit und nicht wegen Qualifikationsmängeln sind ungelernte Arbeitskräfte unter den Arbeitslosen überrepräsentiert.

Auf Qualifikationsdefizite deutet auch nicht die Statistik der offenen Stellen hin, die trotz Massenarbeitslosigkeit nicht besetzt werden können. Diese Stellen bleiben häufig vakant, weil sie besonders belastend und instabil sind, schlecht entlohnt, zeitlich und räumlich ungünstig plaziert usw. Wer sich dort einstellen läßt, kommt buchstäblich auf eine schiefe Bahn: Er muß Lohneinbußen in Kauf nehmen und damit Einbußen beim Arbeitslosengeld, auf das er wegen der Unsicherheit dieser Arbeitsplätze bald wieder angewiesen ist. Hinzu kommen Minderungen seiner Ansprüche auf zumutbare Arbeit; denn was zumutbar ist, hängt bekanntlich von der Qualität des letzten Arbeitsplatzes ab. So unterminiert die Bereitschaft, eine ungünstigere Stelle zu übernehmen, die Möglichkeit, bei der Arbeitsvermittlung das nächste Mal schlechtere Arbeitsbedingungen zurückweisen zu können (Reyher/Spitznagel/Kretschmer 1990; Cramer 1990; v. Rosenbladt 1990).

Daß dieser immer wieder bestätigten Befunde ungeachtet ein erheblicher Teil der Förderungsmittel für berufliche Weiterbildung auf die Arbeitslosen konzentriert wird – in größtem Umfang in den neuen Bundesländern –, hat verschiedene Erklärungen gefunden. Eine davon spielt auf die Verwahrungsfunktion von Bildungseinrichtungen an. Diejenigen, denen die Gesellschaft Arbeit vorenthält, werden unter anstaltsförmige Kontrolle genommen. Diese arbeitsmarktpolitische Strategie repräsentiert jedoch einen beachtlichen kulturellen Wandel. Bevor beruflicher Mißerfolg und Armut als Resultat lediglich fachlicher Qualifikationsdefizite verstanden wurden, galten sie als Resultat individueller Unmoral, mangelnder Disziplin und mangelnden Arbeitswillens.

Dem entsprach der Umgang mit den Arbeitslosen. Unmoral konnte und sollte mit Zwangsmitteln bekämpft, genauer gesagt bestraft werden. Dem dienten zu Beginn der kapitalistischen Entwicklung Arbeitshäuser und verschiedene Formen der Zwangsarbeit. Noch am Ende der Weimarer Republik gehörten Arbeitslager zum arbeitsmarktpolitischen Instrumentarium; sie wurden von den Nationalsozialisten übernommen (Mason 1975; Bartz/Mor 1979). Mit Weiterbildung dagegen wird die soziale Identität der Arbeitslosen als die autonomer Individuen mit Lern- und Entwicklungsfähigkeiten institutionalisiert. Daß sie, gemessen an ihren bildungsökonomisch definierten Zielen, so ineffizient ist, läßt ihre kulturelle Bedeutung nur um so klarer hervortreten.

Die Weiterbildung, auch die berufliche, die die Gesellschaft mit beträchtlichem Aufwand betreibt, ist auch sonst nicht auf wirtschaftlich-technische Notwendigkeiten zurückzuführen. Das ist häufig schon deswegen nicht möglich, weil Lehrkräfte und Weiterbildungseinrichtungen in großer Distanz zu den Arbeitsorganisationen operieren. Nicht einmal während der Jahre der Prosperität nach der Verabschiedung des Arbeitsförderungsgesetzes hat die Weiterbildungsförderung der Bundesanstalt für Arbeit jene Beschäftigtengruppen erreicht, die sie bildungsökonomischen Vorstellungen zufolge hätte erreichen sollen: die Arbeitnehmer mit knapper bemessener Ausbildung in der Produktion und in den computerisierten Büros, wo die Entwicklung der Arbeitstechnik am stürmischsten voranschreitet. Sie erreichte vielmehr jene, denen an Berufserfolg lag und die einen Aufstieg in eine unabhängige Position suchten (Lenhardt 1974).

Eine unsystematische Beschäftigung mit dem Weiterbildungsangebot zeigt, daß eine erhebliche Zahl der Kurse nicht sachlicher, sondern kultureller Natur ist. Das gilt selbst für solche, die zur Lösung von Organisationsproblemen beitragen sollen. Sie richten sich an den einzelnen nicht als Arbeitskraft, sondern als Subjekt und sollen dessen Organisationsfähigkeit, Autonomie, Kommunikationskompetenz usw. fördern. Diese Kurse gelten zwar als nützlich in einem instrumentellen Sinn, aber sie zielen auf bürgerliche Tugenden. Dagegen sind Kursangebote nicht zu finden, die die Pflege jener älteren – auch in der Arbeitswelt – geschätzten Tugenden versprechen wie militaristisches Gehabe, autoritäte Unterwerfungsbereitschaft oder Dominanz, zwanghafte Disziplin usw. Man mag der Aufmerksamkeit und Freundlichkeit mißtrauen, die einem in Einzelhandelsgeschäften oder öffentlichen Verkehrsbetrieben von weitergebildetem Personal zunehmend entgegenschlägt, oder man mag sie der überkommenen authentischen Unfreundlichkeit vorziehen. Gleichviel, die Weiterbildungspraxis, die hier wirksam wird, folgt der Vorstellung, daß der einzelne auch in der Arbeitswelt gleichsam als kompetenter Bürger auftreten soll (für die USA vgl. dazu Monahan/Meyer/Scott 1994).

Dem entspricht auch die Idee lebenslangen Lernens, die in den Weiterbildungseinrichtungen und den Regelungen zum Bildungsurlaub zum Ausdruck kommt. Sie richtet sich gegen eine askriptive Kategorie, die in der oben genannten Konstruktion des katholischen Arbeitermädchens enthalten ist, von der aber bis jetzt noch nicht die Rede war: die Alterskategorie. Die traditionale Altersordnung wird mit Weiterbildung relativiert: Wenn Weiterbildung jedem, unabhängig von seinem Lebensalter, jegliche Qualifikation zugänglich macht, dann verlieren die überkommenen Altersrollen an Bedeutung. Einen Wandel hatten sie ohnehin schon durchgemacht. Alterserfahrung verschafft den Älteren heute nicht mehr eine besondere Würde, sondern läßt sie als Problemgruppe in der Gesellschaft erscheinen. Unter Verhältnissen lebenslangen Lernens können aber alle in gewissen Hinsichten alterslos werden, so daß das Alter insofern an schicksalhafter Bedeutung verliert.

Entwicklungstendenzen zur Bildung des Bürgers

Bildungsgleichheit und Bürgerrechte

Bildungsökonomische Vorstellungen haben die überkommenen ständischen Elemente des Bildungswesens öffentlich in Frage gestellt, durchgesetzt haben sich aber nicht Gesichtspunkte von ›Produktion und Qualifikation‹, sondern Elemente der Bildung des Bürgers. Aus den katholischen Arbeitermädchen und ihren vielgestaltigen Cousins wurden Bürger einer sich liberalisierenden Republik. Zum Thema wurde die Bildung des Bürgers vor allem

in der Forderung nach Chancengleichheit. Worum es dabei im einzelnen geht, wird vielleicht nirgends so deutlich wie an den bildungssoziologischen Analysen, die Dahrendorf zu Beginn der Reformperiode einer breiten Öffentlichkeit vorlegte. Sie fanden größte Aufmerksamkeit und sind deswegen auch als Element der damaligen Reformbewegungen interessant.
Dahrendorf hatte die Ungleichheit der Bildungschancen untersucht und war dabei auf den Zustand der Gesellschaft insgesamt gestoßen. »Will man eine Formel für die Grundursachen der Ungleichheiten beim Übergang zu weiterführenden Schulen in Deutschland finden, so müßte man von einem Modernitätsrückstand der deutschen Gesellschaft sprechen, der die Effektivität gleicher Bürgerrechte einschränkt.« (Dahrendorf 1965, S. 75 f.) Die Bürgerrechte, die die soziale Identität der Individuen als die von Bürgern begründen, galten formal seit 1949. Aber die damaligen Lebensverhältnisse standen ihrer faktischen Nutzung noch in beträchtlichem Maß entgegen. Die einzelnen orientierten sich vielfach noch als vordemokratische Standesangehörige. Dagegen zielte die zum Sprichwort gewordene Formel ›Bildung ist Bürgerrecht‹.

> »Der Bildungspolitik stellt sich bei uns das deutsche Problem der civil rights, das dem der faktischen Befreiung der Farbigen in den Vereinigten Staaten an Pathos und Bedeutung nicht nachsteht. Bildungspolitik in der BRD ist ... vielfach noch immer ein Instrument, um Menschen die Teilnahme am Leben der Gesellschaft überhaupt erst zu ermöglichen. Ihre Aufgaben sind weit fundamentaler als etwa in Großbritannien oder den Vereinigten Staaten. Mit der Bereitschaft zu einer Bildungspolitik für die Verwirklichung des Rechts auf Teilnahme aller Bürger an der Bildung entscheidet sich für Deutschland mit dem Weg in die Modernität auch der in die Freiheit.« (a.a.O., S. 24 ff.)

Bildung als Bürgerrecht bedeutet vor allem, daß die soziokulturellen Voraussetzungen dafür geschaffen werden, daß der einzelne von den Bürgerrechten Gebrauch zu machen versteht und daß die gesellschaftlichen Verhältnisse so werden, daß er von diesem Verständnis auch Gebrauch machen kann, daß also der einzelne zum Bürger wird und die Gesellschaft zu einer Republik. Die Forderung nach Chancengleichheit im Bildungssystem zielte also auf Veränderungen der Gesellschaft insgesamt.
In dieser Problemsicht stimmte die neomarxistische Denkschrift des Sozialistischen Deutschen Studentenbundes ›Hochschule in

der Demokratie‹ (Nitsch et al. 1965) mit der Analyse Dahrendorfs überein. Die Demokratisierung des Bildungswesens müsse im Zusammenhang mit allen gesellschaftlichen Verhältnissen gesehen werden. Sie könne nur gelingen als Teil der Auflösung repressiver Herrschaft im Medium rationaler öffentlicher Diskussion, Willensbildung und Machtausübung. Während die sozialistischen Studenten auf das irrationale Moment der Macht zielten, das mit dem Kapitalismus institutionalisiert ist, stellte Dahrendorf heraus, daß die deutsche Gesellschaft in wichtigen Hinsichten jenes Rationalitätsniveau noch gar nicht erreicht hatte, das die bürgerliche Gesellschaft kennzeichnet. Die liberale und die neomarxistische Diagnose des Bildungswesens schließen einander nicht aus. Denn ständische Verhältnisse, gegen die Dahrendorfs Kritik zielte, und Klassenverhältnisse, die der SDS thematisierte, gehen vielfältige Verbindungen ein. Eingangs sind die vorliberalen Elemente in Lohnarbeit und Bürokratie bereits erörtert worden.

Chancengleichheit bedeutet zum einen Wettbewerbsgleichheit. Niemand darf danach von vornherein privilegiert oder benachteiligt sein. Der Idee der Bürgerrechte entspricht aber mehr. Sie schließt aus, daß der Staat die soziale Ungleichheit der Bürger politisch festschreibt. Das gilt auch für die Bildungspolitik. Das staatliche Bildungssystem darf ungleiche Bildungskarrieren nicht vorschreiben, sondern muß prinzipiell gleiche Bildungsmöglichkeiten anbieten. Dem Gesichtspunkt der Gleichheit der Bildung, dem Leistungsprinzip und dem liberalen Kulturmuster der individuellen Bewährung entspricht aber die Einheitsschule. Mit ihr schafft der Sozialstaat eine wichtige Voraussetzung dafür, daß die einzelnen von ihren Bürgerrechten Gebrauch zu machen lernen. Die Einheitsschule vermag die Einflüsse ungleicher privater Lebensverhältnisse jedoch nicht ohne weiteres zu neutralisieren. Deren Wirkungen reichen bekanntlich auch in Einheitsschulen hinein. Selbst in den USA, wo die Idee der Gleichheit die größte Autorität genießt und das Bildungswesen formal einheitlich ist, gibt es eine beträchtliche Ungleichheit schichtenspezifischer Bildungschancen und auch beträchtliche materiale Differenzen zwischen den High Schools der verschiedenen Wohnviertel.

In den Schulen der einzelnen Gesellschaften haben sich unterschiedliche Formen herausgebildet, in denen sich das Spannungsverhältnis zwischen formaler Gleichheitsnorm und faktischer Ungleichheit der Lebensverhältnisse ausdrückt. Ungewöhnlich sind jedoch die organisatorischen Formen, in denen es die deutsche Gesellschaft zu bewältigen versucht. Im westdeutschen Bildungssystem ist die bürgerliche Gleichheitsnorm nicht nur faktisch beeinträchtigt, sie wird mit dem mehrgliedrigen Bildungssystem auch prinzipiell in Frage gestellt. Die mehrgliedrige Sekundarstufe bringt die normative Vorstellung zum Ausdruck, daß die Schulabsolventen nicht gleich sein können und das auch nicht sollen. Die demokratische Vision der Gleichheit, die in der Einheitsschule und in der Bürgerrolle enthalten ist, wird damit abgewehrt. Vor diesem Hintergrund wird verständlich, warum das Thema Chancengleichheit bis heute eine so große bildungspolitische Aufmerksamkeit findet.

Der Demokratisierung der Gesellschaft sollte die Einführung der Gesamtschule dienen. Sie sollte den jungen Leuten als zukünftigen Bürgern eine Schulerfahrung vermitteln, die sie ihrer überkommenen partikularistischen Herkunftsmilieus enthebt und ihnen die soziokulturellen Möglichkeiten einer liberalen Gesellschaft zugänglich macht. Im Reformprozeß sollte sich die Öffentlichkeit auf neue Vorstellungen von Bildung, Individuum und Gesellschaft verständigen und diese in ihrem Bildungssystem institutionalisieren. Mit der Überwindung der dreigliedrigen Sekundarstufe hätten sich die Schulen der Bundesrepublik dem international üblichen Modell nationaler Bildungssysteme genähert. Ausländische Vorbilder hatten die Konzeption der Gesamtschule auch inspiriert, die amerikanische High School, die englische Comprehensive School und die reformierte schwedische neunklassige Grundschule. Aber obwohl die Konzeption der Gesamtschulen nicht über das hinausging, was in den Bildungssystemen westlicher Gesellschaften üblich ist, provozierten Reformversuche erbitterte Widerstände.

Die gesellschaftlichen Verhältnisse, die darin zum Ausdruck kamen, erwiesen sich zunächst als so stabil, daß die Reformer genötigt waren, neben dem Modell der sogenannten integrierten Gesamtschule auch das der kooperativen in ihr Programm aufzunehmen. Letztere hält bekanntlich an der Mehrgliedrigkeit fest und relativiert lediglich die Exklusivität ihrer Zweige durch curriculare Angleichungen und vermehrte Übergänge. Gleichviel, die Gesamtschule hat sich zunächst nicht durchsetzen lassen.

So besuchten im Jahr 1993 nur 8,9 Prozent aller Schüler in der

Übersicht 2:
Relativer Schulbesuch der 13- bzw. 14jährigen nach Schularten 1952–1991 – BRD bzw. alte Bundesländer –

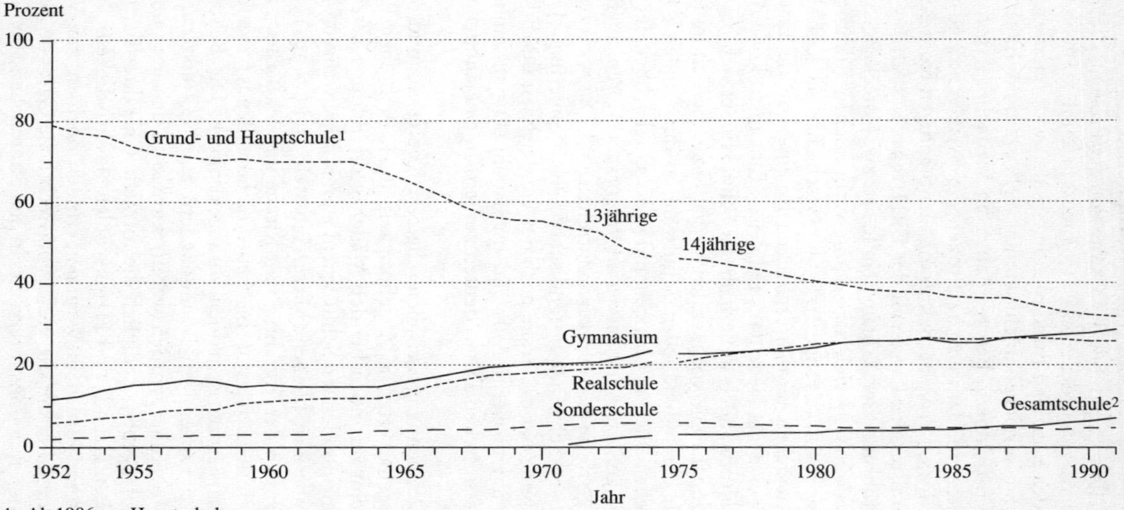

[1] Ab 1986 nur Hauptschule.
[2] Ab 1986 Gesamtschule und Freie Waldorfschule.

Datenquelle: Statistisches Bundesamt, Statistisches Jahrbuch 1991 sowie Fachserie 11, Reihe 1, Allgemeinbildende Schulen 1991 und frühere Jahre. Zitiert nach Arbeitsgruppe Bildungsbericht, 1994, S. 201.

Sekundarstufe 1 eine integrierte Gesamtschule. Das ist zwar eine Verdoppelung gegenüber der Quote von 4,5 Prozent, die im Jahr 1984 registriert wurde; groß ist sie indessen kaum zu nennen. Die Quoten der einzelnen Bundesländer streuen weit um diesen Mittelwert. Sie erreichen nicht einmal 1 Prozent in Bayern und Baden-Württemberg, betragen aber ein Vielfaches davon in den Stadtstaaten: in Hamburg 24 Prozent, in Bremen 30 und in Gesamtberlin 57,5 Prozent (Sekretariat der Ständigen Konferenz der Kultusminister der Länder in der BRD 1994, S. XIX ff.)

Die Einführung der Gesamtschule ist zwar steckengeblieben, jedoch haben sich viele der damit verbundenen Bildungsideen in anderer Form durchgesetzt. Die Geschichte der katholischen Arbeitermädchen und ihresgleichen ist eine liberale Erfolgsgeschichte geworden, jedenfalls teilweise. (Eine instruktive Analyse dieses Kulturwandels außerhalb der Schule findet sich bei Alheit 1994, S. 200 ff.) Die vorliberalen Verhältnisse, die sich in der Ungleichheit der individuellen Schulwahl, in der Ungleichheit der individuellen Bildungschancen und in der Ungleichheit der Schulhierarchie äußerten, haben viel an Prägnanz verloren, auch wenn gewichtige Reste davon noch anzutreffen sind. Das wird zunächst deutlich am Schwinden ständischer Diskriminierung. Die Sozialforschung hat die Frage nach der Ungleichheit der Bildungschancen mit größtem Aufwand untersucht. Die in zahlreichen Studien ermittelten Daten deuten zumeist in eine ähnliche Richtung.

Der Zusammenhang zwischen religiöser Konfession und Bildung hat sich gelockert. Die Zugehörigkeit zur katholischen Konfession scheint nur noch bei den Mädchen die Bildungsbeteiligung im allgemeinbildenden Schulsystem zu mindern, während Jungen davon unberührt bleiben (Mayer/Blossfeld 1990, S. 305). Das liberale Prinzip der Trennung von Kirche und Staat ist im öffentlichen Schulwesen zwar bis heute nicht vollends verwirklicht, seine Realisierung ist jedoch vorangekommen. Die Bekenntnisschulen, die in einigen Bundesländern zum Teil erst nach dem Kriege eingeführt worden waren, wurden in den 60er und 70er Jahren aufgegeben. Lediglich die formelle Charakterisierung der öffentlichen Grund- und Hauptschulen als christliche in Niedersachsen und Nordrhein-Westfalen erinnert noch an jene Verhältnisse. Hinzu kommt die verfassungsrechtliche Garantie des konfessionellen Religionsunterrichts in den öffentlichen Schulen. Die

Bundesländer Berlin, Bremen und Brandenburg bilden dabei eine Ausnahme.
Das traditionell enge Verhältnis von Kirche und Staat, von öffentlicher Schule und kirchlichem Religionsunterricht scheint derzeit noch einmal auf in einer Forderung der Leitung der Evangelischen Kirche in Berlin-Brandenburg (Leitung der Evangelischen Kirche 1994). Danach soll auch in den öffentlichen Schulen Brandenburgs der Religionsunterricht als Wahlpflichtfach eingeführt werden. Die Kirchenleitung hält dafür, der Staat habe »ein legitimes Interesse am Religionsunterricht«. Denn »der freiheitliche säkularisierte Staat lebt von Voraussetzungen, die er selber nicht garantieren kann.« (§ 6) Damit ist zum einen gemeint, daß der Staat zu seiner Selbstreproduktion faktisch unfähig ist, und zum andern, daß er als demokratischer nicht befugt ist, Willensbildungsprozesse in der Gesellschaft zu beeinflussen. Zu seiner Bestandssicherung bietet ihm die Kirche ihre Hilfe an. Indem sie aber den Staat zum Interessenten erklärt, hypostasiert sie ihn gegenüber den Individuen als den nicht hintergehbaren Inhabern der Menschenrechte. Als Religionsinteressent wird der Staat zugleich noch einmal aufgerufen, das religiöse Neutralitätsgebot eben doch anzutasten, »der Fehldeutung der Religion als Privatsache« dürfe »nicht Vorschub geleistet werden« (a.a.O.). Auch in den Auseinandersetzungen um die Entscheidung des Bundesverfassungsgerichts um das Anbringen von Kruzifixen in öffentlichen Schulen werden die Widerstände erkennbar, die dem liberalen Prinzip der Privatisierung des religiösen Lebens entgegenstehen.

Verändert hat sich der Status der Mädchen im Bildungswesen. Ihre Benachteiligung im allgemeinbildenden Schulwesen bis zum Abitur ist bereits in den 70er Jahren verschwunden. Die Bildungsexpansion verdankte sich überhaupt in erheblichem Maße der Bildungsbeteiligung weiblicher Schüler. Die Zunahme der Schülerzahlen an den Gymnasien zwischen 1960 und 1980 ging etwa zur Hälfte auf die gestiegene Zahl der Schülerinnen zurück und nur zu einem Viertel auf die stärkere Bildungsbeteiligung der Jungen; ein weiteres Viertel war demographisch bedingt. Insgesamt sind Mädchen an Gymnasien und Realschulen heute deutlich stärker vertreten als Jungen, und entsprechend ist ihr Anteil an den Hauptschülern geringer (Köhler 1992, S. 68 ff.).
Im Jahr 1993, so berichtet das Dortmunder Institut für Schulent-

Übersicht 3:
Relativer Schulbesuch der 13jährigen und 18jährigen nach Schularten 1952 bis 1987 (Bundesrepublik Deutschland)

Jahr Geschlecht	Relativer Schulbesuch (Schüler in % der altersgleichen Bevölkerung) der 13jährigen an: Volksschulen	Sonderschulen	Realschulen	Gymnasien	Gesamtschulen	18jährigen an Gymnasien
1952						
insgesamt	79,3	2,1	5,8	11,7	x	4,9
männlich	77,9	2,5	5,4	13,1	x	6,6
weiblich	80,8	1,7	6,2	10,3	x	3,2
1960						
insgesamt	70,1	3,0	11,3	15,0	x	8,3
männlich	68,6	3,6	10,3	17,1	x	10,3
weiblich	71,6	2,5	12,3	12,8	x	6,2
1970						
insgesamt	55,3	5,2	18,5	20,4	x	10,7
männlich	55,1	6,1	16,4	21,8	x	12,5
weiblich	55,6	4,3	20,6	18,9	x	8,7
1980						
insgesamt	39,2	4,9	25,4	26,7	3,8	18,1
männlich	41,9	5,8	22,7	25,6	3,8	17,8
weiblich	36,3	4,0	28,3	27,9	3,7	18,3
1987						
insgesamt	34,9	4,7	26,1	29,0	5,2	21,3
männlich	37,4	5,7	23,8	27,8	5,3	20,9
weiblich	32,2	3,8	28,6	30,4	5,1	21,8

Quelle: Veröffentlichungen des Statistischen Bundesamtes.

Zitiert nach Köhler/ Schreier 1990, S. 131.

wicklung (IfS), haben Schülerinnen sowohl in den alten wie in den neuen Bundesländern die besseren Schulabschlüsse erworben. Traditionale geschlechtsspezifische Partikularismen haben in den Schulen an Bedeutung verloren.

Abiturientenquoten 1993

	Jungen	Mädchen
West	22,3	25,6
Ost	17,9	28,6

Ein Licht auf diesen soziokulturellen Wandel wirft auch ein Beschluß des Bundesfinanzgerichts. Es entschied 1988, daß die Kosten für die Mitgift ab sofort nicht mehr von der Steuer abgesetzt werden können. Bis dahin waren die Aufwendungen für Aussteuer und die für Berufsbildung in den Augen der Finanzbehörden noch äquivalent. Wer Auslagen für eine berufliche Bildung steuerlich nicht geltend machen wollte, konnte bei den Finanzbehörden die Mitgift in Anschlag bringen (III R 141/88).
Mit der Auflösung des ländlichen Milieus hat der alte Unterschied zwischen Stadt und Land auch in der Bildungsentwicklung seine Bedeutung verloren. Die Konzentration des landwirtschaftlichen Produktivvermögens, die Technisierung der landwirtschaftlichen Produktion sowie die kapitalintensive und rentabilitätsorientierte Betriebsführung implizierten eine kulturelle Modernisierung, die auch den bäuerlichen Nachwuchs der Welt der formalen Bildung näherbrachte (Müller/Haun 1992, S. 29). Das ›Land‹ wurde zu einem Teil der modernen Ökonomie und Kultur. Schulorganisatorisch entspricht dem die Landschulreform. Sie schloß ein, daß zunächst die alleräußerlichsten Voraussetzungen für die Einführung der Grund- und Hauptschule anstelle der überkommenen Volksschule geschaffen wurden. Dazu zählte die Verwirklichung des Jahrgangsklassensystems, das in den ländlichen Schulen bis dahin häufig noch fehlte.
So wurden zum Beispiel in Bayern zwischen 1965 und 1970 4000 Schulen geschlossen und der Bestand der Volksschulen halbiert. Der Anteil der altershomogenen Schulklassen wurde dabei von 62 Prozent auf 81 Prozent erhöht. Ähnliches vollzog sich in Nordrhein-Westfalen. Dort wurden 6000 Volksschuloberstufen zu knapp 1500 Hauptschulen zusammengefaßt. Die derart vergrößerten Schulen erlauben nicht nur die Jahrgangsgliederung,

Übersicht 4:
Anteil der Klassen mit kombinierten Schuljahrgängen an Grund- und Hauptschulen in ausgewählten Bundesländern der BRD 1966–1975

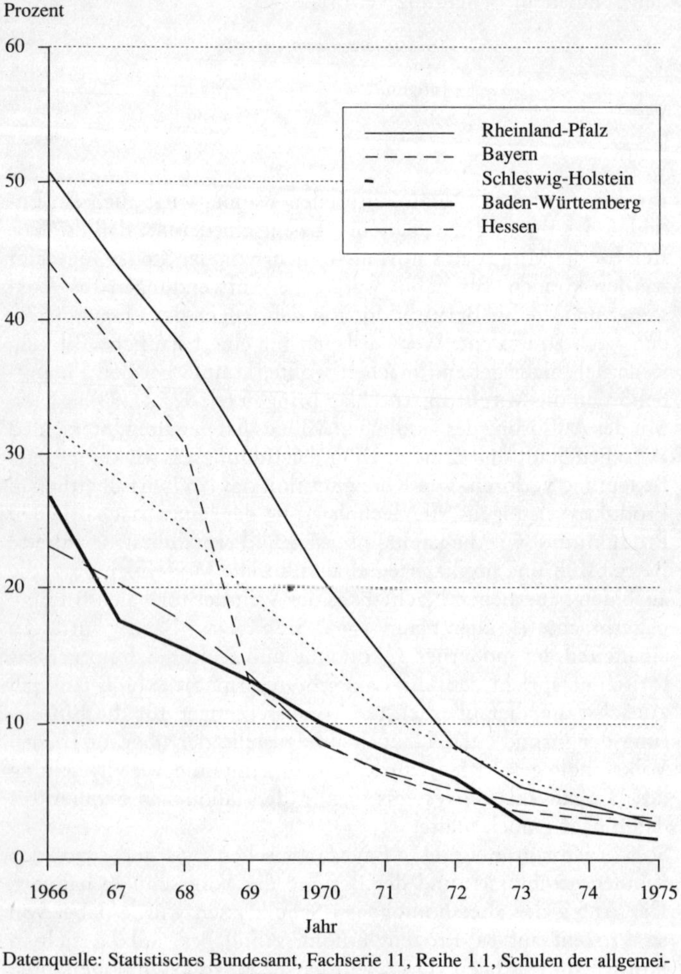

Datenquelle: Statistisches Bundesamt, Fachserie 11, Reihe 1.1, Schulen der allgemeinen Ausbildung 1975 und frühere Jahre.
Zitiert nach Arbeitsgruppe Bildungsbericht, 1994, S. 427.

sondern auch Mehrzügigkeit und entsprechend ein differenzierteres Unterrichtsangebot (Baumert 1980, S. 598).
Auch regionale Partikularismen haben an Bedeutung verloren, so daß die Schulen sich auch insofern zu einem Bildungssystem mit nationalem Charakter entwickelt haben. Darauf deutet der Verlauf der Bildungsexpansion in den alten Bundesländern hin. Zwar verläuft die Bildungsexpansion in den Ländern nicht auf einem einheitlichen Niveau. Aber gegenüber dem Bundesdurchschnitt konnten neokonservative Landesregierungen die Bildungsexpansion in ihren Ländern nicht verlangsamen und sozialdemokratische sie nicht beschleunigen. Hätten es die Landesregierungen vermocht, die jeweilige Bildungsentwicklung ihren politischen Prioritäten gemäß nachhaltig zu steuern, dann hätten sich die Bildungssysteme der einzelnen Bundesländer mit überwiegend Mitte-Rechts- beziehungweise Mitte-Links-Regierungen auseinanderentwickeln müssen. Eine eingehende Untersuchung von Köhler (1996) deutet aber auf die nationale Gleichförmigkeit der Bildungsexpansion hin. Köhler hat für einen längeren Zeitraum die länderspezifische Verteilung der Schüler über die verschiedenen Zweige der Sekundarstufe verglichen. Seine Berechnungen zeigen das folgende:

- Hauptschule: Die Länderunterschiede beim Hauptschulbesuch für die Schüler der Klasse 8 sind in Relation zum Niveau des Hauptschulbesuchs zunächst gering gewesen, haben mit der Reformperiode vorübergehend stark zugenommen und haben sich danach wieder angeglichen.
- Gymnasiale Sekundarstufe I: Entsprechendes gilt für die Länderunterschiede beim Anteil der Gymnasiasten in der 8. Klassenstufe. Dieser Indikator weist für die 80er Jahre auf einen Angleichungsprozeß hin.
- Gymnasiale Oberstufe: Beim Schulbesuch der 18jährigen an Gymnasien, Gesamtschulen und Fachgymnasien nehmen die Länderunterschiede bis Mitte der 60er Jahre ab, wachsen danach vorübergehend und nehmen ab Mitte der 80er Jahre wieder ab (a.a.O., S. 62 ff.).

Beseitigt sind regionale Disparitäten damit noch nicht. So unterscheiden sich die Anteile der Schüler, die eine Hauptschule besuchen, in den Flächenstaaten ohne ein ausgedehntes Gesamtschulangebot beträchtlich; sie betrugen im Jahr 1991 in Bayern 40,2 Prozent, in Rheinland-Pfalz 44,3 Prozent, in Baden-Würt-

temberg 38,6 Prozent, in Niedersachsen 31,7 Prozent und in Schleswig-Holstein 33,8 Prozent (BMBW 1992, S. 11). Erhebliche regionale Disparitäten kennzeichnen die Schulverhältnisse auch noch innerhalb der einzelnen Bundesländer. So zeigen Bertram/Dannenbeck am Fall Bayern, wie sehr der Gymnasialbesuch zwischen Stadt und Land und zwischen einzelnen Städten und Gemeinden variiert (Bertram/Dannenbeck 1990). Immerhin, diese Differenzen sind nur noch quantitativer Natur und viel weniger dramatisch als jene vor der Landschulreform. Ein Zusammenhang zwischen den skizzierten Bildungsentwicklungen und den bildungspolitischen Prioritäten der Landesregierungen ist nicht zu erkennen. Dem entspricht ein bildungspolitisches Resümee von Friedeburgs: »Der Strukturwandel des Schulbesuchs vollzieht sich in der BRD weitgehend unberührt von den Konjunkturzyklen in der Wirtschaft und in der Politik. Alle Versuche konservativer Landesregierungen, ihm von Staats wegen zu begegnen... blieben erfolglos.« (v. Friedeburg 1993, S. 476)
Der Modernisierungsprozeß scheint allein die berufliche Statusordnung und deren Einfluß auf die Bildungsbeteiligung ausgespart zu haben.

Die Autoren zahlreicher Studien stimmen darin überein, daß die schichtenspezifische Ungleichheit im Zugang zu weiterführenden Bildungseinrichtungen gleichgeblieben ist oder jedenfalls nicht wesentlich abgenommen hat. So formuliert Meulemann bündig: »Die Bildungsexpansion hat stattgefunden, aber sie hat die Ungleichheit der Bildungschancen nicht vermindert. Als Instrument einer Politik der Verminderung von Chancenungleichheit war die Bildungsexpansion erfolglos.« (Meulemann 1992, S. 148) Der Anteil der Arbeiterkinder, die ein Gymnasium besuchen, stieg von 6,3 Prozent im Jahr 1972 auf 11,2 Prozent im Jahr 1985. Seitdem ist diese Quote stabil. Der entsprechende Anteil der Beamtenkinder erhöhte sich von 45,7 Prozent auf 58,7 Prozent und der der Angestelltenkinder von 36,1 Prozent auf 44,3 Prozent. Etwas erfolgreicher waren die Arbeiterkinder im Vergleich zu den übrigen in der Realschule. Ihr Anteil erhöhte sich von 16,3 Prozent auf 24,8 Prozent, derjenige der Beamtenkinder von 22,5 Prozent auf 23,1 Prozent und der der Angestelltenkinder von 24,5 Prozent auf 29,4 Prozent (Hansen/Rolff 1990; ähnlich Blossfeld 1990; Handl 1985; Köhler 1992; Mayer 1991; optimistischer Müller/Haun 1992; Ditton 1992).

Übersicht 5:
Oberprimaner im Deutschen Reich 1931 und in der Bundesrepublik Deutschland nach sozialer Herkunft 1965 bis 1989 (in Prozent)

Soziale Stellung des Familienvorstandes	Schüler in Klasse 13 des Gymnasiums		17- und 18jährige am Gymnasium			
	Deutsches Reich	Bundesrepublik	Bundesrepublik			
	1931	1965	1970	1976	1980	1989
Selbständige	39,9	30,7	21,1	21,6	19,9	16,0
Landwirte	6,5	3,1				
Handel- und Gewerbetreibende	23,0	15,1				
Freie Berufe ohne akademische Bildung	3,6	2,4				
Freie Berufe mit akademischer Bildung	6,8	10,1				
Beamte	42,9	27,6	21,0	16,9	15,8	17,3
Untere Beamte	5,1	4,1				
Mittlere Beamte	24,8	10,2				
Höhere Beamte	11,2	11,3				
Offiziere, Militärspersonen	1,8	2,0				
Angestellte	10,9	32,1	37,3	36,9	37,9	41,7
Arbeiter	4,4	6,4	12,7	15,4	18,0	16,5
Sonstige	2,0	3,3	7,8	9,2	8,5	8,5
Insgesamt	100,0	100,0	100,0	100,0	100,0	100,0

Quelle: Reichsministerium des Innern, Jahrbuch für das höhere Schulwesen 1931/32, S. 256 ff.; Statistisches Bundesamt, Wirtschaft und Statistik, 11.9.1967, S. 520 ff.; Sonderauswertung aus dem Mikrozensus für das Max-Planck-Institut für Bildungsforschung.

Zitiert nach Köhler 1992, S. 78.

Daß die schichtenspezifischen Bildungschancen immer noch um den gleichen Faktor differieren, scheint also ausgemacht. Man kann diesen Befund aber auch im Sinne eines Liberalisierungserfolgs resümieren. Es versteht sich ja keineswegs von selbst, daß die Arbeiterkinder ihren Anteil an den Schülern in weiterführenden Bildungseinrichtungen haben halten können. Wenn es zutrifft, daß die Schulkultur der schichtenspezifischen Subkultur der mittleren sozialen Schichten nähersteht als der der Arbeiterschaft, dann wäre soziologisch zu erwarten, daß die schichtenspezifische Ungleichheit der Bildungschancen zu Lasten der Kinder aus den unteren sozialen Schichten zugenommen hätte, als sich deren bürgerliche Alterskameraden zu weiterführenden Bildungskarrieren entschlossen. Denn ersteren stehen massive kulturelle Hindernisse entgegen, während es bei letzteren eines nur geringen Anstoßes bedarf, um einen Entschluß für eine weiterführende Bildung zu fassen. Da sich die partikularistischen Orientierungen weitgehend aufgelöst haben, die mit der Konfessionszugehörigkeit, den Geschlechtsrollen, den Differenzen zwischen städtischem und ländlichem Milieu und regionalen Partikularismen verbunden waren, erscheint es nicht plausibel, daß die schichtenbedingten Einstellungen zur weiterführenden Bildung unverändert geblieben sein sollen. Entsprechendes gilt für die Entwicklung der Schulkultur. Was die Gymnasien angeht, so deutet schon deren quantitative Entwicklung auf einen Abbau ständischer Distinktion. Die elitären Anstalten von einst ermöglichten einem überschaubaren und häufig persönlich vertrauten Kreis von Kindern der oberen Mittelschicht ein standesgemäßes Aufwachsen. Man kann davon ausgehen, daß sie ständische Qualifikation eher besiegelten als vermittelten. Damit ist aber kaum mehr zu rechnen, wenn Gymnasien zu den Schulen des Volkes werden.
Die neokonservative Auffassung von der begabungsbedingten Bildungsresistenz des deutschen Volkes wurde also durch die Bildungsexpansion praktisch widerlegt. Die alten ständischen Vorbehalte finden sich noch in der Befürchtung, die Bildungsexpansion habe das Bildungsniveau in Gefahr gebracht. Was immer unter der Metapher des Bildungsniveaus zu verstehen ist, wissenschaftliche Untersuchungen bestätigen derartige Befürchtungen nicht. Eine eingehende Bestandsaufnahme von Ingenkamp kommt zu dem Ergebnis, die »wenigen, methodisch zumeist unzureichenden Untersuchungen können die häufig geäußerten Kla-

gen über den Leistungsabfall weder stützen noch widerlegen« (Ingenkamp 1986, S. 1). Köhler hat untersucht, ob Hochschulstudenten aus den einstmals bildungsfernen Sozialmilieus unter den Studienabbrechern an den Hochschulen stärker repräsentiert sind als jene Studenten, deren Herkunft schon immer ein Hochschulstudium nahelegte. Würden erstere häufiger als andere scheitern, könnte man das als Hinweis auf Leistungsschwächen und auf Gefahren für das ›Niveau‹ interpretieren. Bekanntlich verdankt sich die Hochschulexpansion vor allem der zunehmenden Zahl weiblicher Studierender und solcher aus Arbeiterfamilien. Daten des Statistischen Bundesamtes ergeben jedoch, daß weder weibliche Studierende noch solche aus Arbeiterfamilien unter den Studienabbrechern überrepräsentiert sind. Man kann daraus folgern, daß es ihnen an Studierfähigkeit nicht fehlt und daß sie folglich das Leistungsniveau nicht in Gefahr bringen (Köhler 1992).

Im folgenden soll nach den schulischen Binnenverhältnissen gefragt werden, die an die Stelle der sich auflösenden ständischen getreten sind. Vor allem zwei miteinander verknüpfte Entwicklungstendenzen sind hier bedeutsam. Die eine betrifft die Beschaffenheit des Schulstoffs und die andere die ihm zugrunde liegenden institutionellen Strukturen von Schule und Unterricht. Die Unterrichtsstoffe haben in allen Bereichen der Allgemeinbildung wissenschaftlichen Charakter angenommen, und unter den strukturellen Veränderungen der Schulorganisation stechen jene hervor, die Lehrern und Schülern ein höheres Maß an Unabhängigkeit verschafft haben. Dazu hat nicht zuletzt die Verrechtlichung des Schulwesens beigetragen. Verwissenschaftlichung und Verrechtlichung des Bildungswesens sind in heftigen sozialen Konflikten vorangekommen, die bis heute anhalten.

Verwissenschaftlichung der Bildung

Die Verwissenschaftlichung der Bildung bewirkt dreierlei: die Überwindung der überkommenen ständischen Differenzierungen im Bildungskanon, die Überwindung seines konventionellen Charakters und schließlich die Öffnung von Übergängen zwischen den unterschiedlichen Schulformen, so daß die Schüler über ihre Bildungskarrieren in höherem Maße gemäß individueller

Eignung und Neigung entscheiden können. Diese Entwicklungstendenzen sind in einer Fülle von Einzelschritten vorangekommen, auch wenn sie bis heute unvollendet geblieben sind. Nicht zuletzt ergaben sich Veränderungen der Curricula im Zusammenhang mit Anstrengungen »zur Integration der traditionellen Schultypen, das heißt zur Angleichung der Bildungswege in rechtlicher und inhaltlicher Hinsicht« (Waterkamp 1981, S. 281). Einen Eindruck vom reformerischen Impetus, der auch die Curriculumentwicklung betraf, vermittelt eine Zwischenbilanz von Knab (1981, S. 177ff.). Danach waren in den Universitäten, in Forschungsinstituten und im Zusammenhang mit Schulversuchen zahlreiche Curriculum-Entwicklungsprojekte entstanden. Zugleich wuchs die Zahl der Lehrplankommissionen. Im Jahr 1979, so berichtet Knab, zählte der Verband der Schulbuchverlage 600 voneinander unabhängige Lehrplankommissionen. Dieses Engagement münzte sich in neue Lehrpläne beziehungsweise Richtlinien um, die in allen Bundesländern entstanden. Sie betrafen alle Fächer und alle Schularten. Begleitet war diese Reform von der Produktion neuer Schulbücher und Unterrichtsmaterialien.
In der Struktur der Lehrplankommissionen haben sich seit den frühen 70er Jahren einige Veränderungen ergeben. Sie stehen in einem Zusammenhang mit der Verwissenschaftlichung der Curricula aller Schultypen und damit mit deren Angleichung. Verändert haben sich vor allem die Kommissionen für die Hauptschullehrpläne. Ihre Mitglieder, zumeist Lehrer, wurden seitdem zunehmend aus dem Hauptschulbereich rekrutiert, während bis dahin auch Gymnasiallehrer an der Lehrplanarbeit für die Hauptschule beteiligt waren. In den Lehrplankommissionen arbeiten überhaupt fast ausschließlich Lehrer. Ihre überwiegende Tätigkeit besteht in Unterricht, daneben sind sie häufig in der Ausbildung angehender Lehrer und in der Verwaltung engagiert (vgl. dazu und zum folgenden Haft/Hopmann 1987; Menck 1987). Die Repräsentanz von Wissenschaftlern in den Lehrplankommissionen hat dagegen abgenommen. Fast alle Kommissionsmitglieder haben das Fach, für das sie einer Kommission angehören, in der Lehrerausbildung studiert. Damit ist das Fachprinzip in der Lehrplanarbeit angesprochen. Es hat sich seit den 70er Jahren vollständig durchgesetzt. Fächerübergreifende Kommissionen kommen nur noch dort zustande, wo dies im Stundenplan der Schulart vorgesehen ist. Doch auch in diesen Kommissionen scheinen die

Zuständigkeiten intern nach Fächern aufgeteilt zu sein. Die Arbeit der Fachkommissionen richtet sich in der Regel auf jeweils ein Fach einer oder mehrerer Schularten. Die Lehrplanarbeiten für verschiedene Schularten sind in einigen Ländern so weit angeglichen, daß die Fachplanungen für die Schulen der Sekundarstufe I in der Regel schulartübergreifend in einer Kommission zusammengefaßt werden. Wo an schulartspezifischen Kommissionen festgehalten wurde, werden diese jeweils gleichzeitig eingesetzt und können miteinander kooperieren.
Die Lehrplanarbeit orientiert sich vor allem an Schulpraxis und Wissenschaft. »Nicht also das gesellschaftlich verfügbare Wissen, sondern das vom bzw. für das System Schule bereits ausgewählte Wissen, steckt den Horizont ab, innerhalb dessen die Inhalte der Lehrpläne ausgewählt werden.« (Menck 1987, S. 375) Die soziale Distanz der Lehrplanarbeit zur außerschulischen Welt ist also beachtlich. Man kann das als eine Voraussetzung dafür verstehen, daß Lehrer gegenüber gesellschaftlichen Qualifikationsansprüchen geschützt sind und ihre Arbeit insofern in professioneller Autonomie orientieren können. Dabei ist der Forderung nach mehr Schulnähe durch die schulpraktische Ausrichtung und Rückkoppelung der Lehrplanarbeit Rechnung getragen worden. Der Forderung nach Verwissenschaftlichung entspricht die Einrichtung der Landesinstitute. Demokratisierungsbestrebungen kommen Anhörungs- und Beteiligungsrechte entgegen (Haft/Hopmann 1987, S. 383).
Die Angleichung der Curricula von Hauptschule, Realschule und Gymnasium wurde nicht zuletzt mit der Einführung der Förderstufe beziehungsweise Orientierungsstufe und in geringerem Umfang auch mit der Einführung der integrierten Gesamtschule zu einer bildungspolitischen Notwendigkeit (vgl. dazu und zum folgenden Leschinsky/Roeder 1980). Denn Übergänge zwischen den drei Zweigen der Sekundarstufe I lassen sich nach herrschender Meinung nicht öffnen, wenn ihre Curricula nicht aufeinander abgestimmt sind. Hinzu trat das Bestreben, die Abschlüsse der Sekundarstufe I zu vereinheitlichen. So wurden die Stundentafeln zu Beginn der 70er Jahre weitgehend aufeinander abgestimmt. Bereits der Deutsche Ausschuß war davon ausgegangen, daß eine sogenannte fundamentale Grundbildung »in der Regel Fachunterricht an sachlich differenzierten Inhalten fordert« (Deutscher Ausschuß 1964, S. 386). Naturwissenschaftlicher und sozialwis-

senschaftlicher Fachunterricht ersetzte in den Hauptschulen die überkommene Natur- und Heimatkunde. Englisch wurde als Pflichtfremdsprache eingeführt und Arbeitslehre als ein besonderer Unterrichtsbereich. Um dem Gesichtspunkt der Gleichwertigkeit der mittleren Abschlüsse zu genügen, wurde die Pflichtschulzeit auf neun und in einigen Bundesländern sogar auf zehn Schuljahre ausgedehnt.
Die Einführung des Fachunterrichts ging einher mit der Akademisierung der Lehrerausbildung. Die verschiedenartigen Ausbildungsanstalten für Volksschullehrer wurden in einigen Bundesländern zu Pädagogischen Hochschulen ausgebaut, in anderen wurde die Lehrerbildung zur Sache der Universitäten. Partikularistische Organisationsprinzipien verloren in diesem Prozeß ihre Bedeutung, vor allem die geschlechtsspezifischen und konfessionellen. Der Status der Hauptschullehrer näherte sich dem der gymnasialen Lehrer an. Er verschaffte ihnen ein höheres Maß an Unabhängigkeit von lokalen Autoritäten. Die Verwissenschaftlichung der Lehrerausbildung ging einher mit Veränderungen in der Rolle der Ausbilder der Lehrer. Wurde die Lehrerausbildung bis dahin noch zu einem erheblichen Teil von erfahrenen ›Lehrerbildnern‹ bestritten, so traten an deren Stelle zunehmend Hochschulabsolventen, darunter solche mit Promotion und Habilitation. Statt partikularistischer Erfahrung von Praktikern wurde so die wissenschaftliche Kultur der Universität zur Grundlage der Ausbildung auch der nicht-gymnasialen Lehrer. Die Ausbildungsgänge für die verschiedenen Lehrämter glichen sich weitgehend an; verbliebene Differenzen betreffen lediglich Umfang und quantitative Relationen fachwissenschaftlicher und erziehungswissenschaftlicher Studienanteile. Die Unterscheidung von Theorie und Praxis des Lehrens ist mit der Trennung der ersten und zweiten Ausbildungsphase institutionalisiert. Das geschah in Hessen ab 1966/67, in Hamburg und Bayern 1970/71, in Bremen 1973/74, im Saarland und in Niedersachsen 1978/79.
Die Akademisierung der Lehrerausbildung war mit Konflikten verbunden. Sie entstanden zwischen den Vertretern der Wissenschaft und jenen der Praxis. Während sich die einen gegen unterstellte Bornierungen der überkommenen Ausbildung wandten, wiesen die anderen darauf hin, daß die Praxis von Lehrern durch wissenschaftliche Begriffe nicht abgedeckt werden kann, sondern an entscheidender Stelle immer auch ein Moment persönlichen

Engagements enthält, etwas, das nicht anders als durch Praxis kultiviert werden kann. In diesen Auseinandersetzungen verfügten beide Seiten über triftige Argumente. Die überkommene Praxis des Unterrichts war, wie weiter oben schon gezeigt wurde, in vielen Hinsichten tatsächlich borniert, und es lag deswegen nahe, mit ihr zu brechen. Auf der anderen Seite geht aber auch der Glaube in die Irre, der Unterricht könnte mit wissenschaftlichem Regelwissen erfolgreich durchgeführt werden. Wenn man davon ausgeht, daß das Hochschulstudium Erfahrung mit den formalen kognitiv-moralischen Normen der wissenschaftlichen Kultur vermittelt und sich nicht im Einüben von Fachwissen erschöpft, dann erscheinen beide Positionen im Grunde als ähnlich. Die praktische Ausbildung stand ohnehin nicht in Frage.

Mit der Einführung der Orientierungsstufe schritten Verwissenschaftlichung und Angleichung der Curricula von Bremen bis Bayern voran. Die landesspezifischen politischen Verhältnisse hatten dabei nur zufällige Bedeutung. Reformen scheiterten zunächst zum Beispiel im sozialdemokratisch regierten Nordrhein-Westfalen am Volksbegehren gegen die kooperative Gesamtschule und hatten gleichzeitig im CDU-regierten Niedersachsen Erfolg (Raschert 1980, S. 115). Die Reform der Hauptschule hat in allen Bundesländern zu ähnlichen institutionellen Formen geführt, aber man kann kaum sagen, diese seien das Produkt politischer Entscheidung. Als die KMK im Jahr 1969 ihren Beschluß zur Reform der Hauptschule verabschiedet hatte und die Bund-Länder-Kommission im Jahre 1973 ihre Empfehlung zur allgemeinen wissenschaftlichen Orientierung der Grundbildung in allen Stufen der Sekundarstufe I, da hatte sich die Autorität der Wissenschaft in der Schule bereits weitgehend durchgesetzt. Der »Konsens in den bildungspolitischen Absichtserklärungen beruhte faktisch auf einer Situation, in der das Verhältnis von Programm und Realisierung in gewissem Maße umgedreht war« (Leschinsky/Roeder 1980, S. 319). Die Empfehlungen brachten nur zum Ausdruck, was in den Bundesländern zumeist schon realisiert war. Und nur weil man in der KMK wußte, daß aus diesen Empfehlungen kaum noch etwas folgen konnte, schien es vertretbar, ihnen zuzustimmen und sie verabschieden zu lassen.

Der Prozeß der Verwissenschaftlichung ist überhaupt auf einzelne ursächliche Faktoren nicht zurückzuführen; er ist Ausdruck eines generellen sozialkulturellen Wandels. Mit der Verwissenschaftli-

chung des Hauptschulunterrichts zum Beispiel verbanden sich ganz unterschiedliche, ja gegensätzliche bildungspolitische Interessen. Die Kontrahenten stimmten aber darin überein, daß ihr jeweiliges Anliegen dann am besten durchgesetzt werden könnte, wenn es mit dem Gesichtspunkt der Wissenschaftlichkeit zur Deckung gebracht würde. So schien die Verwissenschaftlichung der Curricula den Progressiven geeignet, die Barrieren im dreigliedrigen Bildungssystem zu schleifen. Die curriculare Integration der Sekundarstufe I war nur realisierbar als Angleichung der Hauptschule an die wissenschaftlich orientierten Realschulen und Gymnasien. Aber auch die Anwälte des dreigliedrigen Bildungssystems setzten auf die Verwissenschaftlichung der Hauptschulcurricula. Die Hauptschulen sollten attraktiver gemacht werden, um die Zahl ihrer Schüler zu stabilisieren. Ihre Attraktivität konnte aber auch in neokonservativen Augen in nichts anderem bestehen als in Wissenschaftlichkeit. So versuchte man, die Hauptschulen zu stabilisieren um den Preis der Auflösung ihrer überkommenen vorwissenschaftlichen Bildungsprinzipien. Über den Wert der Wissenschaftlichkeit hat sich also ein weitgehender gesellschaftlicher Konsensus hergestellt.
Die Verwissenschaftlichung der Curricula war auch in den Gymnasien noch nicht abgeschlossen. 1972 verabschiedete die Kultusministerkonferenz ihre Saarbrücker Empfehlung zur Reform der gymnasialen Oberstufe. Sie wurde bis 1978 in allen Bundesländern durchgesetzt. Seitdem gelten die Unterrichtsfächer in höherem Maße als gleichwertig. Es gewann also eine normative Vorstellung aus der Universität an Gewicht: die Universität hatte schon früher darauf verzichtet, ihren Disziplinen unterschiedliche Würde zuzuschreiben. Damit wurde die Bedeutung von Bildung als Element ständischer Qualifikation relativiert, die das Gymnasium ganz im Gegensatz zu von Humboldts Reformideen noch tradiert hatte. Die Annäherung an die wissenschaftliche Kultur manifestiert sich in den Schulen – auch in den Hauptschulen – darin, daß die Zahl der obligatorischen Fächer verringert und die Gewichte der einzelnen Fächernoten angeglichen wurden. Dies und die Freiheit der Fächerwahl ist Ausdruck davon, daß materiale Bildungsbegriffe allmählich an Autorität verlieren. Es kommt weniger auf die Inhalte der Unterrichtsgegenstände an als auf die Kultivierung der Formen ihrer Aneignung. Die Schüler sollen lernen, sich methodisch kontrolliert mit der Welt ausein-

anderzusetzen, und zwar nach Maßgabe ihrer eigenen Interessen. Diese gelten nicht mehr als festliegend, sondern die Schüler sollen sie selbstbewußt in diesem Aneignungsprozeß entwickeln können.

Die Wissenschaftsorientierung des Unterrichts provoziert bis heute Kritik. Bildung werde zu abstrakt und spezialistisch, lasse es an der Vermittlung kultureller Normen fehlen, auf die die Integration der Gesellschaft angewiesen sei, und sie käme den expressiven Bedürfnissen der jungen Leute zu wenig entgegen. Diese Bedenken liegen nahe, wenn unter wissenschaftlichem Unterricht die Vermittlung objektiven Fachwissens verstanden wird. Er erscheint dann der Ergänzung um Werterziehung bedürftig. Im Widerstand gegen die Definition einzelner Unterrichtsfächer als Haupt- oder Nebenfach und gegen die Freiheit der Fächerwahl kommt die gesellschaftliche Autorität zum Ausdruck, die dem Fachwissen noch zugemessen wird. So wird dem wissenschaftlichen Universalismus das Bemühen um ›klarere pädagogische Profile‹ der einzelnen Schultypen entgegengestellt und dem wissenschaftlichen Formalismus das Engagegement für materiale Bildungsinhalte. Die Verwissenschaftlichung der Bildung, auf die sich die Gesellschaft geeinigt hat, schließt die Vermittlung kultureller Normen und die Kultivierung der expressiven Bedürfnisse jedoch notwendigerweise immer schon ein. Das wissenschaftliche Argumentieren ist ethisch höchst implikationenreich. Es verlangt Autonomie im Umgang mit den eigenen Impulsen und mit äußeren Mächten, von denen suggestiver Einfluß ausgehen kann. Es verlangt Eigenverantwortlichkeit angesichts von Ungewißheit und die Anerkennung anderer als gleicher. Diese kulturellen Normen in der Unterrichtspraxis vorzuleben, ist mehr und mehr zum Inhalt der Berufsaufgabe von Lehrern geworden. Ethisch höchst implikationenreich ist aber auch das Fachwissen. Es ist Ausdruck der bürokratischen Kultur und ihres vorliberalen normativen Gehaltes, der dem Wertmuster der Eigenverantwortlichkeit entgegensteht. Der wissenschaftliche Unterricht bedarf gewiß eines Gegenstandes. Es ist jedoch eine andere Sache, die Schüler zur Aneignung eines bestimmten, im vorhinein festgelegten Inhaltes per Dekret veranlassen zu wollen. Derartige Vorschriften vermitteln ihnen die Erfahrung, daß ihre eigenen Interessen sekundär sind, also das, dessen Kultivierung für den einzelnen und die liberale Ordnung als entscheidend gilt.

Wenn man davon ausgeht, daß bestimmten Gehalten der Curricula bestimmte sozialstrukturelle Kommunikationsformen zwischen Lehrern und Schülern entsprechen, dann kann man die beiden hier unterschiedenen Typen der Verwissenschaftlichung mit zwei Formen in Zusammenhang bringen, die die Verrechtlichung der Schule annehmen kann. Verrechtlichung kann in Bürokratisierung des Lehrer-Schüler-Verhältnisses resultieren und trägt dann zur Konstitution der Unterrichtsinhalte als Fachwissen bei. Sie kann zwischen beiden aber auch Verhältnisse wechselseitiger Anerkennung begründen und entspricht dann der Wissenschaftsorientierung im Sinne formaler kognitiv-moralischer Disziplin. Was hier begrifflich unterschieden und in einen theoretischen Zusammenhang gebracht wird, bildet im Schulalltag ein widersprüchliches Nebeneinander.

Mitte der 50er Jahre hatte Becker kritisiert, die Schule organisiere Erziehung als staatliche Dienstleistung und habe sich dabei »immer mehr zur untersten Verwaltungshierarchie entwickelt; sie steht heute auf einer ähnlichen Stufe des Verwaltungsaufbaus wie das Finanzamt, das Arbeitsamt, die Ortspolizei und in einem deutlichen Gegensatz zur Selbstverwaltung der Ortsgemeinde« (Becker 1956, S. 51). Damals waren die Schulen rechtlich noch als ›besonderes Gewaltverhältnis‹ geordnet, ein juristisches Relikt der absolutistischen Staatsgewalt, dem auch die Organisation des Militärs und des Strafvollzugs folgte. Das besondere Gewaltverhältnis bringt die Vorstellung zum Ausdruck, der Staat handle in den derart organisierten Bereichen nicht in rechtlich beachtlicher Weise. Da dieser Auffassung zufolge innerschulische Maßnahmen die Rechte des einzelnen nicht berühren konnten, war auch deren gerichtliche Überprüfung nicht vorgesehen, und ebensowenig bedurften sie der parlamentarischen Gesetzgebung. Der Gesetzesvorbehalt, unter dem das staatliche Handeln steht, galt in der Schule nicht (Laaser 1980; Fauser 1986).

Das besondere Gewaltverhältnis bedeutete nicht, daß im Schulleben Willkür geherrscht hätte. Es gewann vielmehr Struktur durch Reste von Tradition, Konventionen, Gepflogenheiten, bewährten Routinen usw. Insofern waren die Schulen nur in abstrakter Weise rationale Staatsanstalten. Das Bildungswesen stand zwar seit je unter der Aufsicht des Staates, wie es auch der Artikel 7,

Abs. 1, des Grundgesetzes vorsicht, aber die Reichweite der Politik war so begrenzt wie die Wirkungen der formalen Bürgerrechte angesichts des Beharrungsvermögens der überkommenen Lebensverhältnisse. Mit der Verrechtlichung gewannen die Schulen eine neue Struktur und Legitimitätsgrundlage. Der traditionale Autoritätsglaube wich der liberalen Auffassung, daß als legitim anzusehen ist, was in rechtlich korrekter Form entschieden worden ist. Erst mit dieser Veränderung wird demokratische Bildungspolitik möglich. Die formale Legitimitätsgrundlage erlaubt es, prinzipiell jedes Element des Schulwesens zur Disposition zu stellen und zum Inhalt von Veränderungen zu machen. Die Verrechtlichung der Schule ist eine unabdingbare Voraussetzung ihrer Demokratisierung. Andererseits gilt aber auch, daß sie ihre Bürokratisierung möglich macht.
In bürokratietheoretischer Perspektive hatte gegen Ende der 70er Jahre Frankenberg den Verrechtlichungsprozeß der Schulen untersucht. Anstatt die Rechte der Schüler zu stärken, so der zentrale Befund, ordne das Schulrecht lediglich ›die Rechte am Kind‹ zwischen dem Staat und den anderen jeweils in Frage kommenden Erziehungsmächten neu. Im Namen eines aus der Schultradition und aus der Schulaufsicht (Art. 7, I GG) hergeleiteten ›Erziehungsauftrags‹ und eines Wächteramtes über die Erziehung in der Familie trete der Staat dem ›natürlichen Recht der Eltern‹ (Art. 6, II GG), den Einflußrechten der Kirchen (Art. 7, III GG) und den Selbstverwaltungs- und Ausbildungsrechten der privaten Wirtschaft entgegen. Die Subsumtion der Erziehung unter das Medium Recht erzeuge die »abstrakte Zusammenfassung der am pädagogischen Prozeß Beteiligten als individualisierte Rechtssubjekte in einem Leistungs- und Konkurrenzsystem. Die Abstraktheit besteht darin, daß die schulrechtlichen Normen – ohne Ansehen der betroffenen Personen und ihrer Bedürfnisse und Interessen – gelten, deren Erfahrungen abschneiden und deren Lebenszusammenhänge auftrennen.« (Frankenberg 1978, S. 217)
Die an Parlamentarismus und Betriebsverfassungsgesetz orientierten Partizipationsmöglichkeiten führen formale Organisationsmittel in die Schule ein. Insofern, so hat Knab kritisiert, wirkten sie den Absichten entgegen, um derentwillen sie eingerichtet wurden. Statt Schülern, Lehrern und Eltern Möglichkeiten autonomer Mitwirkung zu verschaffen, unterwürfen sie alle einem bürokratischen Netz, dessen formale Kompetenzabgrenzun-

gen und Kooperationsregelungen Initiativen auch lähmen. »Quasi-Parlamentarisierung und Bürokratisierung schaukeln sich in den Schulen wechselseitig hoch, und diese Bearbeitungsformen prägen auch die Materie, um die es jeweils geht: Schule als pädagogische Kultur kann nicht nur in einer von außen kommenden Erlaßflut ertrinken, sie kann auch am selbsterzeugten Regel- und Instanzenbedarf ersticken.« (Knab 1987, S. 250) In dem Maße, in dem überkommene Konventionen im Umgang zwischen Lehrern und Schülern an Autorität verlieren und durch bürokratische Rechtsvorschriften ersetzt werden, in dem Maße nimmt die Fremdbestimmung beider zu. Einer Erziehung zur Mündigkeit ist beides abträglich. Schulen, die – wie Habermas im Anschluß an Frankenberg feststellt – »funktional notwendig auf eine soziale Integration über Wertnormen und Verständigungsprozesse angewiesen sind«, dürfen nicht »den Systemimperativen der eigendynamisch wachsenden Subsysteme Wirtschaft und Verwaltung ... verfallen und über das Steuerungsmedium Recht auf ein Prinzip der Vergesellschaftung umgestellt ... werden, das für sie dysfunktional ist« (Habermas 1981, S. 547).
Die pädagogische Interaktion darf gewiß den eigendynamisch wuchernden Systemimperativen nicht unterworfen werden. Empirisch ist jedoch zweierlei in Betracht zu ziehen. Verrechtlichung kann, selbst wenn sie bürokratischen Charakter hat, Möglichkeiten verständigungsorientierten Handelns auch erweitern. Denn die Schulen waren vor der Einführung bürokratischer Strukturen keineswegs Domänen freier Kommunikation. Bürokratische Rechtsvorschriften gewähren – anders als die brüchig gewordenen Konventionen – den am Schulleben Beteiligten immerhin Erwartungssicherheit und können ihre Beziehungen insofern auch entlasten. Im Auge zu behalten ist aber vor allem, daß die Verrechtlichung des Bildungswesens nur teilweise bürokratischen Charakter hat. Im Zusammenwirken mit gesamtgesellschaftlichen Liberalisierungstendenzen hat sie Schülern, Lehrern und Eltern eine unabhängigere Stellung verschafft und damit Möglichkeiten verständigungsorientierten Handelns vor allem erweitert.
Den ersten wesentlichen Schritt zur Verrechtlichung des Schullebens vollzog das Bundesverwaltungsgericht im Jahr 1954 mit der Entscheidung, daß Maßnahmen, die pädagogisch gemeint und begründet sind, gerichtlicher Überprüfung zugänglich sind. Diese Entscheidung ist Ausdruck dessen, daß immer weniger Elemente

des Schullebens sich von selbst verstanden und von den Beteiligten unbefragt akzeptiert wurden. So waren Eltern und Schüler in den 50er Jahren immer häufiger bereit, mit der Schule über Versetzungs- und ähnliche Maßnahmen zu streiten. Sie machten zunehmend von der Schule als zentralem Zuteilungsinstrument für Lebenschancen Gebrauch. Dabei steht für Schüler und Eltern zuviel auf dem Spiel, als daß sie Schulurteile, mit denen sie nicht einverstanden sind, einfach auf sich beruhen lassen könnten. Sicher hatte auch die bildungsökonomische Diskussion an dieser Reorientierung teil. Denn sie hatte die Bedeutung der Schulen für das individuelle Berufsschicksal der Öffentlichkeit immer wieder vor Augen geführt. Ging es zunächst nur um Versetzungen und Prüfungen, so wurden alsbald auch einzelne Zeugnisnoten und sogar die Bewertung einzelner Klassenarbeiten zur gerichtlichen Überprüfung zugelassen. Das war nur folgerichtig, denn für den individuellen Werdegang sind sie ebenfalls relevant. Vermutlich hat diese Entwicklung dazu beigetragen, daß Lehrer, wie unten noch ausführlicher gezeigt wird, ihre Benotungs- und Selektionsentscheidungen heute vorsichtiger treffen. Sie neigen immer seltener dazu, ihre Schüler eine Klasse wiederholen zu lassen und den Absolventen den ordentlichen Abschluß zu verweigern. Selbst wenn ihre Vorsicht nur taktisch motiviert wäre, so kommt sie im Effekt der pädagogischen Interaktion im Sinne einer Bildung des Bürgers doch zugute.

Die Gerichte haben auch bildungspolitische Konflikte geregelt, die von erheblicher Auswirkung auf die Struktur des Schulwesens waren. So hatte das Bundesverwaltungsgericht Mitte der 50er Jahre entschieden, daß eine positive Auslese der Schüler durch die Schulen unzulässig sei. Den Schulen sei nur gestattet, Mängel der Schüler festzustellen, die die Betreffenden für den Besuch weiterführender Schulen als ungeeignet erscheinen ließen. Dieses Urteil bekräftigte zwar das liberale Elternrecht, gewann unter den damaligen Verhältnissen aber eine vorliberale Wirkung. Denn die kulturelle Distanz zu weiterführenden Schulen war bei der Mehrheit noch beträchtlich. »Die Schulen sollten grundsätzlich daran gehindert werden, Kinder bildungsunwilliger Eltern, die zumeist bildungsfernen Gruppen angehörten, in deren eigenem Interesse, aber in gesamtgesellschaftlicher Absicht zu fördern.« So beschreibt v. Friedeburg die damalige bildungspolitische Situation, wie sie sich in einer bestimmten oppositionellen Sicht darstellte.

Den kritisierten Neokonservativen stellte sich die Kritik an der sogenannten Bildungsfeindlichkeit der unteren Schichten und die beanspruchte Anwaltschaft für gesamtgesellschaftliche Absichten als Angriff auf Elternrecht und Abendland dar, als »Gefahr einer vollkommen sozialistischen Aushöhlung des Elternrechts auf einen Schlag«, so ein niedersächsischer Staatssekretär (zitiert nach v. Friedeburg 1993, S. 300). Die Frage, ob staatliche Bildungsanstalten kompetenter über die Interessen der Kinder entscheiden können als die ›bildungsunwilligen Eltern‹, und was unter von Friedeburgs Begriff der ›gesamtgesellschaftlichen Absicht‹ zu verstehen sei, bedarf hier keiner Erörterung; sie hat sich von selbst erledigt. Die Bildungsexpansion war bereits zu Beginn der 50er Jahre auf der Grundlage der Individualrechte in Gang gekommen, lange bevor Wissenschaft und Politik den Bildungsnotstand erklärt hatten.

Die Vorstellung, daß die Entwicklung des einzelnen durch die Schule gefördert werden könne und zu fördern sei, fand im Jahr 1972 eine Bekräftigung durch das Bundesverfassungsgericht. Es begründete seine Entscheidung über die Einführung verbindlicher Förderstufen mit der Feststellung, daß es das legitime Ziel der Förderstufe sei, »Bildungsbarrieren abzubauen, Begabungsreserven zu erschließen, Kreativität und Spontaneität zu wecken. Eine solche Aufgabe verlangt naturgemäß ein anderes, positiveres Verhältnis zu der individuellen Leistungsfähigkeit des Kindes als das Verfahren der ›negativen Auslese‹ im engeren Sinn.« (zitiert nach v. Friedeburg 1993, S. 301)

Durch intensive Anwendung von Bundesverfassungsrecht auf Landesbildungsrecht hat die Rechtsprechung zur Herausbildung eines Bundesschulrechts beigetragen, das die föderale Struktur des Bildungswesens überlagert. Landesspezifische Partikularismen wurden damit relativiert, und die Schulen näherten sich einem nationalen System der Bildung des Bürgers. Indem die Rechtsprechung dem Schulleben rechtliche Strukturen verlieh, machte sie die Zuständigkeit des Gesetzgebers unabweisbar. Die Gesichtspunkte der Rechtsstaatlichkeit und Demokratie forderten die Ausweitung des Gesetzesvorbehaltes bei Entscheidungen, die den Status des Schülers unmittelbar betreffen, und bei gravierenden Veränderungen des Bildungssystems. Bildung und Schule müssen seitdem als Ergebnis von Entscheidungen und Interessen verstanden werden; damit lösen sich die Grundlagen konventionalistischer Bildungsvorstellungen auf. Das Parlament wurde zur Anlaufstelle bildungspolitischer Interessen und Parteienkonflikte. War das Schulwesen nach dem Erlaß des Grundgesetzes kaum gesetzlich geregelt, so deutet sich heute »eine umfassende, an der Rechtsstellung der Beteiligten orientierte Kodifizierung des Schulrechts an, die zu einer umfassenden Vergesetzlichung des Schulwesens führt« (Laaser 1980, S. 1364). Die Verfassungsprinzipien, nach denen das Schulleben ausgestaltet wird, sind aber zumeist diejenigen eines liberalen Individualismus. Sie manifestieren sich nicht zuletzt auch darin, daß die Rolle der Schüler der Rolle der Bürger angeglichen worden ist. Den Schülern wurden die Bürgerrechte zugänglich gemacht, darunter die Meinungsfreiheit, die Pressefreiheit, die Versammlungsfreiheit, die Vereinigungsfreiheit und das Demonstrationsrecht. »Schulische Kommunikation muß sich so dem Leitbild von Kommunikation, wie es die Rechtsprechung aus verfassungsrechtlicher Sicht entwickelt hat, anpassen.« (Laaser 1980, S. 1354)

Die Inanspruchnahme dieser Rechte kann mit dem gleichfalls grundrechtlich geschützten staatlichen Bildungsauftrag kollidieren, und zwischen beiden ist deswegen abzuwägen. So ist zu entscheiden, ob Schüler vom Unterricht zu befreien sind, wenn sie von ihrem Versammlungs- und Demonstrationsrecht Gebrauch machen wollen. Das Recht auf Pressefreiheit schließt aus, daß Zensur gegen Schülerzeitungen ausgeübt wird, und das Recht auf Versammlungs- und Organisationsfreiheit, daß die Bildung politischer Schülergruppen untersagt wird. Gewisse Beschränkungen bei der Ausübung dieser Rechte ergeben sich aber aus dem Status der Minderjährigkeit, der für die Mehrheit der Schüler typisch ist. Das Erziehungsrecht der Eltern kann den Rechten der Schüler voranstehen. So gilt die Religionsfreiheit für Schüler erst ab dem 14. Lebensjahr; bis dahin können die Eltern über die Teilnahme am Religionsunterricht entscheiden. Darüber hinaus können Schüler rechtlich erhebliche Handlungen im Schulverhältnis nur bedingt vornehmen, etwa Rechtsmittel gegen Nichtversetzung oder disziplinarische Maßnahmen einlegen.

Wie weit sich die Schulkultur nicht zuletzt durch die Rechtsprechung von den früheren Verhältnissen entfernt hat, zeigt eine Entscheidung, die das Oberverwaltungsgericht in Münster auf eine Klage von Eltern im Frühjahr 1995 erlassen hat. Sie hat den persönlichen Ausdruck eines Lehrers zum Gegenstand. Weil dieser durch Unbeherrschtheit und Schreien die Kinder derart einschüchterte, daß diese sich aus Angst unter den Schulbänken versteckten, wurde die Schule verpflichtet, dafür zu sorgen, daß der betreffende Lehrer zumindest das Kind der Klage führenden Eltern nicht mehr unterrichtet. Die kulturelle Distanz dieses Urteils zu Schulverhältnissen, in denen selbst körperliche Züchtigung als legitim galt, liegt auf der Hand (AZ: 19 B 765/95; vgl. dazu: Gericht pfeift brüllenden Klassenlehrer zurück. Frankfurter Rundschau, Nr. 105, vom 06. 5. 1995, S. 26).

Wenn man die Rolle der Lehrer ins Auge faßt, stößt man auf Veränderungen, deren gemeinsamer Nenner die Berufskultur des Professionalismus ist. Die Unabhängigkeit, die Lehrer gewonnen haben, entspricht der Liberalisierung der Schülerrolle. Sie sind zwar Beamte, und als solche abhängig Beschäftigte, sie unterliegen einer besonderen Verpflichtung zur Loyalität gegenüber ihrem Dienstherrn und sind zur Mäßigung in der Öffentlichkeit verpflichtet. Dieser Status scheint professioneller Autonomie im Wege zu stehen. Ein genauerer Blick zeigt jedoch, daß der Beamtenstatus in vielfältiger Weise ausgestaltet sein kann. Wie das Beispiel der Hochschullehrer erkennen läßt, ist er auch mit der Wissenschaftsfreiheit vereinbar. Die Wissenschaftsfreiheit ist zwar auf Schullehrer nicht ausgedehnt worden, und die pädagogische Freiheit, die Lehrern im Vergleich mit anderen Beamten eine Sonderstellung verschafft, wurde rechtlich nicht institutionalisiert. Gleichwohl hat es Entwicklungen gegeben, die den Lehrern zu mehr Unabhängigkeit verhalfen.

Innerhalb der Schule verschafft ihnen die Schulverfassung demokratischere Partizipationsmöglichkeiten. Die Schulverfassungen gingen aus heftigen Konflikten hervor; sie unterscheiden sich von Land zu Land, sind prinzipiell aber im allgemeinen akzeptiert. Sie sollen die Willensbildung innerhalb der einzelnen Schule regeln. Sie betreffen Zuständigkeiten und Verfahren für Schulleiter, Lehrer und ihre Konferenzen, die gemeinsamen Mitwirkungsgremien der Lehrer, Eltern und Schüler, die jeweiligen Mitwirkungsgremien der Schüler und Eltern sowie die Stellung der Schule zur Schulaufsicht (vgl. dazu Hage/Staupe 1985). Die Konferenzverfassung läßt sich als ›modifizierte monokratische Schulleitung‹ kennzeichnen. Sie verlagert in gewissem Umfang Schulleitungsfunktionen vom Schulleiter auf Lehrer, Schüler und

Eltern, auch wenn der Schulleiter eine zentrale Stellung behält. Bestimmte Aufgaben werden von Gremien, die zum Teil paritätisch besetzt sind, wahrgenommen. Neben der Konferenzverfassung gibt es die Ratsverfassung, so daß man von einer dualen Struktur der Schulverfassung sprechen kann (Richter 1987, S. 255). Die Ratsverfassung richtet sich nach dem allgemeinen Personalvertretungsrecht des Öffentlichen Dienstes. Ihr Schwergewicht liegt im Bereich der personellen und sozialen Angelegenheiten der Bediensteten. Ein Autonomiegewinn ist auch von der Ausweitung der Schulautonomie zu erwarten, die den am Schulleben Beteiligten Entscheidungsbefugnisse über finanzielle Ressourcen, Zeitbudgets und die Gestaltung der schulischen Außenkontakte einräumt. Entsprechende Schritte wurden in einigen Bundesländern schon verabschiedet, in anderen sind sie in der Diskussion.

Mit der allgemeinen kulturellen Liberalisierung hat das Mäßigungsgebot, dem Beamte unterliegen, an Bedeutung verloren. Der pädagogischen Freiheit kommt die Verwissenschaftlichung der Bildung zugute, die die Lehrer von den Ansprüchen der Tradition befreit. Obwohl Verhaltenskonventionen an bindender Kraft verloren haben, hat der Schulherr darauf verzichtet, sie durch die Ausweitung bürokratischer Kontrollen zu ersetzen. Es ist zwar nicht gelungen, die Schulaufsicht auf Rechtsaufsicht zu reduzieren (Fauser 1986), aber das hat nicht zuletzt den Grund, daß Lehrer ohnehin kaum kontrolliert werden. Unsystematische Beobachtungen deuten darauf hin, daß sie das Maß bürokratischer Fremdbestimmung, dem sie unterliegen, beträchtlich überschätzen.

Bedeutsam sind auch Veränderungen der ausbildungsrechtlichen und besoldungsrechtlichen Regelungen. Sie haben insbesondere den Grund- und Hauptschullehrern einen Statusgewinn verschafft. Er ist pädagogisch höchst bedeutsam, denn Subalternität der Lehrer läßt die Bildung nicht unberührt (vgl. dazu Adorno 1962). Mehr als früher sind Lehrer einer subalternen Stellung enthoben. Dieser Effekt ging einher mit dem Vordringen der Frauen in den Lehrerberuf. Mit jenem Typ des jüngferlichen Fräuleins von einst haben die Lehrerinnen heute nichts mehr gemein. Sie pflegen in Gebarung und Kleidung den gekonnt lokkeren Stil der oberen Mittelschicht, während sich ihre zumeist immer noch männlichen Vorgesetzten, belastet häufig durch Karriere- und Parteirücksichten, um den organisatorischen Rahmen der Schulbildung bemühen.

Der Prozeß der Verrechtlichung der Schulen ist nicht nur durch die Rechtsprechung angetrieben worden, sondern auch durch die Rechtswissenschaft. »Insgesamt hatte das rechtswissenschaftliche Schrifttum eine Vorreiter- und Vorschlagsfunktion bei der verfassungsrechtlichen Erschließung, das heißt zugleich bei der Verrechtlichung des Schulwesens, erfüllt.« (Laaser 1980, S. 1368) So hatte die Entwicklung des Rechts teil an einem soziokulturellen Wandel, der die Gesellschaft insgesamt erfaßt. Er ging einher mit Veränderungen in den Einstellungen von Eltern und Schülern zur Schulbildung, mit der Überwindung ständischer Berufsvorstellungen bei den Lehrern und schließlich mit Liberalisierungstendenzen in Wissenschaft und Politik. Zunehmend müssen Bildung und Schule als Ergebnis von Entscheidungen und Interessen verstanden werden und nicht mehr als Ausdruck davon, »daß unserem Volk ein Grundtatbestand geistigen Erbes und sittlicher Normen gemeinsam ist«, wie der Deutsche Ausschuß 1965 noch resümiert hatte. Die Grundlagen konventionalistischer Bildung lösen sich auf.

Privatisierung der Bildung in staatlichen Schulen

Verwissenschaftlichung und Verrechtlichung haben die ständischen Schulen einem liberalen System der Bildung des Bürgers insgesamt nähergebracht. Liberal ist dieses Bildungssystem freilich auch insofern, als es die Verhältnisse der Arbeitswelt ignoriert. Es fügt sich nicht dem dort herrschenden Qualifikationsbedarf; es nimmt jedoch auch keine Notiz davon, daß die Erfahrung der entfremdeten Arbeit der normativen Vorstellung bürgerlicher Autonomie entgegenwirkt. Zu reden ist schließlich von einem weiteren Element der Bildung des Bürgers, nämlich von ihrem privaten Charakter. Der bürgerlichen Gesellschaft entspricht, daß die Individuen ihre Angelegenheiten vor allem als Privatleute regeln, und davon ist Bildung nicht auszunehmen. Wie kann Bildung aber zur Privatsache werden, wenn die Schulen staatliche Anstalten sind? Was auf den ersten Blick als Paradoxie erscheint, gewinnt an Plausibilität, wenn man sich vor Augen führt, daß auch die Rolle der Privatperson auf dem Markt und in der Öffentlichkeit nicht zuletzt durch Gesetze konstituiert wird, die der Staat sanktioniert. Entscheidend für die Privatisierung der Bildung ist, daß die Bestimmung ihres materialen Gehalts entpolitisiert wird. Zu welchen Resultaten der einzelne aufgrund seiner Schulerfahrung gelangt, kann dann zur Sache seiner eigenen Disposition werden. Der Staat beschränkt sich auf die Gewährleistung jener notwendigen Voraussetzungen, von denen Bildung als eine private abhängt.

Schüler zu sein bedeutet zwar immer noch, sozialer Macht zu unterliegen. Am Beginn der Schulkarriere steht die Schulpflicht und an ihrem Ende das Berechtigungswesen. Im Alltag werden diese Zwänge in den Noten sowie in der Kontrolle besorgter Eltern allgegenwärtig. Die Schulpflicht wurde sogar verlängert, und die Bedeutung des Berechtigungswesens hat zugenommen. Mit dem Ausbau von Übergängen zwischen den Schulstufen tritt es im Alltag noch häufiger in Erscheinung. Es hat aber auch in dieser Hinsicht wichtige Modifikationen gegeben. Denn daß Bildung unter Nützlichkeitsgesichtspunkten zum Thema wird, bedeutet, daß Moral und Würde der Schüler unmittelbar nicht mehr zur Debatte stehen. So kommen die Zwänge des Berechtigungswesens dem einzelnen persönlich nicht mehr so nahe wie unter traditionalen Verhältnissen. Es geht zunehmend um Marktchancen von Individuen, deren soziale Anerkennung als Bürger unstrittig ist, und weniger um ständischen Rang und Stand, die man verlieren kann. Insofern haben bildungsökonomische Motive zu einer individuellen Entlastung geführt. Sie manifestiert sich nicht zuletzt in neuen Koalitionen zwischen Schülern, Eltern und Schule. Statt der inneren Natur der Kinder werden die Berechtigungen zum Thema, die von der Schule erwartet werden. Diese Umorientierung kommt in der großen Zahl gerichtlicher Klagen zum Ausdruck, die Eltern gegen Schulentscheidungen führen.

Die Schulorganisation konfrontiert heute jeden Schüler mit der Wahl zwischen verschiedenen Schulkarrieren, Curricula und Diplomen. Sie nötigt damit jeden, seine Wanderung durch diese Bildungsgänge als Produkt individueller Entscheidung nach Eignung und Neigung zu verstehen und zu organisieren. Man kann sich nicht nicht-entscheiden. Die neue Ordnung läßt es kaum zu, daß der einzelne seine Bildung noch begreift als schicksalhaft, gottgewollt oder konventionalistisch verfügt. Das zeigen nicht zuletzt die Klagen über Leistungs- und Konkurrenzdruck. Diese Befindlichkeiten sind typisch für die bürgerliche Gesellschaft; ständischen Verhältnissen sind sie fremd. Daß die Schulen tatsächlich keineswegs aggressiver auslesen, zeigt die Statistik der Schulabbrecher und der Sitzenbleiber.

Die entsprechenden Quoten sind dramatisch gesunken. Ohne Abschluß verließen im Jahr 1970 noch 17,5 Prozent der Schüler die Hauptschule, im Jahr 1992 waren es dagegen nur noch 6,9 Prozent (Statistisches Bundesamt 1994, S. 54). Weniger selektiv verfahren auch die Gymnasien. Das läßt sich schon an der steigenden Quote der Schulabsolventen mit Hochschul- oder Fachhochschulreife ablesen, die zwischen 1970 und 1992 von 11,4 auf 30,9 Prozent stieg; ähnliches gilt für die Real- oder gleichwertigen Schulen, deren Quote von 26 Prozent im Jahr 1970 auf 39,2 Prozent im Jahr 1992 stieg (a.a.O.). Daß die Gymnasien in den 60er Jahren dagegen noch hoch selektiv verfuhren, zeigen empirische Studien. Nahezu jeder zweite Abiturient hatte im Verlauf seiner Schulkarriere zumindest eine Klasse einmal wiederholen müssen; von den Schülern der untersten Gymnasialklassen erlangten nicht einmal die Hälfte das Abitur (Arbeitsgruppe Bildungsbericht 1990, S. 295).

An exklusivem Charakter haben auch die Berechtigungen verloren, die die drei Zweige der Sekundarstufe I ihren Absolventen mitgeben. So können Hauptschüler heute in allen Bundesländern in einem freiwilligen zehnten Schuljahr den Realschulabschluß erwerben, ohne die Schule wechseln zu müssen. Selbst in Bayern wurde diese Möglichkeit im Jahr 1995 eingeführt, um das Profil der Hauptschule weiter zu entwickeln, wie der bayerische Kultusminister betonte (dpa: Dienst für Kulturpolitik 27/95, 03.7.1995, S. 22). Schätzungen zufolge erwirbt inzwischen jeder dritte erfolgreiche Hauptschulabsolvent den Realschulabschluß, und mehr als 25 Prozent der erfolgreichen Realschulabsolventen setzen ihre Bildung fort mit dem Ziel, die Hochschulreife zu erwerben (Arbeitsgruppe Bildungsbericht 1990, S. 147 ff.). Hinzu kommen jene Optionen, die der Zweite Bildungsweg ermöglicht.

Die schulstrukturelle Fixierung individueller Bildung hat sich darüber hinaus auch dadurch gelockert, daß der untere Teil des mehrgliedrigen Bildungssystems, die Hauptschule, in eine Krise geraten ist, der sie zu erliegen scheint. Als erstes der westdeut-

Übersicht 6:
Nichtversetzte Schüler[1] an Grundschulen nach Klassenstufen 1975–1990
– Nordrhein-Westfalen –

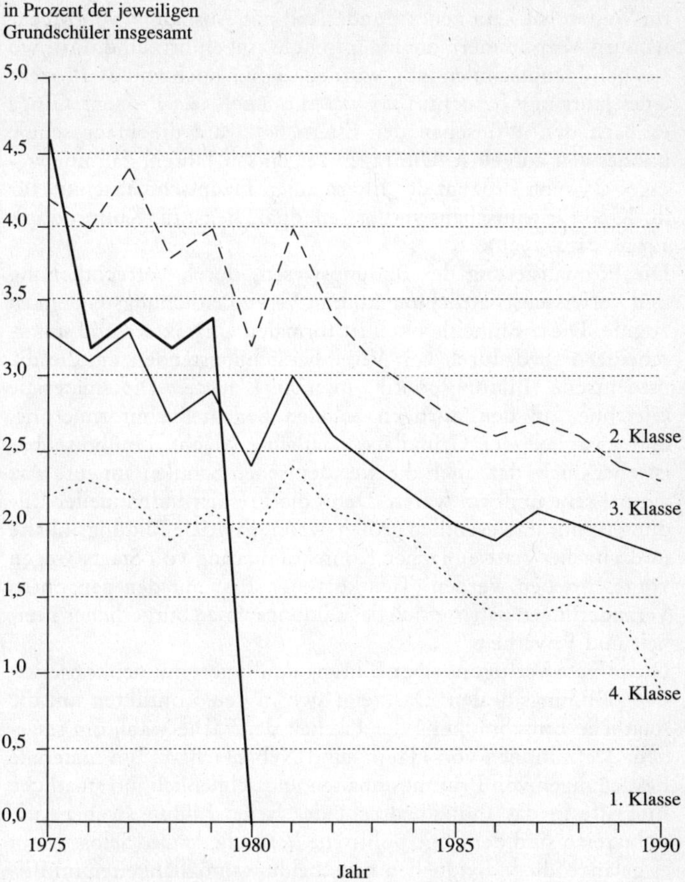

[1] Bis 1983 einschließlich Wiederholer und Zurückversetzte.

Datenquelle: Landesamt für Datenverarbeitung und Statistik Nordrhein-Westfalen, Allgemeinbildende Schulen in Nordrhein-Westfalen 1991 und frühere Jahre.

Zitiert nach Arbeitsgruppe Bildungsbericht, 1994, S. 334.

schen Bundesländer hat das Saarland Abschied von der Hauptschule genommen. In anderen Ländern des alten Bundesgebietes werden zunehmend kombinierte Schulformen von Haupt- und Realschulen etabliert. Vor dem Hintergrund der Hauptschulkrise im Westen hat kein neues Bundesland mit Ausnahme von Mecklenburg-Vorpommern die Hauptschule eingeführt. Und dort, wo es noch Hauptschulen gibt, wurden sie nur noch von 25 Prozent eines Jahrgangs besucht; 1985 waren es noch 38,5 Prozent. Ginge es nach den Wünschen der Eltern, so wäre die Hauptschule bundesweit aufgelöst. Umfragen zeigen seit Jahren, daß nur weniger als zehn Prozent der Eltern einen Hauptschulabschluß für ihr Kind für wünschenswert halten (dpa: Dienst für Kulturpolitik 14/96, 01.4.1996).

Die Formalisierung des Bildungswesens durch Verrechtlichung und Verwissenschaftlichung kommt Vereinheitlichungstendenzen zugute. Diese Einheitlichkeit ist formalen Charakters und unterscheidet sich dadurch von Vereinheitlichungstendenzen, die die ostdeutsche Bildungspolitik intendiert hatte. Die materiale Gleichheit in den dortigen Schulen bedeutet Uniformierung, und zwar auf der Grundlage staatlicher Macht. Unübersehbar ist aber auch, daß auch die westdeutschen Schulen auf ihre Art einmal sehr uniform waren. Denn die Freiheit individueller Bildung ist nur unwesentlich größer, wenn materiale Bildungsinhalte in dreifacher statt einfacher Konfektionierung von Staats wegen vorgeschrieben werden (Tiedtke 1994). Erst mit den genannten Veränderungen näherte sich das Bildungswesen bürgerlicher Freiheit und Privatheit.

Die private Verfügung über Bildung konfligiert mit neokonservativen Bildungsidealen. Das zeigt sich in den Konflikten um die staatliche Einschränkung der Freiheit der Fächerwahl, um staatliche Definitionen von Haupt- und Nebenfächern, um materiale Festlegungen von Prüfungsinhalten und schließlich um staatliche Eingriffe in das Individualrecht der freien Bildungswahl. Aussichtsreich sind derartige politische Versuche kaum. Selbst wenn es gelänge, die individuellen Entscheidungsmöglichkeiten im Bildungswesen einzuschränken, so würde dies materialen Bildungsideen nicht wieder Autorität verschaffen können. Das läßt ein Blick auf die DDR erkennen. In Bildung und Kultur gab es dort ein groteskes Mißverhältnis zwischen dem Aufwand und dem Ergebnis machtgestützter weltanschaulicher Beeinflussung. Die dort herrschende Partei konnte sich auf Erziehungsmittel stützen, deren Umfang weit über alles hinausging, was im Westen einer einzelnen gesellschaftlichen Institution zu Gebote steht. Gleichwohl war die politische Folgebereitschaft der ostdeutschen Bürger so gering, daß die dortige Ordnung in wenigen Wochen nahezu konfliktlos in sich zusammensank. Daß irgend jemand Leib oder gar Leben für die mit so riesigem Aufwand über Jahrzehnte hinweg verkündeten Glaubenssätze riskiert hätte, ist nicht bekannt geworden. Das Ende der DDR läßt an ein Diktum Max Webers denken, das er den Vertretern des ›Kathedersozialismus‹ entgegengehalten hatte; es gilt auch für andere weltanschauliche Unternehmungen in der Bildungspolitik:

> »Sie werden damit nur das eine fertigbringen, daß das Wissen um den entscheidenden Sachverhalt: der Prophet, nach dem sich so viele unserer jüngsten Generation sehnen, ist eben n i c h t da, ihnen niemals in der ganzen Wucht seiner Bedeutung lebendig wird. Es kann, glaube ich, gerade dem inneren Interesse eines wirklich religiös ›musikalischen‹ Menschen nun und nimmermehr gedient sein, wenn ihm und anderen diese Grundtatsache, daß er in einer gottfremden, prophetenlosen Zeit zu leben das Schicksal hat, durch ein Surrogat, wie es alle diese Kathederprophetien sind, verhüllt wird.« (Weber 1973, S. 609)

›Vertrauensvolle Zusammenarbeit‹: Möglichkeiten und Realitäten

Die skizzierte Liberalisierung der Rollen von Schülern und Lehrern vollzog sich parallel. Das war kaum ein Zufall. Die Rolle der Schüler und die Würde, die die Gesellschaft ihren jugendlichen Mitgliedern darin zumißt, und der Status der Lehrer bedingen einander. Nicht weil sie die Produktion des zukünftigen Faktors Arbeit beherrschten, sondern im Gegenteil, weil über Kinder nicht mehr verfügt werden soll, hat die Arbeit der Lehrer an Ansehen und Unabhängigkeit gewonnen. In diesem Sinne stimmen die Interessen von Schülern und Lehrern überein. Interessenkoinzidenz stellt sich auch in der Unterrichtssituation her, wenn sich schulische Bildung zur Bildung des Bürgers entwikkelt. Denn die Chancen zur Entwicklung individueller Autonomie, derer der Schüler bedarf, stimmen mit dem Interesse des

Lehrers überein, seine eigene Identität als die eines autonomen Subjekts in seiner Unterrichtspraxis aufrechtzuerhalten. Lehrer und Schüler müssen sich folglich immer weniger taktisch aufeinander beziehen und können freimütiger miteinander umgehen.

Die Herausbildung gemeinsamer Interessen zwischen Lehrern und Schülern, die der Bildung des Bürgers entspräche, stößt im Alltag der westdeutschen Schulen jedoch auf erhebliche Widerstände. Empirisch zeigt sich das unter anderem in einem ungewöhnlich hohen Maß an Schulunzufriedenheit und Schulangst deutscher Schüler. Ein Licht darauf wirft ein internationaler Schulvergleich von Czerwenka et al. (1990). Diese Studie über ›Schülerurteile über die Schule‹ ist psychologisch und soziologisch höchst facettenreich. Ihre Schlüsselbegriffe und das, was hier als ›Bildung des Bürgers‹ expliziert wurde, sind ähnlich. Der Vergleich bezieht sich auf deutsche, amerikanische, französische und schwedische Schüler. Er läßt erkennen, daß die Schulwirklichkeit in der BRD trotz vielfältiger Fortschritte hin zur Bildung des Bürgers von dieser auch beträchtlich abweicht. Die Normen professioneller Berufskultur sind in der Lehrerrolle nur unvollständig institutionalisiert, und auch die Schüler sind noch immer nicht voll als Subjekte anerkannt. Das soll im folgenden in Anlehnung an den Vergleich allein der deutschen und amerikanischen Daten gezeigt werden.

Gemessen an liberalen Vorstellungen vom Individuum, zeichnet sich die Schulentwicklung in der BRD durch spezifische Mängel aus. So wird die Vorstellung, daß sich die Individuen als freie und und gleiche sollen bilden können, in den westdeutschen Schulen sehr viel weniger konsequent praktiziert als in den USA. Mit abnehmender Autorität findet sich im deutschen Schulwesen immer noch die Vorstellung, daß ein irgendwie zu definierender materialer Bildungskanon den Schülern verbindlich vorzugeben sei. Diese Vorstellung ist mit der mehrgliedrigen Sekundarstufe institutionalisiert und zeigt sich in den bildungspolitischen Konflikten um die Freiheit der Fächerwahl. Die Zahl möglicher Fächerkombinationen, zwischen denen Gymnasiasten wählen können, ist zwar nur noch in Dutzenden zu zählen; aber nach wie vor gilt die Befürchtung, die Hochschulreife würde sich nicht einstellen, wenn eine davon abweichende Kombination gewählt wird. Dabei hängt die Zulassung zu einem bestimmten Studienfach gar nicht davon ab, was als Haupt- oder Nebenfach im

Gymnasium gewählt worden ist. Stärker noch als die Gymnasiasten sind die Schüler in Haupt- und Realschule auf einen bestimmten materialen Bildungskanon festgelegt.
Der amerikanischen Kultur ist die Vorstellung eines materialen, den Individuen übergeordneten Leistungsbegriffs eher fremd. Was als Leistung verstanden werden soll, soll seine Autorität letztlich in den Individuen selbst finden. Die Schulen räumen ihren Schülern große Möglichkeiten ein, Leistungsanforderungen selbst zu definieren. Bei deren Bewältigung sollen und können sie sich als tüchtig erleben. Dem entspricht, daß Schüler im Verlauf eines Schuljahres in großer Zahl Diplome, Medaillen, Wimpel und andere Anerkennungen individuell gewählter Leistungen erlangen. Ein Beispiel sind die virtuosen Basketballspieler an Eliteuniversitäten, deren akademische Neigung sich in Grenzen hält. In Deutschland ist dieser Tatbestand berüchtigt, in den USA gilt er als legitim. Unter diesen Bedingungen wird Schulversagen als weniger verletzend empfunden. Man nimmt sich vor, etwas anderes bei anderer Gelegenheit besser zu machen. Diese Freiheit hat der einzelne auch tatsächlich, denn vom Zeugnis der High School hängen weder die zukünftigen Bildungschancen noch die beruflichen Möglichkeiten ab. Ein formales Berechtigungswesen ist mit der High School nicht verbunden.
Im Unterschied zur deutschen Schulkultur zählt in der amerikanischen nicht nur die von der Schule gewährte Anerkennung, sondern in vergleichsweise hohem Maße auch die Bewährung im Kreis der Schulkameraden. Der einzelne sieht darin eine wesentliche Herausforderung seiner Schülerexistenz. Dabei kann sich die Norm der Popularität zu sehr massiven Konformitätszwängen ummünzen. Aber es ist Konformität mit den Erwartungen Gleicher und nicht eine mit Normen von überindividueller Autorität. Kurz: in ihrem Alltag erscheint ihnen die Schule eher als ein republikanisches Gemeinwesen von Freien und Gleichen.
Die unterschiedlichen Bildungsideen und Schulformen gehen einher mit unterschiedlichen Bedeutungen der Zensurenerteilung. Zwar erteilen deutsche Lehrer nicht häufiger Zensuren als amerikanische, sie befinden sich dabei aber in einer ganz anderen Situation. Die Zensuren in Deutschland kommen der Person der Schüler näher, und sie präjudizieren in größerem Ausmaß deren Zukunft. So erleben auch die Schüler ihre Noten und Zeug-

nisse als sehr folgenreich und sehen darin häufiger eine Bedrohung. »Wir sehen, daß deutsche Schüler am meisten unter Noten leiden. Amerikanische Schüler betonen sogar häufiger – wenn sie sich überhaupt zu Noten äußern – den positiven Rückmeldeeffekt von Zensuren als die belastende Kontrollfunktion.« (Czerwenka et al., S. 422) Als Ursache dieser pädagogisch höchst folgenreichen Differenz wird angeführt, daß das deutsche Bildungssystem selektiver ist, Berufschancen früher festlegt und stärker über die Schüler verfügt (a.a.O., S. 423).

Hinzuzufügen ist das Folgende: Bei den Leistungsbeurteilungen und dem Berechtigungswesen geht es in Deutschland nicht einfach um Erwerbschancen, sondern immer noch auch um ständische Qualifikation und Würde. Die kann man aber – anders als die Anerkennung als Bürger – verlieren. Die amerikanischen Schüler können sich demgegenüber im Kontext der republikanischen Kultur ihrer Würde gewiß sein. Ihr bleibt Schulversagen äußerlich; es gilt als jederzeit behebbar und in diesem Sinn als zufällig – so wie auch ökonomischer und politischer Mißerfolg an der Anerkennung des einzelnen als Bürger nichts ändert. Von den religiösen Wurzeln dieser Norm bedingungsloser Anerkennung, die im amerikanischen Protestantismus liegen, war weiter oben schon die Rede. Diese kulturelle Differenz macht verständlich, daß amerikanische Schüler sich mit Gleichmut unentwegt testen lassen können, während deutsche Schüler auf bevorstehende Klassenarbeiten mit Nervosität und gelegentlich auch somatischen Symptomen reagieren. Denn wo das liberale Motiv der bedingungslosen Anerkennung des Subjekts fehlt, wird das Leistungsprinzip unter Umständen unerträglich. Dieses Kulturmuster tönt das Bild, das sich deutsche Schüler von ihren Lehrern machen. Sie erkennen in ihnen ganz realistisch die Personifikationen einer Macht, die über Würde, Beruf und Lebenschancen entscheidet. Diese Wahrnehmung widerspricht der Selbstdefinition vieler Lehrer, die um den Widerspruch zwischen individueller Bildung und bürokratischer Macht wissen.

Amerikanische Lehrer befinden sich demgegenüber in einer weniger beschwerlichen Situation. Sie agieren nicht unter dem Druck autoritativer Leistungsbegriffe. Sie wissen, daß von ihren Zensuren nicht viel abhängt, und sie fühlen sich frei, ihren Schülern vor allem gute Beurteilungen zu erteilen. Dem entspricht die Wahrnehmung der Schüler. Sie messen ihren Zensuren geringere Bedeutung zu und fühlen sich durch sie weniger bedroht. In ihrem Erleben nehmen Lehrer keine dominante Stellung ein, und sie sehen in ihnen vor allem einen feundlichen und erfahrenen Helfer und Berater. Dieses Bild des Lehrers ist hilfreich bei der Bewältigung von Adoleszenzkrisen, die es in der amerikanischen Gesellschaft selbstverständlich auch gibt.

Die Differenzen zwischen westdeutschen und amerikanischen Schulen erklären, warum amerikanische Jugendliche mit ihren Schulen sehr viel zufriedener sind als westdeutsche. Während junge Amerikaner ihre Schulen in überwältigender Mehrheit mögen und sie gerne besuchen, lehnen die jungen Westdeutschen die ihren in ähnlicher Mehrheit ab. Ihre Schulverdrossenheit nimmt dabei mit steigender Klassenstufe zu und findet ihr Maximum unter den Realschülern und Gymnasiasten. Dagegen bleibt die Schulzufriedenheit ihrer amerikanischen Alterskollegen auf hohem Niveau im wesentlichen konstant. Daß es sich bei dieser Differenz nicht um ein erhebungstechnisches Artefakt handelt, wird jeder bestätigen, der mit deutschen Austauschschülern in den USA Erfahrung machen konnte. Deutsche Jugendliche entwikkeln sich in der amerikanischen Schulkultur zu enthusiastischen und fleißigen Schülern und erkennen sich selbst nicht wieder – und ähnlich sind die Eindrücke ihrer Eltern. Deutlichen Ausdruck findet die Differenz der unterschiedlichen Leistungsbegriffe auch im Selbstwertgefühl der Schüler. Die Mehrheit der untersuchten amerikanischen Schüler ist überzeugt, ihre Fähigkeiten lägen über dem Durchschnitt, während deutsche Schüler mehrheitlich annehmen, die ihren lägen darunter. Selbständigkeit ist bei jungen Amerikanern durch Insuffizienzängste also weniger belastet als bei jungen Deutschen. Die liberalere Schulstruktur kommt der Entwicklung der Leistungsmotivation demnach entgegen und lähmt sie nicht, wie gelegentlich befürchtet wird (a.a.O., S. 423).

In die gleiche Richtung deuten auch Befunde einer vergleichenden Studie von Little/Oettingen/Stetsenko/Baltes (1995). Schüler aus Los Angeles, West- und Ostberlin sowie Moskau wurden hier unter anderem danach befragt, wie sehr ihr Glaube an das eigene Leistungsvermögen abhängt von tatsächlichen Leistungsergebnissen. Junge Amerikaner, so zeigte sich, trauen sich etwas zu, ungeachtet ihrer Leistungsergebnisse; sie lassen sich ihren Glauben an die eigenen Kräfte also nicht leicht nehmen. Und mehr als alle anderen sind sie davon überzeugt, daß einen persönliche Anstrengung weiterbringen kann. West-Berliner Schüler neigen dagegen eher dazu, sich durch schwache Leistungen das Vertrauen in die eigenen Kräfte nehmen zu lassen; zugleich sind sie eher als ihre amerikanischen Alterskameraden von der Bedeutung individueller Begabung überzeugt. Die Ost-Berliner Schüler schlossen sich mit der Selbstdefinition ihres Leistungsvermögens am engsten an die Leistungsergebnisse an. Die soziokulturellen Verhältnisse innerhalb und außerhalb der Schule ließen ihnen nur wenig Raum für die Pflege eines unabhängigen Selbstbildes. Mehr als die übrigen Befragten waren sie davon überzeugt, daß Lernergebnisse auch von der Tätigkeit des Lehrers abhingen.

So ergibt sich folgendes Resümee: Gemessen an den Normen einer liberalen bürgerlichen Kultur erweist sich die westdeutsche Schulentwicklung als defizient, aber auch als erfolgreich. Ständische Ordnungsvorstellungen, die dem Idealtypus der Bildung der Arbeitskräfte zugrunde gelegt wurden, verloren an Autorität, aber vollends aufgelöst sind sie nicht. Mit der Mehrgliedrigkeit des Bildungssystems ist ein Menschenbild institutionalisiert, das die einzelnen in Begriffen ungleicher und hinzunehmender Begabungen definiert. Dem liberalen Glauben an allgemein menschliche Verständigungsfähigkeit wird damit eine praktische Absage erteilt. Unübersehbar ist freilich auch, daß die Gleichheitsnorm im Bildungswesen vorangekommen ist und damit auch die liberale Norm der Anerkennung des Subjekts. Die Curricula wurden verwissenschaftlicht, jedoch zu erheblichen Teilen haben sie den Charakter kanonisierten Fachwissens. Aber auch hier sind alternative Tendenzen zu beobachten: Die Bedeutung des Schulstoffs wurde relativiert zugunsten einer formalen kognitiv-moralischen Disziplin, die Grundlage individueller Autonomie ist. Schließlich: die Beziehungen zwischen Lehrern und Schülern enthalten zahlreiche Restriktionen, die beiden weniger freimütigen als taktischen Umgang miteinander nahelegen; unübersehbar sind aber auch hier Liberalisierungstendenzen, die der demokratischen Kultur entsprechen.

Das System der Allgemeinbildung in Deutschland bürdet mit seinem Mangel an Allgemeinheit Lehrern und Schülern also erhebliche Belastungen auf. Es nötigt Lehrer zu einem vorliberalen Umgang mit ihren Schülern und widerspricht damit demokratischen Überzeugungen, denen sie sich im Zuge der westdeutschen Entwicklung zunehmend auch verbunden fühlen. Schüler suchen ihr Selbstwertgefühl zu verteidigen, indem sie sich gegen Schule und Lehrer organisieren. Was sich hier an Feindseligkeit und Normverstößen austobt, ist sicher auch Ausdruck adoleszenter Orientierungsprobleme. Aber für das schwierige Verhältnis zwischen Jugendlichen und Erwachsenen gibt es auch weniger beschwerliche Formen. Gleichviel, als Schule der Nation gilt heute die Schule und nicht mehr das Militär, und dabei ist Bildung allmählich zur Bildung der Bürger geworden.

Schulentwicklung in der DDR

Einleitung

›Das deutsche Problem der Civil Rights‹ stellte sich auch der Bildungspolitik in der DDR. Es wurde dort jedoch anders beantwortet als im Westen. Schule und Gesellschaft sollten sich erklärtermaßen in Opposition zur bürgerlichen Ordnung entwickeln. Dabei ließ man sich von der Marxschen Kapitalismuskritik leiten, unterwarf sie jedoch einer Interpretation, in der neokonservative Ordnungsvorstellungen dominierten. Sie verliehen dem Staatssozialismus seinen antiindividualistischen Charakter und trugen gewiß auch zu seiner Überzeugungskraft bei. Es war kaum ein Zufall, daß er sich in Europa ausschließlich in den weniger modernen Gesellschaften des Ostens durchsetzte. In der DDR wurde die liberale Unterscheidung zwischen Bürgerrolle und Rolle der Arbeitskraft relativiert. Aber das geschah nicht dadurch, daß die Individualrechte auf den Bereich der Arbeit ausgedehnt, sondern dadurch, daß sie auch außerhalb der Arbeit eingeschränkt wurden.

Dabei berief man sich nicht zuletzt auf Erfahrungen aus der Weimarer Republik. Ihnen wurden Anschauungen entnommen, die sich folgendermaßen zusammenfassen lassen: Die formalen bürgerlichen Freiheitsrechte können die einzelnen nicht vor materialer Abhängigkeit und Ungleichheit schützen. Der Kapitalismus resultiert in systematischen Verletzungen der Tauschgerechtigkeit und in einer immer ungleicher werdenden Verteilung des Produktivvermögens. Diese Verhältnisse lassen einen akzeptablen Ausgleich der Einzelinteressen nicht zu. Die irrationalen Bewegungen des Marktes stürzen alle in Ohnmacht: Sie verursachen Wirtschaftskrisen, Instabilität der Lebensverhältnisse und massenhafte Unversorgtheit. Als permanente Drohung überschatten sie die Existenz der unteren sozialen Schichten auch in Zeiten günstigeren Wirtschaftsverlaufs. So entwickeln sich gesamtgesellschaftliche Zwangslagen und Interessengegensätze, die das Konfliktbewältigungspotential der liberalen Demokratie überfordern. Sie lassen im Inneren der Gesellschaft die Gefahr entstehen, daß die liberalen Freiheitsrechte einer Diktatur weichen, und sie äußern sich in der internationalen Ordnung nur allzu leicht in Eroberungskriegen. Der Untergang der Weimarer Demokratie, die Herrschaft des Nationalsozialismus und der Zweite Weltkrieg galten als Beleg dieser Auffassung.

In vielfältigen Variationen finden sich ähnliche Anschauungen auch im Westen. Aber politisch wirksam wurde hier die Vorstellung, daß die Weimarer Republik nicht an der Entwicklung der bürgerlichen Ordnung gescheitert ist, sondern an ihrer Unterentwicklung. So erlangte in der am Westen orientierten BRD die bürgerlich-demokratische Ordnung Geltung und wurde durch wohlfahrtsstaatliche Elemente gestützt. In der DDR wollte man dagegen den Kapitalismus vollends hinter sich lassen und ihn durch eine Ordnung materialer Rationalität ersetzen. Marktbeziehungen wurden durch eine zentrale Verwaltungswirtschaft naturalwirtschaftlichen Charakters ersetzt und die formalen Willensbildungsmechanismen der liberalen Demokratie durch die materialorientierte Einparteien-Herrschaft. Unter Berufung auf wissenschaftliche Einsichten in unterstellte Gesetzmäßigkeiten der gesellschaftlichen Entwicklung und im festen Besitz der Staatsmacht wollte sie planmäßig jenen Zustand der Freiheit, Gleichheit und Brüderlichkeit herbeiführen, den der Kapitalismus versprochen hatte, aber schuldig geblieben war.

Auch im Bildungswesen wollte man sich nicht auf die formalen Bürgerrechte verlassen, sondern implementierte eine materiale staatliche Planung. Auf dem letzten Pädagogischen Kongreß der DDR hatte die Bildungsministerin Margot Honecker deren Geist in den Worten zusammengefaßt: »Ohne den Kompaß des Marxismus-Leninismus, die Kenntnisse der Gesetzmäßigkeiten der Entwicklung der Gesellschaft hätten sich die immer wieder neu zu lösenden Aufgaben, die der Aufbau des Sozialismus auf allen gesellschaftlichen Gebieten mit sich bringt, schwerlich meistern lassen.« (Honecker 1989, S. 6) Dieser Satz ist nicht wörtlich zu nehmen; die Regierungen der DDR haben über die Entwicklung des Bildungswesens nicht erfolgreich verfügt. Hier wird vielmehr ein Mythos formuliert, der sich gegen den liberalen Individualismus und seine Schwächen wendet. Eine antiliberale Tendenz hatte in anderer Form zunächst auch die Schulentwicklung in der BRD gekennzeichnet.

Ein anderes Motiv der staatssozialistischen Bildungspolitik war das folgende: Bildung sollte die Welt der Arbeit nicht länger ignorieren. Bei dieser Forderung berief man sich auf die Marxsche Anthropologie, die Arbeit als Bildungsprozeß thematisiert. Aber die Begriffe, die bei Marx auf eine Kritik an der bürgerlichen Gesellschaft zielen, wurden positiv umgedeutet und zur Berufungsinstanz einer bürokratischen Herrschaft gemacht. Das wird deutlich, wenn man die Marx'schen Überlegungen zur Einheit von Bildung und Arbeit mit den marxistisch-leninistischen vergleicht. Marx war davon ausgegangen, daß die Individuen in der gesellschaftlichen Auseinandersetzung mit der Natur zusammen mit ihren äußeren Lebensbedingungen zugleich sich selbst produzieren. Arbeit galt ihm deswegen auch als individueller Bildungsprozeß. Fortschritte in der Entwicklung der Produktivkräfte, so stellte er heraus, betreffen die beiden Seiten dieses Produktionszusammenhangs. Individuelle Unabhängigkeit ist deren gemeinsamer Nenner. Sie schließt Unabhängigkeit im Umgang mit der äußeren Natur ein wie Freiheit von den Zwängen einer unaufgeklärten persönlichen Natur.

> »Die wirkliche Ökonomie – Ersparung – besteht in der Ersparung von Arbeitszeit; (...) diese Ersparung (ist) aber identisch mit Entwicklung der Produktivkraft. Also keineswegs *Entsagen vom Genuß*, sondern Entwicklung von Power, von Fähigkeiten, von Produktion und daher sowohl der Fähigkeiten wie der Mittel des Genusses. Die Fähigkeit des Genusses ist Bedingung für denselben, also erstes Mittel desselben und diese Fähigkeit ist Entwicklung einer individuellen Anlage, Produktivkraft« (Marx 1953, S. 599).

Aus diesem höchst implikationenreichen Begriff der Arbeit als Bildungsprozeß hatte Marx auch seine im engeren Sinne bildungspolitischen Vorstellungen gewonnen, nämlich die von Kinderarbeit. Die kapitalistische Arbeitsorganisation, so zeigt er im ersten Band des ›Kapital‹, hatte Kindern und auch Frauen den Zugang zur Berufsarbeit ermöglicht, ihre Rolle im traditionalen Hauswesen zerstört und damit »die neue ökonomische Grundlage für eine höhere Form der Familie und des Verhältnisses beider Geschlechter« geschaffen. (MEW, Bd. 23, S. 514). Diese Möglichkeit manifestiert sich unter Lohnarbeitsverhältnissen jedoch im Raubbau an der Entwicklung der Jugendlichen. Wenn dagegen die Arbeitsorganisation die einzelnen nicht zu dinglichen Ressourcen macht, dann könne auch der Kinderarbeit eine bildende Funktion zukommen. Kinder, so Marx, sollen vom gesellschaftlichen Arbeitsprozeß nicht ausgeschlossen werden, da sie von seinen Ergebnissen abhängig sind. Ein Verbot der Kinderarbeit bedeutet, daß ihnen Einfluß auf ihre Existenzbedingungen entzogen wird, daß sie mithin an Autonomie verlieren. Marx' Vorstellungen zur Arbeitserziehung zielen also nicht darauf, die Jugendlichen auf festliegende Arbeitsbedingungen vorzubereiten. Sie sollen vielmehr über die Arbeitsbedingungen verfügen nach Maßgabe der Fähigkeiten und Neigungen, die sie im Arbeitsprozeß entwickeln. Die Verbindung von Arbeit und Unterricht gilt ihm deswegen nicht einfach als pädagogisches Mittel zur Formung der jungen Leute, sondern »als eines der mächtigsten Umwandlungsmittel der heutigen Gesellschaft« (MEAS, Bd. 2, S. 28). Wie Bildung durch Arbeit zu organisieren sei, hat Marx nicht dargelegt. Denn über die dementsprechenden sozialen Verhältnisse kann vom Standpunkt der kapitalistischen Gegenwart aus Positives nicht gesagt werden. Sie sind erst durch eine Umwälzung der alten Gesellschaft herzustellen durch eine politische Praxis, deren Ergebnis offen ist. Programatische Festlegungen im vorhinein können nur technokratischen Charakter haben.

Dem Marxschen Begriff der Bildung durch Arbeit zuwider wurde auch in der DDR Bildung zur Sache von Schulen. Arbeitserfahrung spielte im Bildungssystem faktisch kaum eine Rolle. Zwar hielt die Politik am Anspruch auf Bildung durch Arbeit fest. Sie nahm jedoch der Arbeitserfahrung den Bildungswert, indem sie eine bürokratische Arbeitsorganisation sanktionierte und die Arbeitenden instrumentalisierte – ähnlich wie der Kapitalismus. Aus diesem Widerspruch ist die Bildungspolitik nicht herausgekommen. Die Teilnahme an der Produktion, die in verschiedenen Formen vorgesehen war, konnte zu Bildungsprozessen kaum etwas beitragen. Entsprechend konnten auch die Schulen nicht als Ort fungieren, an dem praktische Erfahrung mit der Aussicht auf Gewinn hätte reflektiert werden können. Da die Ansprüche der Arbeit als Ausdruck von Naturnotwendigkeiten galten, hätte es auch wenig Sinn gehabt, die Arbeitserfahrung zu thematisieren. Denn den Gedanken an praktische und nicht bloß technische Schlußfolgerungen schloß der Objektivitätsglaube aus, und die Herrschaftsverhältnisse eine entsprechende Praxis. Dem Credo von der Einheit von Bildung und Arbeit zuwider vollzog sich die organisierte Bildung in Schulen. Dabei unterschied sich das ostdeutsche Bildungssystem vom westdeutschen in den folgenden Hinsichten.

(1) Der formalen Gleichheitsnorm des Liberalismus wurde eine materiale Gleichheitsnorm entgegengestellt. Das sozialistische Gleichheitsprinzip fand seinen bildungspolitischen Ausdruck in der Einheitsschule. Seit 1946 verschafften zahlreiche Bildungsreformen der Idee der Einheitsschule zunehmend faktische Wirksamkeit (vgl. dazu den folgenden Abschnitt ›Gleichheitsnorm und Einheitsschule‹).

(2) Im Stereotyp ›der führenden Rolle der Arbeiter und Bauern‹ wurden Staatsbürgerrolle und Berufsstatus kurzgeschlossen. Dem entsprach im Bildungswesen, daß Arbeiter- und Bauernkinder privilegiert werden sollten. Sie galten ihrer sozialen Herkunft wegen als besonders vertrauenswürdige zukünftige Staatsbürger. Deswegen sollten sie mit Hilfe der Schulen auf gesellschaftliche Führungspositionen befördert werden. Es gelang in der DDR zunächst schneller als in der BRD, den Arbeiterkindern die Einrichtungen weiterführender Bildung zu öffnen. Seit den siebziger Jahren nahm die schichtenspezifische Ungleichheit der Bildungschancen jedoch zu Lasten der Arbeiterkinder wieder zu und übertraf schließlich jenes Maß, das sich in der BRD hergestellt hatte. Die Schule war auch in der DDR eine Mittelschichtinstitution (vgl. dazu ›Bildungschancen und soziale Schichtung‹).

(3) Der Begriff der Gesellschaft, an dem sich die Bildungspolitik orientieren sollte, ergab sich aus einer Interpretation der Marx'schen Theorie, bei der man sich weniger an Marx als an den späten Engels hielt. Die Nähe dieses Denkens zu vordemokratischen Wertorientierungen mag dieser Ideologie eine gewisse Überzeugungskraft verschafft haben (vgl. dazu ›Die marxistisch-leninistische Identifikation der Rolle von Bürger und Arbeitskraft‹).

(4) Der Materialismus des Marxismus-Leninismus manifestierte sich auch in den Curricula. Sie sollten wissenschaftlichen Charakters sein; aber dabei war an Objektivität gedacht und nicht an die formale Disziplin eines bloß methodisch kontrollierten unabhängigen Denkens (vgl. dazu ›Curricula‹).

(5) Der objektivistische Charakter der Curricula hatte seine institutionellen Grundlagen in den sozialen Rollen der Lehrer und Schüler. Lehrer und Schüler unterlagen einem dichten Netz bürokratischer Vorschriften und Kontrollen, das ihnen Möglichkeiten persönlichen Ausdrucks entzog (vgl. dazu ›Lehrer- und Schülerrolle‹).

(6) Die Expansion weiterführender Bildungseinrichtungen hatte in der DDR schon sehr früh stürmisch eingesetzt; sie wurde aber im Jahr 1971 durch politischen Beschluß jäh unterbrochen und zum Teil wieder rückgängig gemacht. Der Bedeutungszuwachs von Bildung und Wissenschaft hatte sich während der 60er Jahre in Tendenzen zu einer Expertenherrschaft manifestiert. Eine wichtige Voraussetzung dafür war, daß die bürgerlichen Freiheitsrechte in der DDR nicht galten. Die Entwicklung einer Expertenherrschaft widersprach nicht nur dem Interesse bestimmter politischer Eliten in Partei und Massenorganisationen, sondern auch dem Interesse der Mehrheit. So konnte die Expansion von Bildung und Wissenschaft politisch reduziert werden (vgl. dazu ›Bildungsexpansion und bürokratische Herrschaft‹).

Gleichheitsnorm und Einheitsschule

Bildung und die antifaschistisch-demokratische Umgestaltung der Gesellschaft

Ähnlich wie die westlichen Besatzungsmächte drängte auch die sowjetische Militäradministration in ihrer Besatzungszone auf eine Umgestaltung des Bildungswesens. Nicht nur die Ziele des Unterrichts, sondern auch die Schulformen sollten im Geist des Antifaschismus und der Demokratie verändert werden. Dabei wurde der Gleichheitsnorm eine herausragende Bedeutung zugemessen. Aber während im Westen schon bald eine Restaurationsperiode einsetzte und das vorbürgerliche dreigliedrige Bildungssystem zunächst noch einmal reinstalliert wurde, erlangte die Gleichheitsnorm in der Schulentwicklung der DDR eine dauerhafte Vorherrschaft. Die bedeutsamsten Bildungsreformen zielten darauf, das Bildungswesen im Sinne der Einheitsschule auszugestalten (Mitter 1990, S. 173 f.). Zu diesen Reformen gehörte vor allem:

- 1946: das ›Gesetz zur Demokratisierung der Deutschen Schule‹, mit dem die Einführung der achtjährigen Grundschule begonnen wurde;
- 1949: die stalinistisch inspirierten Reformen, die die Binnendifferenzierungen innerhalb der ›Grundschule‹ reduzierten;

- 1959: das ›Gesetz über die sozialistische Entwicklung des Schulwesens in der DDR‹, das die Einführung der zehnjährigen Allgemeinbildenden Polytechnischen Oberschule (POS) als Pflichtschule begründete;
- 1965: das ›Gesetz über das einheitliche sozialistische Bildungssystem‹;
- 1969/70: die Auflösung der traditionalen Zweige der gymnasialen Oberstufe;
- 1971: das Ende der Bildungsexpansion, das auf unten noch zu klärende Weise im Namen der Gleichheit durchgesetzt wurde;
- 1983: die Ausdehnung des für alle Kinder gemeinsamen Bildungsprogramms auf zehn Jahre (Abschaffung der Vorbereitungsklassen an der Erweiterten Oberschule [EOS]).

Die Reformen von 1946 waren von einer Kritik der formalen bürgerlichen Bildungsgleichheit begleitet. So heißt es in einer Erörterung des ›Gesetzes zur Demokratisierung der Deutschen Schule‹ von 1946, daß das formale Bürgerrecht auf Bildung die schichtenspezifische Ungleichheit der Bildungsmöglichkeiten nicht hat verhindern können, sondern die Funktion der Bildung als »Mittel der Rangbehauptung nur bestätigt« habe (Die Demokratisierung der deutschen Schule, 1946, S. 5). Deshalb hänge von der Entscheidung »zwischen der prinzipiellen Ausrichtung auf die formale Demokratie und der auf eine echte Demokratie der wirklichen Mehrheit des Volkes« der Charakter des demokratischen Umgestaltungsprozesses ab. »Beide Richtungen stellen die jeweilige Volksbildungsarbeit vor ganz verschiedene Anforderungen.« (a.a.O., S. 6) Mit der »Verkündigung des gleichen Rechts auf Bildung für alle Jugendlichen, Mädchen und Jungen, Stadt- und Landkinder, ohne Unterschied des Vermögens der Eltern ... wird der feinkonstruierte Vermittlungszusammenhang der politischen und ideologischen Herrschaft einer kleinen Oberschicht zerschlagen« (a.a.O., S. 7). Die im Gesetz genannten traditionalen Sozialkategorien stimmten mit jenen überein, die im Westen 20 Jahre später in der Konstruktion des ›katholischen Arbeitermädchens aus der süddeutschen Provinz‹ zum Thema bildungs- und gesellschaftspolitischer Kritik wurden. Die Durchsetzung ›einer echten Demokratie‹ auch im Bildungswesen liege im Interesse aller und sei eine konstitutive Voraussetzung des neuen demokratischen

Übersicht 7:
Der Weg zur Einheitsschule

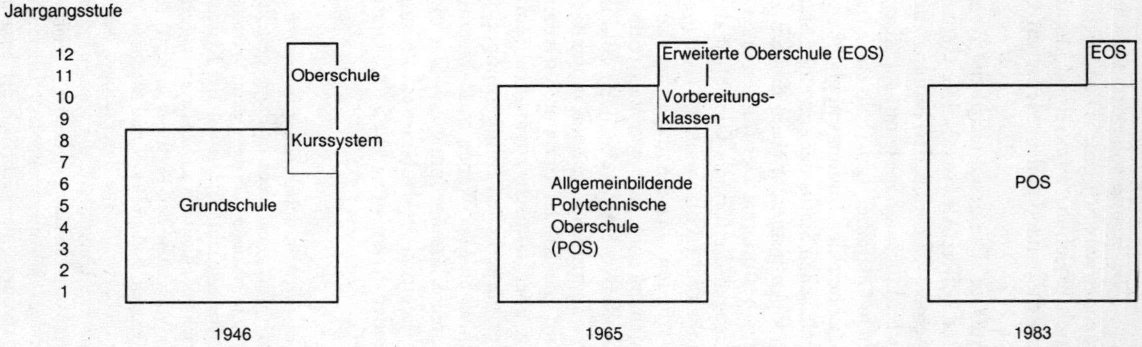

Gemeinwesens. Die Schule solle den Heranwachsenden demokratische Tugenden nahebringen. »Die Erziehung zur Demokratie kann nur durch Erziehung zum selbständig denkenden und verantwortungsbewußt handelnden Menschen vermittelt werden.« (a.a.O., S. 10)

In seinem Aufsatz ›Die gesellschaftliche Begründung der neuen Schule‹ nimmt Robert Alt (1946) diese Gedanken auf und expliziert sie in seinem Theorem des Bildungsmonopols. Alt unterscheidet hier Bildungsmonopole mit ständischem und solche mit kapitalistischem Charakter. Innerhalb einer ständischen Ordnung ist die Ungleichheit der Bildungsmöglichkeiten unmittelbar mit dem sozialrechtlichen Status der einzelnen Stände verbunden und in den Regelungen festgeschrieben, die den Zugang zu den Bildungsanstalten bestimmen. Der bürgerlichen Klassengesellschaft entspricht dagegen die formale Gleichheit der Bildungschancen, also eine »einheitliche Volksbildung« (Alt 1946, S. 14). Ihrer Verwirklichung stünden aber die ungleichen Lebensverhältnisse der sozialen Schichten entgegen, was wiederum den Interessen der herrschenden Klasse entspreche. Jene Bildungsanstalten, deren Abschlüsse zu Führungspositionen in der Gesellschaft berechtigen, sollen für die Kinder der unteren sozialen Schichten nur formal, nicht aber faktisch zugänglich sein. Der unpolitische Charakter des bürgerlichen Bildungsmonopols, so argumentiert Alt im Anschluß an Max Weber, trägt wesentlich zur Legitimität der bestehenden Klassenordnung bei. Der mit der Schulbildung verbundene »Legitimitätsglaube ist ein Prestigeglaube zugunsten der herrschenden Klasse« (a.a.O., S. 15). Dieses Prestige gründet sich auf den

> »Respekt vor der Atmosphäre einer fremden Sach- und Geisteswelt, deren höhere Wertigkeit nicht in Frage gestellt wird und die umso stärker wird, je weniger sie dem dem Prestige Unterliegenden für sich realisierbar erscheint.... Die von der Klassengliederung her gesehene Unterschiedlichkeit der Lebenslagen trägt stärkste Voraussetzungen für das Vorwalten des Prestiges in dem Verhältnis der Klassen zueinander in sich. Neben Besitz und Macht ist eine höhere Bildungsstufe wesentliche Grundlage des Prestiges der Oberklasse. Die Bildungsdistanz zur Unterklasse, die ausgeprägt ist und sich kundgibt im gesamten Verhalten der Oberklasse – seien es die Lebensformen, der Sittenkodex, die Anwendung des reicheren Wissens und weiträumigerer Erfahrungen, der Gebrauch der Sprache, das repräsentative

> Auftreten, zur Schau getragenes Sicherheits- und Überlegenheitsgefühl –, sie ist es, die den Legitimitätsanspruch bekräftigt und den Legitimitätsglauben der Beherrschten in hohem Maße bildet und stärkt.« (a.a.O., S. 16)

Die Nähe dieser Analyse zu denjenigen, die Bourdieu und seine Mitarbeiter ungefähr zwei Jahrzehnte später vorlegten, ist unübersehbar. Alt leitete aus der kultursoziologischen Kritik des bürgerlichen Bildungsmonopols die Forderung nach materialer Chancengleichheit ab. Allein eine Einheitsschule könne allen Kindern die Wege zur Bildung öffnen. Entsprechend habe sie die Aufgabe, »den Umkreis kultureller Beziehungen für alle Schichten des Volkes nicht mehr verschieden sein zu lassen, sondern die bildenden Werte eines weitausgedehnten Bereichs kultureller Güter in allen Kindern zum Leben zu erwecken« (a.a.O., S. 16). Diese Absicht sollte mit dem Gesetz zur Demokratisierung der Deutschen Schule verwirklicht werden. Die Reformer sahen sich in einer republikanischen Bildungstradition, die bis zu Pestalozzi zurückreichte und Motive der Revolution von 1848 und solche der Reichsschulkonferenz von 1920 enthielt. Sie hatten auch das Schulwesen der USA im Blick, über dessen Einheitlichkeit und demokratischen Charakter Hylla gleich im Anschluß an den zitierten Aufsatz von Alt viel Anregendes berichtete (Hylla 1946). Die Reformer konnten auch an die alte Forderung der Volksschullehrer anknüpfen, die schon immer ihre Ausbildung und Tätigkeit an diejenige der Gymnasiallehrer angeglichen sehen wollten. Unterstützung wuchs diesen Intentionen auch von seiten der früheren SPD-Mitglieder zu, die – von den Nationalsozialisten aus dem Schuldienst entfernt – rehabilitiert worden waren und fast die einzigen Fachkräfte im Schulwesen darstellten (Anweiler 1988).
Der bildungspolitische Kontext dieser Reformbestrebungen im Jahre 1945 zeichnete sich dadurch aus, daß die Sachwalter des überkommenen dreigliedrigen Bildungssystems geschwächt waren. Die Schlüsselpositionen in den neuen Schulverwaltungen der ostdeutschen Bundesländer und der Deutschen Zentralverwaltung für Volksbildung in Berlin waren zumeist Mitgliedern der KPD übertragen worden. Das Übergewicht der KPD ging auf deren besondere Nähe zur sowjetischen Besatzungsmacht zurück. Es wurde verstärkt durch die Bildung der ›Einheitsfront der anti-

faschistisch-demokratischen Parteien‹, in der sich KPD, SPD, LDPD und CDU auf das Prinzip der Einstimmigkeit und Verbindlichkeit der Einheitsfrontbeschlüsse geeinigt hatten. Hinzu trat schließlich die weitgehende Zentralisierung der schulpolitischen Entscheidungskompetenzen in der Deutschen Verwaltung für Volksbildung (Anweiler 1988, S. 22 ff.).

Aus der politischen Schwäche der alten Eliten darf nicht gefolgert werden, daß deren Nachfolger die Schulen per Dekret hätten demokratisieren können. Das Bildungsmonopol wurzelte auch in den überkommenen Wertorientierungen der Mehrheit, wie Alts Analysen zeigen. Einem demokratischen Schulunterricht standen zudem die sozialen und moralischen Zerstörungen entgegen, die der Nationalsozialismus und der Krieg hinterlasen hatten. Hinzu kam ein radikaler Wechsel der Lehrerschaft, der weit über das hinausging, was in den ostdeutschen Schulen nach 1989 an personellen Veränderungen zu verzeichnen war. 40.000 Lehrer, das waren 80 Prozent aller Lehrer der SBZ, waren im Jahr 1949 Neulehrer. Sie waren zum Ausgleich des Lehrermangels und zum Zwecke der Entnazifizierung der Schulen eingestellt worden. Dieser Personalwechsel wurde zum Inbegriff der antifaschistisch-demokratischen Umwälzung des Schulwesens und nahm in der DDR legendäre Bedeutung an. Was immer die politischen Tugenden der Neulehrer gewesen sein mögen, ihre Biographien und die Zeitumstände dürften ihnen kaum geholfen haben, sich den Geist des Gesetzes von 1946 verfügbar zu machen (Gruner 1995; Geissler 1991). Der schon bald sich ausbreitende Stalinismus hat die Schwäche der Demokratie in Schule und Gesellschaft vielleicht weniger verursacht als einstweilen besiegelt.

Wie stark überkommene gemeinschaftsideologische Vorstellungen selbst das wissenschaftliche Denken noch bestimmten, wird deutlich an Robert Alts Bestimmungen des Verhältnisses zwischen Bildung und Arbeit. Alt hatte einerseits für demokratische Gleichheit plädiert, andererseits aber mit neokonservativen Argumenten ein System sozialer Ungleichheit für naturnotwendig erklärt. Kaum anders als der (west)Deutsche Ausschuß für das Erziehungs- und Bildungswesen ging er von naturgegebenen Unterschieden der individuellen Begabungen und von naturgegebenen Zwängen der Arbeitsteilung aus. Ihr habe die Differenzierung der weiterführenden Bildungseinrichtungen zu entsprechen. Sie solle für die Abstimmung zwischen den »begabungsmäßigen, im

Individuellen der künftigen Berufsträger wurzelnden Voraussetzungen« und den »von der Seite der arbeitsteiligen Wirklichkeit an jeden Beruf gestellten Forderungen« sorgen. Mit der materialen Gleichheit der Bildungschancen eröffne sich die Möglichkeit, daß der »Zugang zu speziellem beruflichem Wisssen nicht an Besitz, sondern an Begabung gebunden« werde (a.a.O., S. 16). Das wiederum »ergibt von der Ökonomie der Kräfte in der Gesamtgesellschaft her gesehen ein erhöhtes In-den-Dienst-Stellen latent verfügbarer Energien und stellt einen Akt planmäßiger gesellschaftlicher Organisation der Bildung dar« (a.a.O.). Gegenüber ständischen Bildungsverhältnissen bezeichnet dieses Plädoyer für eine ökonomische Rationalisierung der Bildung einen Fortschritt, wenn auch einen begrenzten.

In den Begründungsschriften zum Gesetz zur Demokratisierung der Deutschen Schule findet sich neben dem Motiv eines bildungsökonomischen Materialismus und der Gleichheit schließlich ein machtpolitisches Kalkül. Die Aufhebung des Bildungsmonopols der bislang herrschenden Klassen sollte deren Herrschaft überhaupt außer Kraft setzen. So legitimierte sich die neue Bildungspolitik nicht zuletzt durch ihr antifaschistisches Pathos. Wenn anzunehmen ist, daß der Kapitalismus mit einer gewissen Notwendigkeit zum Faschismus führt, dann gewinnt der Sozialismus, der ihn verdrängt, bereits durch seine schiere Existenz eine antifaschistische Legitimation. Indem die bürgerliche Gesellschaft im Begriff des Faschismus mit dem Nationalsozialismus verknüpft wurde, wurde der Nationalsozialismus zu einem Kontrastbezug für die Abgrenzung der sozialistischen Ordnung vom ›Dritten Reich‹ und von jeder ›bürgerlichen‹ Staats- und Gesellschaftsordnung (Lepsius 1989, S. 252).

Die politischen Vertreter der neuen Verhältnisse beanspruchten gegenüber der großen Mehrheit zudem eine besondere persönliche Autorität, weil Kommunisten unter dem Nationalsozialismus besonders zu leiden gehabt hatten. Mit ihrem Anspruch, objektiv richtiges Bewußtsein zu exekutieren, spielten sie auf die nationalsozialistischen Verstrickungen an und setzten diejenigen auch moralisch herab, denen es am ›richtigen Bewußtsein noch fehle‹. Einer folgenreichen Auseinandersetzung mit dem Nationalsozialismus stand diese Vorstellung eines objektiv richtigen Bewußtseins im Wege. Denn die Resultate, zu denen man dabei legitimerweise gelangen konnte, lagen schon fest und konnten Versuche der Selbstverständigung nur entmutigen. Eine öffentliche Relevanz war diesen Versuchen darüber hinaus schon deswegen abgesprochen, weil mit der Beseitigung des Kapitalismus auch die Kapitalisten als vermeintlich Hauptschuldige beseitigt schienen. So nahm der Antifaschismus in der DDR nur allzu häufig die Bedeutung eines entmündigenden politischen Rituals an.

Entwicklung zur Einheitsschule

Sozialismus und Antifaschismus, Gleichheit und Demokratie, sowie ein bildungsökonomischer Materialismus bezeichnen die normativen Ideen, mit denen sich die DDR dem internationalen Standardmodell nationaler Bildungssysteme näherte, nämlich der Einheitsschule.

Die wichtigsten Entwicklungsschritte zur Einheitsschule waren die folgenden. Das Schulgesetz von 1946 führte die achtklassige Grundschule ein, die die Dauer der für alle Kinder gemeinsamen Schulzeit auf acht Jahre verdoppelte. Allerdings war in den Klassenstufen 7 und 8 noch ein differenzierendes Kurssystem vorgesehen, dessen Absolventen je nach Bildungsgang in die dreijährige obligatorische Berufsschule oder aber in die vierjährige Oberschule überwechselten. Die Oberstufe und das Abitur als wichtige Elemente der deutschen Schultradition blieben noch bestehen, auch die Gliederung der Oberstufe in einen altsprachlichen, neusprachlichen und mathematisch-naturwissenschaftlichen Zweig; und es blieb auch bei der Unterscheidung zwischen allgemeiner und beruflicher Bildung in der Oberstufe. Jedoch hatte das überkommene dreigliedrige Bildungssystem seine beherrschende Position verloren. Zudem wurden Möglichkeiten geschaffen, im Anschluß an die Berufsschule durch den Besuch von Fachschulen die Hochschulreife zu erwerben. Hinzu kamen Abend- und Volkshochschulen sowie spezielle Sondereinrichtungen, die zur Hochschulreife führten.

Gemessen am Gleichheitsprinzip muß die Einführung der ›Grundschule‹ als ein beachtlicher Modernisierungsschritt angesehen werden. Andererseits liegt es auf der Hand, daß die Bildungspolitik den Auswirkungen der soziokulturellen Ungleichheit in der Schule nur schwer begegnen kann. Auch in der DDR war die Realisierung von Bildungsreformen ein langwieriger Pro-

Übersicht 8:
Aufbau des Bildungssystems in der DDR Ende der 80er Jahre

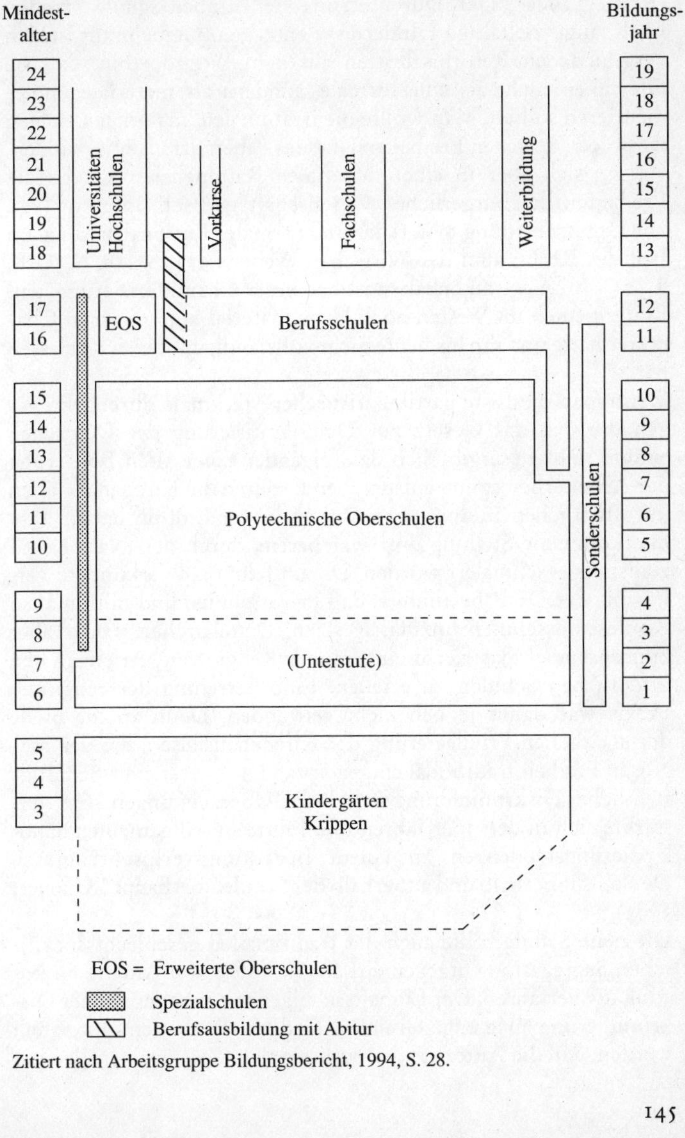

Zitiert nach Arbeitsgruppe Bildungsbericht, 1994, S. 28.

zeß; zwischen Reformversuchen und Erfolgen, so zeigt Köhler anhand statistischer Daten, ergaben sich beachtliche Differenzen (Köhler 1996). Der Durchsetzung der Einheitsschule standen noch lange vielfältige Hindernisse entgegen. Gemeinsam ist den verschiedenen Reformschritten auf dem Weg dorthin, daß sie Gleichheit nicht als eine formale, sondern als materiale implementieren sollten. Man wollte die irrationalen, materialen Folgen der ›bloß‹ formalen Freiheitsrechte des Liberalismus überwinden, verfing sich aber in einer materialen Rationalisierung, die die Freiheiten der bürgerlichen Gesellschaft faktisch unterbot (vgl. zur Unterscheidung materialer und formaler Rationalisierung am Fall des Rechts und der Wirtschaft Weber 1972, S. 459, S. 486 f., S. 505). Im Auge zu behalten ist bei dieser Charakterisierung, daß Bildung auch im Westen noch lange material heteronomen Charakter hatte und ihn bis heute nicht vollständig hinter sich gelassen hat.

Wenn man die Liste partikularistischer Merkmale durchgeht, gegen die sich das Gesetz zur Demokratisierung der Deutschen Schule richtete, ergibt sich das folgende: Einer alten Forderung der Arbeiterbewegung entsprechend, sollten die Kirchenanstalten im öffentlichen Bildungswesen nicht länger Einfluß haben. Ihre überkommene Stellung dort war bereits durch den Nationalsozialismus geschmälert worden. Die im Jahr 1949 verkündete Verfassung der DDR bestimmte, daß Privatschulen und mithin auch Konfessionsschulen unzulässig seien. Den Kirchen wurde aber zunächst noch das Recht eingeräumt, Religionsunterricht in den öffentlichen Schulen zu erteilen. Eine Befreiung der religiösen Praxis war damit jedoch nicht verbunden. Denn an die Stelle der staatlichen Privilegierung der Kirchenanstalten, die der religiösen Freiheit traditional entgegenstand, trat jetzt eine vielfältige staatliche Diskriminierung religiöser Überzeugungen. Sie verstärkte sich in den 50er Jahren und führte mit allgemeinen Säkularisierungstendenzen zu einem Bedeutungsverlust religiösen Denkens innerhalb und außerhalb der Schule überhaupt (Kluchert 1995).

Die neue Schule sollte auch der traditionalen geschlechtsspezifischen Segregation entgegenwirken. Sie sollte von Anfang an koedukativ verfahren. Der Einheitsschulgedanke zog möglicher Diskriminierung auch enge Grenzen. Es darf jedoch nicht unterstellt werden, daß die Autorität der traditionalen Geschlechtsrollen per

Dekret hätte außer Kraft gesetzt werden können. Daß sich traditionsreiche Knaben- oder Töchteranstalten problemlos dem Gedanken der Koedukation gefügt hätten, ist ebensowenig plausibel wie die Annahme, daß die damit verbundenen Organisationsprobleme über Nacht hätten gelöst werden können. In den 70er Jahren war die Diskriminierung der Mädchen auf den höheren Bildungsstufen aber weitgehend überwunden. Im Jahr 1986 waren sogar 56 Prozent der Schüler der 12. Klasse der EOS weiblichen Geschlechts, der Anteil in der Berufsausbildung mit Abitur betrug 34 Prozent. Unterschiedliche geschlechtsspezifische Bildungsinteressen zeigen sich jedoch in der Wahl der Fächer, wo diese möglich war (Bundesministerium für Familie, Senioren, Frauen und Jugend 1994, S. 107). Auch dort, wo die äußeren Bedingungen der Koedukation hergestellt werden konnten, verloren die traditionalen Bildungsvorstellungen nicht sofort ihre Anziehungskraft. Patriarchalische Geschlechtsrollenstereotype wurden auch in der DDR, wie Nickel (1990) gezeigt hat, nie völlig überwunden.

Differenzen zwischen dem städtischen und dem ländlichen Milieu, die sich im Landschulwesen des Ostens kaum anders durchgehalten hatten als in dem des Westens, erwiesen sich ebenfalls als zählebig. Dies gilt, auch wenn im Osten Versuche der Landschulreform nicht durch die Wiedereinführung der Konfessionsschulen belastet waren. Zwar gelang es schneller als im Westen, die einklassigen Landschulen abzuschaffen, gleichwohl blieben im Schulangebot zwischen Stadt und Land noch lange Disparitäten bestehen. So urteilt Zymek, daß »eine achtjährige Grundschule in Form wenig gegliederter Landschulen, noch dazu ausgestattet mit überwiegend nicht oder kurz ausgebildeten Neulehrern, ... eine Verschärfung des traditionellen Chancengefälles zwischen Stadt und Land« bedeutete (Zymek 1992, S. 951). Die Zahl der einklassigen Grundschulen wurde zwischen 1946 und 1957 von knapp 2000 auf 23 reduziert; in welchem Umfang aber auch dennoch der Unterricht in jahrgangsübergreifenden Klassen erteilt wurde, ist ungewiß (Köhler 1996). Gewisse Differenzen zwischen Stadt und Land gab es auch hinsichtlich der Möglichkeiten, das Abitur zu erlangen; sie waren bis zum Ende der DDR in der Stadt günstiger (Schreier 1990). Hier wirkte sich vor allem das größere Angebot an Abiturklassen in der Berufsausbildung aus. Die Ausbildung in Industrieberufen war häufiger als die in landwirtschaftlichen Berufen mit der Möglichkeit verknüpft, ein Abitur zu erwerben.

Länderspezifischen Partikularismen im Schulwesen standen die neuen bildungspolitischen Verhältnisse entgegen. Das Schulgesetz von 1946 wurde in allen Ländern der SBZ nahezu einheitlich verkündet. Unterschiede in den Schulverhältnissen, die sich aus je spezifischen Ausgangsbedingungen ergaben, verloren im Laufe der Zeit an Bedeutung. Auch das war nur in einem allmählichen Prozeß möglich. Noch für die 60er Jahre registriert Köhler ein Nord-Süd-Gefälle bei der Überwindung des jahrgangsübergreifenden Unterrichts. »Während der Anteil der Schüler in Mehrstufenklassen der Oberschulen 1960 in den nördlichen Bezirken noch 18 Prozent betrug (im Bezirk Neubrandenburg sogar mehr als 25 Prozent), lag er in den sächsischen Bezirken schon unter 4 Prozent.« (Köhler 1996, S. 5) Allmählich gelang es auch, das Gefälle in der Beteiligung an höherer Bildung zwischen den Bezirken der DDR deutlich zu verringern (Schreier 1990).

Schließlich ist von der schichtenspezifischen Angleichung der Bildungschancen zu sprechen. Mit der allgemeinen achtjährigen Grundschule wurde das Problem der Wettbewerbsgleichheit auf höhere Klassenstufen hinausgeschoben und insofern reduziert. Darüber hinaus gelang es mit einem ganzen Bündel von Maßnahmen schon bald, den Anteil der Arbeiter- und Bauernkinder an den Oberschülern, also in den Klassen 9 bis 12, zu erhöhen. Während offiziellen Schätzungen zufolge 1945 nur etwa vier Prozent der Oberschüler aus proletarischen Herkunftsgruppen kamen, so waren es 1949 bereits 31 Prozent (Der Aufbau 1952, S. 57). Daß man diese und die noch folgenden Zahlen nicht auf die Goldwaage legen darf, ist offenkundig, aber einen Trend bezeichnen sie doch (Solga 1995).

Um den Anteil der Kinder mit proletarischer oder kleinbäuerlicher Herkunft auch in den Hochschulen kurzfristig zu erhöhen, waren bereits 1946 spezielle Vorstudienanstalten gegründet worden. Sie wurden später als sogenannte Vorstudienabteilungen den Universitäten angelagert, bis sie im Jahr 1949 mit ihrer Umwandlung in ›Arbeiter-und-Bauern-Fakultäten‹ (ABF) einen Status innerhalb der Universitäten gewannen. ›Befähigte Bewerber aus Arbeiter- und Bauernkreisen‹, so hieß es in der entsprechenden Richtlinie, sollten in einem Kurs von drei Jahren die Zugangsvoraussetzungen für ein Hochschulstudium erwerben (Richtlinie

Übersicht 9:
Bezirksunterschiede im Schulbesuch der Erweiterten Oberschule 1971–1975 und 1980–1984 (DDR)

Bezirk	Schüler in Klasse 12 der EOS im Durchschnitt in den Jahren			
	1971 - 1975		1980 - 1984	
	absolut	in % des Altersjgg.	absolut	in % des Altersjgg.
Berlin	1979	15,0	1863	10,1
Cottbus	1220	8,8	1077	7,2
Dresden	2851	10,9	2374	8,6
Erfurt	1918	9,6	1645	8,2
Frankfurt/O.	986	8,5	895	7,2
Gera	1164	10,3	939	8,0
Halle	3123	10,6	2655	9,0
Karl-Marx-Stadt	3079	11,1	2621	9,8
Leipzig	2052	9,9	1841	8,5
Magdeburg	2054	9,9	1753	8,3
Neubrandenburg	1113	9,0	878	7,8
Potsdam	1635	9,0	1497	7,7
Rostock	1323	8,6	1315	8,1
Schwerin	991	9,2	809	7,7
Suhl	810	9,6	678	7,9
DDR	26298	10,1	22840	8,4

Die Altersjahrgänge sind bezogen auf die Altersgruppe der 17- bis unter 18jährigen.

Quelle: Statistische Jahrbücher der DDR 1972 - 1985. Zitiert nach Köhler/ Schreier 1990, S. 137.

1949). Auch wenn die Werbe- und Delegierungskampagnen für die ABF nicht so erfolgreich waren wie geplant, erhöhte sich der Anteil der Arbeiterkinder an den Studierenden doch beträchtlich. Er wuchs von vier Prozent im Jahre 1945/46 auf 20 Prozent im Jahr 1947, 42 Prozent im Jahre 1952 und schließlich auf mehr als 50 Prozent im Jahr 1958 (Der Aufbau 1952, S. 77; Geißler 1991). Die bildungspolitische Förderung der Arbeiter- und Bauernkinder folgte nicht allein Gesichtspunkten kompensatorischer Sozialpolitik. Darüber hinaus gewann auch die Intention an Gewicht, die Arbeiterklasse müßte zur herrschenden gesellschaftlichen Klasse werden. Weiter unten wird von dieser Politik und ihren Resultaten noch ausführlicher die Rede sein (vgl. dazu das Kapitel ›Bildungschancen und soziale Schichtung‹).

An dieser Stelle soll zunächst die weitere Entwicklung der Einheitsschule erörtert werden. Die achtklassige Grundschule von 1946 sah in der siebten und achten Klassenstufe Kursunterricht vor. Das Kurssystem war als Kompromiß zwischen den Verfechtern einer stärkeren Differenzierung und einer strikten Einheitsschule zustande gekommen (Neuner 1997). Da die Kurse nicht zu gleichwertigen Abschlüssen führten, ist es nicht überraschend, daß ihre Differenzierung zum Medium der Reproduktion sozialer Ungleichheit wurde. Mit Hinweis darauf wurden die mit dem Kursunterricht gegebenen Wahlmöglichkeiten 1949 beseitigt. Für alle Kinder wurde ein einheitliches Bildungsprogramm obligatorisch gemacht.

Im Dienste des Einheitsschulgedankens stand auch die Entwicklung der Mittelschulen in den 50er Jahren. Diese zehnklassige Oberschule sollte wissenschaftlichen Charakter tragen und der Ungleichheit der Bildungschancen durch besondere Förderung der Arbeiter- und Bauernkinder entgegenwirken. Diese Entwicklung mündete 1959 in die gesetzliche Einführung der zehnjährigen Allgemeinbildenden Polytechnischen Oberschule (POS) als Pflichtschule. Damit verlängerte sich die Möglichkeit und die Pflicht wissenschaftlicher Bildung für alle. Die Ausdifferenzierung der Bildungsgänge, die zur Oberstufe führten, wurde hinausgeschoben. Während sie in der ›Grundschule‹ von 1946 schon im siebten Schuljahr eingesetzt hatte, so in der Polytechnischen Oberschule erst im neunten. Die Verlängerung der Schulpflicht kam also jener Bildungsphase zugute, die allen Kindern gemeinsam war.

Die Oberstufe, die jetzt die Bezeichnung Erweiterte Allgemeinbildende Polytechnische Oberschule (EOS) erhielt, wurde damit von vier auf zwei Klassenstufen verkürzt. Es gab zwar noch Vorbereitungsklassen, die zum Besuch der EOS führten und die bei der EOS geführt wurden. Jedoch galt für sie der Lehrplan der POS, wodurch die Differenz zwischen der allgemeinen und der höheren Bildung reduziert wurde. 1983 wurde schließlich die Auslese für die EOS auf die zehnte Jahrgangsstufe verlegt. Eine für alle Kinder einheitliche Bildung war damit von sechs Jahren (1946) auf zehn Jahre angewachsen. Vereinheitlichungstendenzen bestimmten auch die Entwicklung der Oberstufe. 1969/70 erhielten die elften und zwölften Klassen der EOS einen einheitlichen Lehrplan. Er trat an die Stelle der traditionalen Zweige der Oberschulen in Deutschland, also an die Stelle der alt- und neusprachlichen sowie naturwissenschaftlich-mathematischen Einrichtungen. Einen Ausbau hatte das Einheitsschulprinzip auch mit dem ›Gesetz über das Einheitliche Sozialistische Bildungssystem‹ erfahren, das die Volkskammer 1965 verabschiedet hatte. Danach war der Übergang aus der achten Klasse in die Berufsausbildung oder direkt in ein Arbeitsverhältnis nur noch in Ausnahmefällen möglich. Diese Regelung ließ den Anteil der Jugendlichen aus den in Frage kommenden Altersjahrgängen, die von der 8. in die 9. Klasse übergingen, von zwölf Prozent im Jahr 1954 auf 72 Prozent im Jahr 1965 und auf 91 Prozent im Jahr 1975 steigen (Lötsch/Meier 1988, S. 190).
Diese Skizze der Schulentwicklung zeigt, daß sich in der DDR die Gleichheitsnorm nachdrücklich durchgesetzt hat. So resümiert Waterkamp (1990): »Zieht man eine Bilanz der Politik der Einheitlichkeit im Schulwesen der DDR, so muß zunächst die Tatsache respektiert werden, daß es über so viele Jahre gelungen ist, leistungsmäßig sehr heterogene Klassen fast ausschließlich im Klassenverband zu unterrichten, und zwar bis einschließlich zur 10. Klasse.« (Waterkamp 1990, S. 7; ebenso Wigger/Walter/Hilbrich 1994) Dieser Eindruck wird leicht verwischt durch einen bildungsökonomischen Materialismus, der in wissenschaftlichen oder politischen Auseinandersetzungen in der DDR vertreten wurde. Er brachte Vorstellungen über den wirtschaftlich-technischen Qualifikationsbedarf und über naturgegebene individuelle Begabungsdifferenzen ins Spiel, mit denen Forderungen nach Abkehr vom Gleichheitsprinzip in der Schule begründet wurden.

Schaut man sich die umfangreiche Literatur zu entsprechenden Schulversuchen, psychologischen Verfahren der Begabungsmessung und Techniken der Begabungsförderung im Unterricht an, für die die Publikationen mit dem Titel ›Begabungsforschung‹ der Pädagogischen Akademie (Akademie 1987, 1988, 1989) mit ihren Bibliographien repräsentativ sind, dann kann es nur überraschen, wie wenig von alledem Einzug in die Schulpraxis gehalten hat.
Zwar hat es gewisse Differenzierungstendenzen in den Schulen gegeben, sie waren aber marginal. Gapp kommt zu dem Ergebnis, daß nur etwa drei Prozent der Schüler der entsprechenden Altersjahrgänge auf den Klassenstufen 3 bis 9 in insgesamt 13 Spezialisierungsrichtungen gesonderte Schulen beziehungsweise Klassen besuchten (Gapp 1991, S. 51). Zu diesen gehörten Bildungseinrichtungen, die der Pflege der Künste und der Sprachen galten, und solche mit mathematisch-naturwissenschaftlichem Programm. Nur mit diesen beiden verband sich die Vorstellung einer spezifischen Begabungsförderung. Der exklusive Charakter der mathematisch-naturwissenschaftlich ausgerichteten Klassen und Spezialschulen wurde verstärkt durch die ›wissenschaftlichen Schülergesellschaften‹, deren Mitglieder so gut wie ausschließlich aus jenen Spezialeinrichtungen stammten. Die Mitglieder dieser Gesellschaften wurden über mehrere Jahre oftmals von Hochschuldozenten oder Mitarbeitern wissenschaftlicher Forschungsinstitute betreut und erhielten an den Universitäten bevorzugt Studienplätze. Bezeichnend ist jedoch, daß diese Gesellschaften keinen rechtlichen Status hatten (Messmer 1991). Marginal war auch die Bedeutung der Schulen und Klassen mit erweitertem Russischunterricht (Huschner 1996).
Andere Differenzierungen der Bildung waren vom Umfang her viel bedeutsamer, lassen sich aber ebensowenig als Verletzung der Gleichheitsnorm im Interesse einer Elitebildung verstehen. Zu nennen sind hier die fakultativen Kurse ab der neunten Klassenstufe. Sie zielten nicht auf eine administrative Selektion und Pflege von Spezialbegabungen, sondern sollten interessierten Schülern ein Bildungsangebot sein. Es waren Arbeitsgemeinschaften, die ihren Ort außerhalb des üblichen Unterrichtsgeschehens hatten; von diesem unterschieden sie sich auch dadurch, daß hier keine Noten vergeben wurden. Daß die Schulentwicklung von begabungs- und bildungsökonomischen Debatten weitgehend unberührt dem Gleichheitsprinzip folgte, zeigte sich nicht zuletzt in

der schon genannten Abschaffung der Vorbereitungsklassen an den EOS im Jahr 1983.
Bis zum letzten pädagogischen Kongreß der DDR 1989 wurden immer wieder Versuche unternommen, »die fortwirkende politische Blockierung innerer und äußerer Differenzierung aufzubrechen. Lediglich die Vorverlegung des fakultativen Unterrichts in die 7. und 8. Klasse konnte erreicht werden«; so faßt Neuner (1997, S. 272) das Ergebnis der bildungspolitischen Konflikte um das Einheitsschulprinzip in einer Rückschau zusammen.
Unverkennbar ist der bürokratische Geist, der in der ostdeutschen Schulentwicklung zum Ausdruck kommt. Er hat die Betroffenen erheblichen Härten ausgesetzt. Vielen Schülern, deren soziale Herkunft als politisch verdächtig galt, hat man Steine in den Weg gelegt, und den sogenannten Arbeiter- und Bauernkindern sind, um im Bilde zu bleiben, die Steine nur allzuoft auf den Fuß gefallen, die man ihnen aus dem Bildungsweg räumen wollte. Die Ablösung aus traditionalen kulturellen Milieus, die der Besuch weiterführender Bildungseinrichtungen erfordert, war für den einzelnen häufig sehr schmerzhaft und provozierte Konflikte und Widerstände. Sie entzündeten sich am bürokratischen Zwang, mit dem die Arbeiter- und Bauernkinder zum Besuch weiterführender Bildung gebracht werden sollten. In Westdeutschland war der Aufbruch oder auch Ausbruch aus dem kulturellen Herkunftsmilieu, der die Bildungsexpansion entstehen ließ, als Sache individueller Entscheidung institutionalisiert; aber auch die Privatisierung der Bildungsentscheidung hat viele Kinder vor belastende Probleme gestellt.

Bildungschancen und soziale Schichtung

Proletarisches Abstammungsprestige

Kindern aus den unteren sozialen Schichten sollte eine besondere schulische Förderung zuteil werden. Mit dieser Politik verbanden sich drei unterschiedliche Vorstellungen. Zum einen war damit intendiert, der Gleichheitsnorm zur Wirksamkeit zu verhelfen, die in der bürgerlichen und sozialistischen Tradition eine herausragende Stellung hat. Zu diesem Motiv kam ein zweites, das mit der Proklamation der sogenannten antifaschistisch-demokratischen

Umgestaltung der Gesellschaft verbunden war. Die politische Macht sollte in die Hände der Arbeiterklasse gelegt werden. Sie sei der Widerpart der Kapitalisten, die für den Nationalsozialismus verantwortlich zu machen und deswegen zu beseitigen seien. Politische Gesinnung und Engagement wurden beim Übergang in die Abiturstufe zu einem bedeutsamen Selektionskriterium. Diese Politik folgte der Vorstellung, der Erfahrung der Lohnarbeit entsprängen besondere politische Tugenden, an denen noch die Kinder der Arbeiter teilhätten. So wurde Abstammungsprestige zu einer wichtigen Determinante individueller Bildungschancen. Schließlich ging es in bildungsökonomischer Perspektive zeitweise auch um eine Ausschöpfung der Begabungsreserve.

Die genannten Selektionskriterien wurden von den Schulen administriert. Die Schulleiter schlugen Schüler zur Aufnahme in die Abiturstufe vor. An der Auswahl zu beteiligen waren Klassenleiter, Fachlehrer, Elternbeirat und die FDJ-Leitung der Schule. Als Zugeständnis an die Idee des Elternrechts gab es daneben auch ein Antragsrecht für die Eltern. Die endgültige Entscheidung darüber, wer in die Abiturstufe aufgenommen wurde, lag bei den Kreisschulräten. Schon in der Richtlinie für die Zulassung zur Arbeiter-und-Bauern-Fakultät von 1949 wird das politische Selektionskriterium explizit genannt. ›Aktivisten‹, so heißt es hier, seien zu bevorzugen (Richtlinie 1949). Eine entsprechende Forderung findet sich auch in einem Beschluß der SED zur Rekrutierung der Oberschüler. »Die Auswahl der Oberschüler aus den Kreisen der Werktätigen« sei »bei gleichzeitiger Heranziehung von Kindern der Aktivisten und der fortschrittlichen Intelligenz entsprechend dem Anteil dieser Schichten an der Bevölkerung und ihrer Bedeutung zu verstärken« (Beschluß 1949). Das Nebeneinander der beiden Gesichtspunkte hat Löbner (1951) folgendermaßen beschrieben:

> »Mindestens 60 Prozent aller neu aufzunehmenden Schüler der Oberschulen sollen Arbeiter- und Bauernkinder sein. Für die Zehnjahresschulen muß der Anteil 80 Prozent betragen. Ausschlaggebend für die Auswahl sind die Leistungen der Schüler, ihr Lerneifer, ihr Arbeitswille, ihre fortschrittliche Einstellung und ihre gesellschaftliche Arbeit. ... Nach der Auswahl beginnt die Arbeit der Werbung der ausgewählten Schüler. Bei Kindern aus dem Bürgertum ist eine Werbung nicht nötig, da diese meist selbst zur Oberschule drängen. Der Schwerpunkt unserer Arbeit muß also bei den Arbeiter- und Bauernkindern liegen.

Jedes einzelne Kind bedarf einer intensiven Aufklärung, Werbung und Förderung. Vor allem ist ihm klarzumachen, daß es die Pflicht eines jeden begabten Kindes ist, seine Fähigkeiten weiterzuentwickeln und damit zum schnelleren Aufbau unserer friedlichen demokratischen Republik beizutragen.« (Löbner 1951, S. 179)

Die kapitalistische Klasse war also auf zweierlei Weise zu beseitigen: zum einen durch die Enteignung der Besitzer großer Kapital- und Grundvermögen und zum andern durch die Privilegierung von Arbeitern und Bauern beziehungsweise deren Kindern. Nach offiziellem Sprachgebrauch sollten die Enteignungen noch nicht den Charakter einer sozialistischen Umwälzung der Gesellschaft haben; sie sollten sich allein gegen die ökonomische Basis des Nationalsozialismus richten. Faktisch war damit aber der erste Schritt getan, um die bürgerliche Verfügungsgewalt über Eigentum durch die politische Herrschaft der Kader zu ersetzen (Meuschel 1992, S. 43). Die Veränderung der Eigentumsverhältnisse ließ die Frage entstehen, wie die neuentstandenen Führungspositionen mit politisch zuverlässigem Personal besetzt werden könnten. Diese Frage wurde zunächst ebenfalls unter Berufung auf den Antifaschismus beantwortet. Arbeiter sollten politisch und damit auch bildungspolitisch privilegiert werden. Die liberale Unterscheidung zwischen Berufsstatus und Bürgerstatus wurde damit eingeschränkt. So entstanden für Arbeiter und ihre Kinder nicht nur Aufstiegsmöglichkeiten, sondern auch massive Aufstiegszwänge. Ins Gewicht fiel dabei auch, daß Millionen von Menschen die DDR verließen und sich der Bundesrepublik zuwandten. Die Statistik der DDR geht für Ende der 40er Jahre von etwa einer halben Million Abwanderer jährlich aus (Solga 1995); unter ihnen waren hochqualifizierte Arbeitskräfte deutlich überrepräsentiert.

Das Kriterium ›Arbeiterkind‹ beziehungsweise ›Bauernkind‹ verursachte in der Praxis der Zulassung etwa zur Oberschule gravierende Probleme. Wie es zu definieren ist, ist nicht einfach zu entscheiden. Eindeutige Definitionen fallen bereits der empirischen Sozialforschung schwer. Ungleich problematischer sind Abgrenzungsversuche, die unter den Konflikten des Alltags vorgenommen werden müssen. So heißt es bei Krahn: »Aus den Ländern und Gemeinden wird von sogenannten ›Grenzfällen‹ berichtet, in denen es auf die Auslegung ankomme, ob man ›großzügig‹ oder ›einengend‹ entscheide, und manchmal besteht sogar ziemlich weitgehende Unklarheit über die praktische Anwendung der Bestimmungen im einzelnen« (Krahn 1951, S. 11). Man sah sich zu Klarstellungen veranlaßt, die an Adelskalender erinnern. Bekräftigt wurde zum Beispiel, daß auch die Kinder derjenigen Eltern als Arbeiter- und Bauernkinder anzusehen seien, denen unter den neuen Verhältnissen der Aufstieg in Angestellten- und Führungspositionen gelungen war, sofern sie nur vor 1945 Arbeiter gewesen waren. Als Kriterium wurde die am 1.1.1942 ausgeübte Erwerbstätigkeit des Vaters festgelegt. Zur Klarstellung der in der Tat komplexen Frage führt Krahn drei Fälle an:

> »Es geht also nach der Erwerbstätigkeit und Klassenzugehörigkeit des Vaters 1942. Wenn die Mutter kaufmännisch gelernt hatte und nach 1945 aufgrund dessen (als Witwe) Buchhalterin ist, der Vater aber damals Arbeiter war, ist das Kind als Arbeiter anzusehen. Ebenso ist der Ausnahmefall zu beurteilen, in dem die Tochter eines hohen Regierungsbeamten, durch die Lehren von Marx und Engels für den Klassenkampf des Proletariats gewonnen, einen in der KPD organisierten Arbeiter geheiratet hat. Umgekehrt sind dann natürlich Kinder eines bürgerlichen Vaters, der ein Arbeitermädchen geheiratet hat, nicht als Arbeiterkinder anzusehen.« (Krahn 1951, S. 12)

In Grenzfällen, in denen eine genaue Zuordnung der Beschäftigung des Vaters nicht möglich sei, solle »seine ideologische Einstellung« berücksichtigt werden, inwieweit er sich also »durch Organisationszugehörigkeit und aktives Verhalten zur Arbeiterklasse bekannt hat«. Durch diese Regelungen sei gesichert, daß »die soziale Zusammensetzung unserer Oberschulen, Hochschulen usw. in Zukunft der Kraft, Zahl und Bedeutung der Arbeiterklasse und Bauern entspricht« (Krahn 1951, S.12). Derartige Zulassungsmechanismen zu weiterführender Bildung haben ständische Barrieren eher befestigt als geschliffen. ›Zahl‹ repräsentiert in der zitieren Anweisung das Motiv der Beseitigung alten Unrechts. Es geriet aber zunehmend unter die Räder eines Partikularismus, der auf die politische ›Kraft und Bedeutung‹ einer neuerlich herauszuhebenden Gruppe, der Arbeiterklasse, zielte. Dieses Motiv wurde kurze Zeit später auch in Regelungen bekräftigt, die die Funktion der Arbeiter-und-Bauern-Fakultäten festschrieben. »An den Arbeiter-und-Bauern-Fakultäten werden Patrioten erzogen, die als Kinder der deutschen Arbeiterklasse

und der werktätigen Bauernschaft klassenbewußt auftreten und handeln.« (Anweisung 1957, S. 1)
Die politische Bedeutung, die den Arbeitern und Bauern zugemessen wurde, wandelte sich, als anstelle der antifaschistisch-demokratischen Umgestaltung der Gesellschaft der Aufbau einer sozialistischen Ordnung proklamiert wurde. Allein die Arbeiter und Kleinbauern seien fähig, mit der SED an der Spitze die Entwicklung von Staat und Gesellschaft in Übereinstimmung mit den objektiven Gesetzmäßigkeiten der Geschichte zu bringen und sie damit im Interesse aller voranzutreiben. »Die Arbeiterklasse und die Klasse der werktätigen Bauern sind die unerschütterlichen Träger unserer Arbeiter-und-Bauern-Macht, die dem gesamten deutschen Volk dient. Deshalb sind bei der Auswahl der künftigen Schüler der Mittel- und Oberschule die Kinder der Arbeiter und werktätigen Bauern zu bevorzugen. Weiterhin sind besonders die Kinder solcher Werktätigen zu berücksichtigen, die Funktionen der Arbeiter-und-Bauern-Macht bekleiden, und solche Bürger, die beim Aufbau und der Festigung unserer Republik eine positive Rolle spielen.« (Richtlinie 1955)
Den Richtlinien schließen sich genauere Definitionen der zu bevorzugenden ›Angehörigen der Arbeiterklasse‹, ›werktätigen Bauern‹ und ›Werktätigen‹ an. Zu den Kindern, die danach beim Zugang zu höheren Bildungseinrichtungen benachteiligt wurden, gehörten vor allem jene aus folgenden sozialen Schichten: die Reste der alten wirtschaftlichen Oberschicht, die Mittelbauern mit mehr als 15 Hektar Land, der sonstige selbständige Mittelstand, die Angehörigen der freien Berufe, die sich gegenüber der neuen Ordnung eher distanziert verhielten, sowie die Angestellten der Hierarchieebenen, die nicht zur Intelligenz gehörten (Lange/Richert/Stammer 1954, S. 213). Die Definition der bildungspolitisch zu bevorzugenden Kinder ging also weit über diejenigen mit proletarischem Stammbaum hinaus. Das hatte vor allem zwei Gründe. Es war abzusehen, daß der Mangel an Fachkräften sobald nicht beseitigt werden konnte. Zudem war eine hohe Abbrecherquote bei den Arbeiterkindern an den Oberschulen zu verzeichnen. Der Schulverwaltung war sehr wohl bewußt, daß die Ergebnisse der Fördermaßnahmen den pädagogischen Optimismus auf eine Probe stellten (vgl. Zaisser 1953). Hierin ist auch ein Hinweis auf das Leistungsprinzip zu sehen, an dessen Autorität die sozialistische Umgestaltung der Schule nicht

rühren sollte. So galten als ›Bedingungen für die Aufnahme an Oberschulen‹, die an erster Stelle genannt wurden, »im Regelfall guter Leistungsdurchschnitt« (Richtlinie 1955, S. 2; vgl. auch Anordnung 1981, S. 93).

Das proletarische Abstammungsprestige verblaßte im Lauf der Zeit. So wurden die Arbeiter-und-Bauern-Fakultäten 1961 aufgelöst. In die gleiche Richtung deuten auch Veränderungen der Zulassungsverfahren für das Hochschulstudium. An diesen Verfahren waren zunächst Vertreter der Massenorganisationen in entscheidendem Maße beteiligt, ab 1963 entschieden aber allein die Universitäten und Hochschulen (Zulassungsordnung vom 28. 2. 1963 und vom 21. 12. 1963). Schulleistung wurde zur entscheidenden Determinante der Bildungskarriere. Diese Veränderung wurde mit bildungsökonomischen Annahmen begründet. Die beruflichen Leistungsansprüche, die von der wissenschaftlich-technischen Revolution bestimmt würden und in der Politik des Neuen Ökonomischen Systems zum Ausdruck gebracht werden sollten, trügen einen immer anspruchsvolleren wissenschaftlichen Charakter, und dem habe die Selektion der Schüler zu entsprechen.

Während die schichtenspezifische Ungleichheit der Bildungschancen bis dahin abgenommen hatte, war seitdem wieder eine Zunahme zu verzeichnen. Das belegen schon Untersuchungen aus den sechziger Jahren. Der Zusammenhang zwischen dem schulischen Leistungsstand der Kinder und dem Bildungsniveau ihrer Väter wurde enger (Bericht 1966; Teichmann 1969). In späteren Untersuchungen wurde dieser Befund immer wieder bestätigt (Soziologische Probleme 1974). So erzielten Mitte der 70er Jahre 36 Prozent der Kinder von Vätern mit Hochschul- bzw. Fachschulabschluß durchschnittlich sehr gute Leistungen, aber nur acht Prozent der Facharbeiterkinder (Meier et al. 1978, S. 85). Dem entsprach, daß der Anteil der Arbeiter- und Bauernkinder an den Sitzenbleibern überproportional hoch war; er betrug 77 Prozent, während der Anteil von Arbeiter- und Bauernkindern an der Gesamtschülerzahl in den 60er Jahren lediglich 64 Prozent betrug (Löwe 1971, S. 53).

Zwar wurde am Arbeiter- und Bauernbonus auf dem Papier noch festgehalten; aber die Auslese nach Gesichtspunkten politischer Loyalität, auf die er zielte, wurde zunehmend in einer Weise gehandhabt, die die Kinder der höheren sozialen Schichten begünstigte. Statt der Herkunft wurden Funktionen im politischen Kinder- und Jugendverband für den Zugang zu den höheren Bildungseinrichtungen bestimmend. Mit den Anforderungen, die derartige Funktionen stellten, waren aber die Kinder aus den mittleren sozialen Schichten besser vertraut als Arbeiter- und Bauernkinder. So hatten Kinder von Hochschul- und Fachschulabsolventen an der Schule häufiger Leitungsposten in der FDJ inne (Meier et al. 1978, 1980, 1983; Hoffmann et al. 1987, S. 40). In der Abiturstufe, wo man durch den Nachweis ›gesellschaftlicher Aktivität‹ die Chancen für die Zuweisung eines Studienplatzes in einer gewünschten Fachrichtung erhöhen konnte, hatten 58 Prozent der Schüler eine Funktion in der FDJ (Hoffmann et al. 1987, S. 39). Die Kinder der Arbeiter hatten an derartigen Aufgaben kaum ein Interesse.
Die Ungleichheit der Bildungschancen spiegelt sich in Veränderungen der sozialen Herkunft der Direktstudenten. Schon an der bis 1971 anhaltenden Expansion der akademischen Bildung partizipierten die Arbeiterkinder immer weniger. Ihr Anteil sank von 53 Prozent im Jahr 1958 auf ca. 30 Prozent im Jahr 1967 (Geissler 1991, S. 522). Der Anteil von Kindern, deren Eltern bereits über einen Hoch- bzw. Fachschulabschluß verfügten, stieg entsprechend von 14 auf 30 Prozent; der Anteil dieser Eltern an der gesamten Erwerbsbevölkerung betrug zur gleichen Zeit etwas weniger als zehn Prozent (Wahse/Schaefer 1990, S. 54). Ähnliche Veränderungen zeigten sich bei den Fern- und Abendstudenten. Dort stieg der Anteil von Kindern aus der sogenannten Intelligenz zwischen 1960 und 1965 von 28 auf 53 Prozent (Bramhoff/Woidtke 1974, S. 623). Nachdem sich die ›sozialistische Intelligenz‹ etabliert hatte, reproduzierte sie sich also zunehmend aus sich selbst. Ende der 80er Jahre kamen nur noch zehn Prozent der Hochschulstudenten aus Kreisen der Arbeiterschaft, während 78 Prozent mindestens einen Elternteil mit Hoch- oder Fachschulabschluß hatten; der Anteil dieser Eltern an der gesamten Er-

werbsbevölkerung betrug nur 25 Prozent. Kurz gesagt, während die Großeltern der Studenten vorwiegend aus Arbeiterfamilien stammten, hatten ihre Eltern überwiegend einen Hoch- oder Fachschulabschluß.

Diese Tendenz zur Selbstrekrutierung setzte sich auch auf anderen Qualifikationsstufen durch. In diesem Ergebnis stimmen alle einschlägigen Untersuchungen überein, die in den 80er Jahren durchgeführt wurden. So rekrutierten sich jene rund 15 Prozent der Angehörigen eines Altersjahrgangs, die vorzeitig die Schule verließen und ohne Facharbeiterabschluß ins Beschäftigtensystem überwechselten, überwiegend aus der Herkunftsschicht der Un- und Angelernten (Steiner 1986, S. 9; Haas 1988). Eine entsprechende Tendenz war auch bei den Facharbeitern festzustellen (Hoffmann et al. 1987). Die Korrelation zwischen sozialer Herkunft und Bildungsabschlüssen wurde von Jahr zu Jahr enger (Meier et al. 1978, 1983; Solga 1995). Die zunehmende Ungleichheit lief der offiziellen Selbstdefinition der DDR entgegen, ein Arbeiter- und Bauernstaat zu sein. Die zitierten Daten wurden deswegen aus den öffentlich zugänglichen Statistiken verbannt. Seit 1967 finden sich in den statistischen Jahrbüchern keine Angaben mehr über die soziale Herkunft der Studenten. Daß die genannte Verschiebung aber bildungspolitisch problematisiert wurde, geht indirekt aus einer Mahnung der Ministerin für Volksbildung aus dem Jahr 1969 hervor, die mit Nachdruck dazu aufrief, »nach wie vor zu sichern, daß unsere Intelligenz immer wieder, entsprechend der sozialen Struktur unserer Bevölkerung, vorwiegend aus der Klasse der Arbeiter und der Genossenschaftsbauern hervorgeht« (Honecker 1969, S. 12).

Die Tendenz zunehmender Statusvererbung ergab sich aus verschiedenen Umständen. Um mit dem Äußerlichsten zu beginnen: die Zahl günstigerer Berufspositionen nahm gegenüber der Zahl der potentiellen Kandidaten ab. Der Wechsel der Eliten nach dem Kriege und in den 50er und frühen 60er Jahren hatte für beachtliche Aufstiegsmöglichkeiten gesorgt. Der damit verbundene Mobilitätsschub hatte eine weitgehend altershomogene Gruppe aus den unteren sozialen Schichten in Führungspositionen getragen. Vom Rentenalter waren die Betreffenden in den 70er Jahren noch weit entfernt, so daß an baldige Vakanzen nicht zu denken war. Hinzu trat die schon erwähnte Beschränkung der Sekundarstufe II. Der Platz für Neuankömmlinge aus bildungsfernen sozialen

Übersicht 10:
Berufliche Qualifikation der Eltern und Großväter von Hochschulstudenten in der DDR (in Prozent)

Eltern und Großväter/ Jahr	ohne Beruf/ Teilfach-arbeiter	Facharbeiter	Meister	Fachschul-abschluß	Hochschul-abschluß	Hoch- und Fachschul-abschluß
Väter						
1977	4,0	34,0	17,0	21,0	24,0	45,0
1979	3,0	28,0	15,0	23,0	31,0	54,0
1982	1,0	25,0	13,0	22,0	39,0	61,0
1989	1,0	19,0	12,0	21,0	47,0	68,0
Großväter (väterlicherseits)						
1982	21,0	50,0	17,0	6,0	6,0	12,0
1989	12,0	47,0	23,0	8,0	11,0	19,0
45- bis 50jährige Männer (1984)	12,4	52,6	10,4	13,6	11,0	24,6
Mütter						
1977	29,0	53,0	2,0	12,0	4,0	16,0
1979	19,0	52,0	2,0	17,0	10,0	27,0
1982	9,0	47,0	2,0	27,0	15,0	42,0
1989	4,0	37,0	3,0	34,0	22,0	56,0
Großväter (mütterlicherseits)						
1982	18,0	50,0	17,0	7,0	8,0	15,0
1989	12,0	45,0	22,0	9,0	11,0	20,0
45- bis 50jährige Frauen (1984)	33,7	51,0	1,3	10,6	3,4	14,0

Herkunftsprofile von Hochschulstudenten in der DDR (Qualifikation der Eltern; in Prozent)

Jahr	nur ein Elternteil bis Facharbeiter	beide Facharbeiter	mindestens ein Elternteil Meister		mindestens ein Elternteil Fachschule	mindestens ein Elternteil Hochschule
1979	8	16		48		28
1982	5	17	10		27	41
1989	2	12	8		26	52

Quelle: Forschungsberichte des Zentralinstituts für Jugendforschung der DDR.
Zitiert nach Bathke 1990, S. 120/ 121.

Schichten war insofern also beschränkt. Wer hier reüssieren wollte, konnte das nur zu Lasten eines anderen. Diese Verhältnisse verschärften bei den einen Konkurrenz, bei den anderen aber, die die Mehrheit bildeten, selbstgenügsame Anpassung an die eingeschränkten Chancen.

Die Möglichkeiten individuellen Aufstiegs waren aber nicht nur begrenzt, weil die oberen sozialen Positionen besetzt waren. Hinzu kam, daß die berufliche Schichtenpyramide sehr flach war. Die höheren Positionen waren nicht besonders attraktiv. Die schichtenspezifischen Unterschiede des Einkommens, des Prestiges und der Macht waren vergleichsweise gering. Die Einkommen, auch in den oberen Angestelltenberufen, unterschieden sich nur wenig von den Facharbeiterlöhnen. Dabei nahm die Einkommensnivellierung in den 70er und 80er Jahren zu. Die Einkommenssteigerungen der Hoch- und Fachschulabsolventen blieben seit Ende der 70er Jahre hinter den Erhöhungen des allgemeinen durchschnittlichen Lohnniveaus zurück. Im Jahr 1988 lagen die Einkommen der oberen Angestellten nur um 15 Prozent über denjenigen der Produktionsarbeiter (Stephan/Wiedemann 1990). Hinzu kam, daß die Löhne der Facharbeiter im individuellen Lebensverlauf sehr viel schneller anstiegen als diejenigen der Hoch- und Fachschulabsolventen. Als Berufsanfänger konnte der einzelne Arbeiter deswegen schon sehr bald über ein höheres Einkommen verfügen als seine besser qualifizierten Kollegen.

Auch im Hinblick auf Dispositionsbefugnis oder Macht mußten die möglichen Aufstiegspositionen als problematisch erscheinen. Das lag zum einen daran, daß die Stelleninhaber schwer zu kalkulierenden politischen Loyalitätsansprüchen zu genügen hatten. Wichtiger war, daß die zu führenden Belegschaften über eine beachtliche ›passive Stärke‹ gegenüber den Ingenieuren und Betriebsleitern verfügten (Kern/ Land 1991; Fritze 1993). Die Arbeiter waren zwar keineswegs im Besitz der gesellschaftlichen Macht, sie erfreuten sich aber eines besonderen sozialen Prestiges und konnten vor allem auf ein hohen Maß an Arbeitsplatzsicherheit rechnen. Die Kündigung und damit das Risiko materieller Unversorgtheit, das in kapitalistischen Betrieben stets im Spiele ist und ein wirksames Mittel der Disziplinierung bildet, blieb den Arbeitenden in der DDR erspart. Arbeitslosigkeit war dort ein Tabu. So konnten die Arbeiter ihre Vorgesetzten zu informellen Kompromissen nötigen, die mit den formalen Anforderungen konfligierten, auf die diese verpflichtet waren (Marz 1992; Rottenburg 1991).

Diese Verhältnisse konnten bei Arbeitern und unteren Angestellten kaum Aufstiegsmotive entstehen lassen und mithin auch kaum den Wunsch, den eigenen Kindern mit Hilfe einer weiterführenden Schulbildung einen sozialen Aufstieg zu ermöglichen. Die Mehrheit hatte sich mit den gegebenen Verhältnissen arrangiert und war auf die Bewahrung des Erreichten bedacht. Ihre Haltung läßt an den von Bourdieu im Westen diagnostizierten »spontanen Materialismus der unteren Klassen« denken und an die Ethik des »gegenwärtig sein im Gegenwärtigen« (Bourdieu 1987, S. 269). An ganz anderen kulturellen Normen orientierte sich das individuelle Verhalten in den oberen sozialen Schichten. Die Bedeutung der Schule als Quelle von ›Bildungskapital‹ wurde auch hier gering veranschlagt. Man konnte zwar der körperlichen Arbeit entgehen, aber das Gefühl, daß man ›jemand‹ sei, stellte sich dadurch kaum her. Man war jemand weniger kraft dessen, was man tat, als kraft dessen, was man seines Bildungstitels wegen war, nämlich Mitglied eines gebildeten Standes.

Die besondere Bedeutung, die Bildung in diesen Schichten behielt, war also davon geprägt, daß die gesellschaftlichen Möglichkeiten einer individuell befriedigenden Selbstdarstellung in Beruf und Öffentlichkeit begrenzt waren. Bildung galt weder in einem instrumentellen noch in einem praktischen Sinn als bedeutsam; denn einen Rückhalt in der Lebensführung hatte sie nur rudimentär. Unter diesen Verhältnissen wurde sie zum Medium innerer Bewährung. Auf die Verbreitung dieser Bildungskonzeption deutet eine Studie von Meier hin, derzufolge die bildungsbürgerlichen Schichten in der DDR sich von Bildung keinen Nutzen versprachen (Meier 1978, S. 849). Ihr Bildungsbegriff bringt eine Not zum Ausdruck, die zur Tugend erhoben wurde. Sie läßt an jene ›Halbbildung‹ denken, zu der sich das politisch erfolglose deutsche Bildungsbürgertum bereits im 19. Jahrhundert geflüchtet hatte (Adorno 1962; Becker/Kluchert 1993; Bödecker 1989; Lepsius 1992; Wehler 1989).

Diesen Begriff von Bildung eignete sich auch die jüngere Generation in den gebildeten Schichten an. Die Betreffenden gewannen dabei die Qualifikationen, die Schulerfolg begünstigen. So zeigen bildungssoziologische Untersuchungen stabile Beziehungen zwischen sozialer Herkunft, Schulleistung und Schulerfolg der Kinder (Karsten/Meier/Steiner 1975; Grünberg 1976; Streich 1975; Meier et al. 1978, Band 1-3; Meier et al. 1980, Band 1-3; Meier et al. 1983; Hoffmann et al. 1987). Nachgewiesen wurde auch, daß dieser Zusammenhang auf subkulturellen Orientierungen im Elternhaus beruhte. Sie manifestierten sich im Besitz kultureller Requisiten wie Bücher und Musikinstrumente, der kaum anders als im Westen mit dem Bildungsstatus der Eltern korrelierte (Meier et al. 1978, Band 3, und 1980, Band 3). Entsprechende Unterschiede äußerten sich auch in den familialen Kommunikationsweisen, Erziehungsstilen und in der Sprachkompetenz der Kinder (Buch 1980). Auch die Peer-groups waren hinsichtlich der sozialen Herkunft ihrer Mitglieder weitgehend homogen (Meier et al. 1983; Stock 1991).

Gegen den überkommenen Begriff von Bildung und Kultur hatte die marxistisch-leninistisch inspirierte Bildungspolitik Front gemacht. Aber sie trug tatsächlich so wie die staatssozialistische Ordnung insgesamt zu seiner Konservierung bei. Indem sie eine kollektive Selbstverständigung mit politischer Macht unterband, behinderte sie Aufklärungsprozesse, in denen Bildung mehr ist als Pflege der Innerlichkeit.

Der bildungspolitisch intendierten Privilegierung der Arbeiterkinder lag die Vorstellung zugrunde, die Erfahrung der Lohnarbeit habe einen besonderen Bildungswert auch in politischer Hinsicht. Sie qualifiziere die Arbeiter und selbst noch die Arbeiterkinder für eine Führungsrolle in der gesellschaftlichen Entwicklung. Dieser revolutionstheoretische Begriff der Bildung durch Arbeit ist von seinem Marx'schen Vorbild weit entfernt. Marx und Engels hatten die politische Überlegenheit der Arbeiter nicht aus den Qualifikationen gefolgert, die der Lohnarbeit entsprechen, sondern aus solchen, die im Widerstreit dagegen erst entstehen. Daß von den empirisch vorfindbaren Orientierungen der Arbeiter unmittelbar nicht allzu viel zu erwarten war, hatte Engels in seiner Untersuchung ›Die Lage der arbeitenden Klasse in England‹ gezeigt (MEW, Bd. 2). Die Revolutionstheorie ging davon aus, daß die Organisationsprinzipien des Kapitalverwertungsprozesses immer mehr Individuen beherrschen, in immer mehr ihrer Lebensbereiche vordringen und individuellen Bedürfnissen immer aggressiver widersprechen würden. Die zunehmende Angleichung, Vergesellschaftung und Entfremdung der Lebensbedingungen würden von den Individuen als Chance genutzt, in einer revolutionären Umwälzung die Interessen jedes einzelnen als allgemein menschliche Interessen zu implementieren. Die Fähigkeiten, deren es zur Realisierung dieser Möglichkeit bedürfe, entstünden erst in der Opposition gegen diese Verhältnisse. So betonen Marx und Engels in ›Die deutsche Ideologie‹,

> »daß sowohl zur massenhaften Erzeugung dieses kommunistischen Bewußtseins wie zur Durchsetzung der Sache selbst, eine massenhafte Veränderung der Menschen nötig ist, die nur in einer praktischen Bewegung, in einer Revolution, vor sich gehen kann; daß also die Revolution nicht nur nötig ist, weil die *herrschende* Klasse auf keine andere Weise gestürzt werden kann, sondern weil auch die *stürzende* Klasse nur in einer Revolution dahin kommen kann, sich den ganzen alten Dreck vom Hals zu schaffen, und zu einer neuen Begründung der Gesellschaft befähigt zu werden.« (MEW, Bd. 3, S. 70)

Nichts stand diesem praktischen Bildungsprozeß aber so sehr im Wege wie der Herrschaftsanspruch der Einheitspartei und ihre Berufung auf objektive Gesetzmäßigkeiten der gesellschaftlichen Entwicklung.

Die marxistisch-leninistische Identifikation der Rolle von Bürger und Arbeitskraft

Anders als die bürgerliche Bildung sollte die sozialistische Schule auch nicht mehr von Arbeit abstrahieren. Bei diesem bildungspolitischen Postulat bezog man sich auf die Unterscheidung der Rollen von Staatsbürger und Privatperson (Citoyen und Bourgeois) in der Marx'schen Theorie. Marx hatte die Aufhebung dieser Rollentrennung als ein Element der menschlichen Emanzipation bezeichnet. Die institutionelle Unterscheidung dieser Rollen war in der DDR in der Tat relativiert worden, aber das geschah in einer Weise, die die bürgerlichen Freiheitsrechte unterbot. Die Begriffe von Individuum und Gesellschaft, die dem zugrunde gelegt wurden, sollen im folgenden in einem Vergleich mit der Marx'schen Theorie erörtert werden. Dabei wird deutlich, daß die eingangs herangezogene Theorie der Durchsetzung der Bürgerrechte von Marshall der Theorie der bürgerlichen Entwicklung bei Marx ähnlich ist.
Die Marx'schen Überlegungen lassen sich folgendermaßen zu-

sammenfassen: In den feudalen Ständeordnungen waren die einzelnen mit ihren äußeren materiellen, gesellschaftlichen und kulturellen Lebensbedingungen identisch. Die sozialen Definitionen der Stände und Korporationen waren Definitionen auch der Natur ihrer einzelnen Mitglieder. Der einzelne, so Marx in ›Das Kapital‹, Bd. 1, war mit seinen Lebensverhältnissen verbunden »wie die Schnecke mit dem Schneckenhaus« (MEW, Bd. 23, S. 380). Diese Ordnung und die ihr eigenen sozialen Unterscheidungen hatten politischen Charakter. Die ständischen Korporationen bildeten »besondere Gesellschaften in der Gesellschaft« (MEW, Bd. 1, S. 368). Wer außerhalb einer solchen Gesellschaft stand, war rechtlos und ungeschützt. »Die Elemente des bürgerlichen Lebens wie zum Beispiel der Besitz oder die Familie oder die Art und Weise der Arbeit waren in der Form der Grundherrlichkeit des Standes und der Korporation zu Elementen des Staatslebens erhoben«, so die Formulierung in der Abhandlung ›Zur Judenfrage‹ (MEW, Bd. 1, S. 367f.)

In der Frühmoderne erlangten »Privatsphären eine selbständige Existenz«, darunter diejenige der Wirtschaft mit Privateigentum und marktförmigem Tausch (Marx: Kritik der Hegelschen Rechtsphilosophie, MEW, Bd. 1, S. 233). Die bürgerliche Gesellschaft reproduziert sich primär über das interessengeleitete Handeln von Privatleuten. Unter diesen Bedingungen ist Gesellschaft das »durchgeführte Prinzip des Individualismus« (a.a.O., S. 285). Die privaten Bedürfnisse, die unter diesen Verhältnissen entstehen, sind egoistische. Der ›egoistische Geist‹ war aber noch ›gefesselt‹ durch die politischen Regulative, denen die Gesellschaft unterworfen war. Dieses ›politische Joch‹ wird in einer Revolution des Bürgertums aufgehoben. Mit ihr wird die Sphäre des Politischen gegenüber der bürgerlichen Gesellschaft verselbständigt:

> »Die politische Revolution, ... welche den politischen Staat als allgemeine Angelegenheit, das heißt als wirklichen Staat konstituierte, zerschlug notwendig alle Stände, Korporationen, Innungen, Privilegien, die ebensoviele Ausdrücke der Trennung des Volkes von seinem Gemeinwesen waren. Die politische Revolution hob damit den *politischen Charakter der bürgerlichen Gesellschaft auf*. ... Sie entfesselte den politischen Geist, der gleichsam in den verschiedenen Sackgassen der feudalen Gesellschaft zerteilt, zerlegt, zerlaufen war; sie sammelte ihn aus dieser Zerstreuung, sie befreite ihn von seiner Vermischung mit dem bürgerlichen Leben und konsti-

tuierte ihn als Sphäre des Gemeinwesens der allgemeinen Volksangelegenheiten in idealer Unabhängigkeit von jenen besonderen Elementen des bürgerlichen Lebens.« (Marx: Zur Judenfrage, MEW, Bd. 1, S. 368)

Mit der Trennung von Staat und Gesellschaft erhält die soziale Ungleichheit privaten Charakter. An der Sphäre des Politischen können die Individuen formal als Freie und Gleiche partizipieren. Darin liegt für Marx der geschichtliche Fortschritt der politischen Emanzipation. Diese Emanzipation bleibt aber auf halbem Wege stehen. Sie hat zwar den sozialen Unterschieden den politischen Charakter genommen, aber gerade dadurch hat sie eine Entwicklung freigesetzt, in der sich diese Unterschiede radikalisieren.

»Der Staat hebt den Unterschied der Geburt, des Standes, der Bildung, der Beschäftigung in seiner Weise auf, wenn er Geburt, Stand, Bildung, Beschäftigung für unpolitische Unterschiede erklärt, wenn er ohne Rücksicht auf diese Unterschiede jedes Glied des Volkes zum gleichmäßigen Teilnehmer der Volkssouveränität ausruft, wenn er alle Elemente des wirklichen Volkslebens von dem Staatsgesichtspunkt aus behandelt. Nichtsdestoweniger läßt der Staat das Privateigentum, die Bildung, die Beschäftigung auf ihre Weise, das heißt als Privateigentum, als Bildung, als Beschäftigung wirken und ihr besonderes Wesen geltend machen. Weit entfernt, diese faktischen Unterschiede aufzuheben, existiert er vielmehr nur unter ihrer Voraussetzung, empfindet er sich als politischer Staat und macht eher seine Allgemeinheit geltend nur im Gegensatz zu diesen, seinen Elementen.« (a.a.O., S. 354)

Die Trennung von Staat und Gesellschaft manifestiert sich in den Rollen des Staatsbürgers und der Privatperson. Diese Rollen konstituieren ein ›Doppelleben‹ (a.a.O., S. 355). In der Rolle der Privatperson ist die instrumentalistische Einstellung der Individuen zu sich selbst und zu anderen institutionalisiert. Zwar nötigt der freie Tausch die Vertragspartner zu wechselseitiger Anerkennung ihrer Interessen. Damit kommt in die Beziehung der Warenbesitzer »das juristische Moment der Person herein und der Freiheit, soweit sie darin enthalten ist« (Marx 1953, S. 155). Die Tauschbeziehung enthält aber auch ein Moment der Nichtanerkennung der Subjektivität, der der eigenen und der des Gegenübers. Im Hinblick auf das eigene Bedürfnis interessiert der andere lediglich als Mittel, und man muß sich selbst zum Mittel des anderen machen, soll der Tausch zustande kommen. Tauschver-

hältnisse schaffen also nicht gemeinsame Interessen, sondern ›selbstsüchtige‹ (a.a.O., S. 156).
Vollends dominiert der Instrumentalismus die Beziehungen im Arbeitsprozeß. Da Arbeit im Zentrum der Marx'schen Anthropologie steht, richtet sich auch die Kapitalismuskritik auf die Lohnarbeit. An ihrer Konstruktion ist das Tauschverhältnis beteiligt, und in diesem Kontext gewinnt es in der Marx'schen Analyse seine Bedeutung. Der Arbeitsvollzug selbst ist aber nicht tauschförmig, sondern bürokratisch organisiert. Die instrumentelle Behandlung, in die der Arbeiter im Arbeitsvertrag formal frei einwilligt, ist mit der bürokratischen Organisationsform im Arbeitsprozeß institutionalisiert. Sie macht die Arbeit unpersönlich und damit die Arbeitenden austauschbar. Die Sachlichkeit dieses Arbeitsarrangements spiegelt nicht Zwänge der Natur, sondern diejenigen eines Herrschaftsverhältnisses. Dessen Entwicklung nennt Marx ›naturwüchsig‹, weil sie Naturprozessen darin gleicht, daß sie keinem steuernden Willen folgt. Indem die einzelnen aber derart zu instrumentalistischen Verhaltensorientierungen gezwungen sind, erzeugen und reproduzieren sie Verhältnisse, die ihnen als verselbständigte Macht gegenübertreten und sie unterwerfen (Marx: Zur Judenfrage, MEW, Bd. 1, S. 355). Marx faßt diesen Gegensatz zwischen den Individuen und den von ihnen selbst geschaffenen Lebensverhältnissen im Begriff der Entfremdung zusammen.
Die Verhältnisse der Privatpersonen bleiben ihrer Existenz als Staatsbürger nicht äußerlich. Die politischen Freiheitsrechte sollen es zwar ermöglichen, das Gattungswesen des Menschen zu realisieren. Aber die Rolle als Privatperson schließt aus, daß der einzelne als Staatsbürger mehr als nur der ›abstrahierte künstliche Mensch‹ ist, nur eine ›allegorische moralische Person‹. Tatsächlich bleibt er das ›egoistische unabhängige Individuum‹ (a.a.O., S. 370). Die politische Emanzipation löst die bürgerliche Gesellschaft in ihre Elemente auf, sie revolutioniert diese selbst aber nicht. Sie »verhält sich zur bürgerlichen Gesellschaft, zur Welt der Bedürfnisse der Arbeit, der Privatinteressen, des Privatrechts, als zur Grundlage ihres Bestehens, als zu einer nicht weiter begründeten Voraussetzung, daher als zu ihrer Naturbasis« (a.a.O., S. 369). Die menschliche Emanzipation muß Marx zufolge also ihren Ort in der Gesellschaft haben. Die Verhältnisse sind zu überwinden, die »jeden Menschen im anderen Menschen nicht die Verwirklichung,

sondern vielmehr die Schranke seiner Freiheit finden« lassen (a.a.O., S. 365). Das bedeutet unter anderem die Aufhebung des Staates. An seine Stelle, so Marx und Engels im ›Kommunistischen Manifest‹, rückt eine unpolitische ›öffentliche Gewalt‹ als Medium der Regelung der Produktion durch frei assoziierte Produzenten (MEW, Bd. 4, S. 482).

Wie diese Verhältnisse freier Assoziation aussehen, läßt sich nicht voraussagen, denn sie gewinnen Gestalt nur als Resultat der Praxis autonomer Individuen. Praktische Intersubjektivität bildet den Charakter der gemeinschaftlichen Kontrolle der Lebensbedingungen. Mit der praktischen Beantwortung der Frage, wie die ›gemeinschaftliche Kontrolle‹ der Produktion im Medium der ›öffentlichen Gewalt‹ zu realisieren sei, wird zugleich über die konkrete Aufhebung der Rollentrennung von Staatsbürger und Privatperson entschieden. Das Gattungswesen, das vordem in der Staatsbürgerrolle nur eine abstrakte Gestalt annahm, wird damit wirklich. Der Einzelne kann dann »in seiner individuellen Arbeit ... Gattungswesen werden«, indem er »seine ›forces propres‹ als gesellschaftliche Kräfte ... organisiert«. Die Trennung von Staatsbürger- und Produzentenrolle hebt sich damit »im wirklichen individuellen Menschen« auf (Marx: Zur Judenfrage, MEW, Bd. 1, S. 370). Die freie Entfaltung seiner gesellschaftlichen Kräfte ist ihm zugleich der Inhalt seiner Individuation.

Im Marxismus-Leninismus wurde die gemeinschaftliche Kontrolle der Lebensbedingungen nicht in Begriffen praktischer Intersubjektivität beschrieben. Man knüpfte weniger bei Marx als beim späten Engels an. Zwar argumentierte Engels in seinen frühen Schriften, wie in seinen ›Grundsätzen des Kommunismus‹, noch ganz im Sinne von Marx und konzeptualisierte die ›öffentliche Gewalt‹ als eine ›gemeinsame Übereinkunft‹ (MEW, Bd. 4, S. 371). In seinen späteren Schriften finden sich stattdessen aber objektivistische Vorstellungen. Das, was gemeinsam gewollt werden kann, erscheint nun in Naturgesetzen ontologisiert. Engels formuliert in seinem ›Anti-Dühring‹ gewissermaßen das Lob der ›Dialektik der Aufklärung‹, die sich im Kommunismus vollende:

> »Freiheit besteht also in der auf Erkenntnis der Naturnotwendigkeiten gegründeten Herrschaft über uns selbst und über die äußere Natur; sie ist damit notwendig ein Produkt der geschichtlichen Entwicklung.«

> (MEW, Bd. 20, S. 106) Hat sich dieses Produkt hergestellt, dann kann »von wirklicher menschlicher Freiheit, von einer Existenz in Harmonie mit den erkannten Naturgesetzen die Rede sein« (Engels, a. a. O., S. 107). In der Abhandlung über ›Die Entwicklung des Sozialismus von der Utopie zur Wissenschaft‹ wird der Sozialismus gewissermaßen als soziale Ingenieurwissenschaft beschrieben. »Die Gesetze ihres eigenen gesellschaftlichen Tuns, die ihnen bisher als fremde, sie beherrschende Naturgesetze gegenüberstanden, werden dann von den Menschen mit voller Sachkenntnis angewandt und damit beherrscht.... Es ist der Sprung aus dem Reich der Notwendigkeit in das Reich der Freiheit.« (MEW, Bd. 19, S. 226)

Der Bürger partizipiert demnach also nicht durch öffentliche Übereinkunft an der gemeinschaftlichen Kontrolle über die Produktion. Er soll sich stattdessen unterstellten Notwendigkeiten von Naturgesetzen unterwerfen, weil allein dies seine Freiheit garantiere. Dieser Vorstellung zufolge wird seine Rolle als Bürger der Rolle der entfremdeten Arbeitskraft angeglichen und so mit dieser vereint. Marx hatte dagegen die Aufhebung der Trennung von Staatsbürger- und Produzentenrolle gewissermaßen als Materialisierung der in der Staatsbürgerrolle enthaltenen Vorstellung vom Individuum in der Rolle des freien Produzenten konzipiert. Er hatte von Gesetzmäßigkeiten der gesellschaftlichen Entwicklung gesprochen und deren Dynamik naturwüchsig genannt. Aber diese Gesetzmäßigkeiten, so hat er gezeigt, sind nicht natürlichen, sondern gesellschaftlichen Ursprungs, wie zum Beispiel das ›Gesetz vom tendenziellen Fall der Profitrate‹, die zunehmende Vergesellschaftung der Lebensverhältnisse oder die Enteignung der Kleinkapitalisten usw. Die sozialistische Revolutionierung dieser Ordnung kann – Marx zufolge – deswegen auch nicht darin bestehen, gesellschaftliche Gesetzmäßigkeiten planmäßig statt marktförmig zu exekutieren. Sie sollen überhaupt außer Kraft gesetzt werden.

Kapitalistische Verhältnisse sehen vor, daß die Individuen den Herrschaftsverhältnissen widersprechen können. Sie können das, weil sie Inhaber der bürgerlichen Freiheitsrechte sind. In der DDR dagegen sollte Übereinstimmung zwischen Individuen und Gesellschaft dadurch hergestellt werden, daß dieser Widerspruch zum Verstummen gebracht werden sollte. So zielte der Sozialismus gegen die liberalen Freiheitsrechte, also gegen jene institutionellen Regelungen des Kapitalismus, die noch am ehesten individuelle Unabhängigkeit und die Chance individueller Interessenverfolgung bieten. Die viel radikalere Unterdrückung durch die bürokratische Organisationsform wurde dagegen zur Naturnotwendigkeit erklärt und in inkonsistenten Formen auf alle Lebensbereiche ausgedehnt. Aus der empirisch gewiß triftigen Diagnose, daß die empirisch vorfindbaren Interessen in der bürgerlichen Gesellschaft ›selbstsüchtig‹ sind, zog das marxistisch-leninistische Denken einen ähnlich moralisierenden Schluß wie das neokonservative: individuelle Interessenorientierung wurde überhaupt verdächtigt. Derartige Versuche, das Entfremdungsverhältnis zu überwinden, äußerten sich in Formeln wie der vom ›Sozialismus‹, in dem »sich die Menschen objektiv in Verhältnissen der kameradschaftlichen Zusammenarbeit« befinden (zitiert bei Meier 1974, S. 232). So wie die gesellschaftlichen Verhältnisse als objektive galten, so sollten auch die Curricula der Schule den jungen Leuten die »auf Erkenntnis der Naturnotwendigkeiten gegründete Herrschaft« (Engels) nahebringen.

Curricula

Zwischen versachlichten und demokratischen Bildungsideen

Die Curriculumentwicklung in der DDR hatte schon sehr früh mit dem überkommenen konventionalistischen Bildungskanon zu brechen versucht. Die neue Schule, die nach dem Krieg ins Leben gerufen wurde, sollte demokratisch sein. Ihre Curricula sollten die Trennung von höherer und niederer Bildung überwinden, sie sollten wissenschaftlichen Charakters sein und den Kindern demokratische Tugenden vermitteln. Zugleich sollten sie sie zu tüchtigen Arbeitskräften bilden. Aber die neuen Curricula waren den Schülern in ähnlicher Weise vorgegeben wie das ›Pensum‹ im 19. Jahrhundert. Sie hatten eine Struktur, die als eine ojektivistische Version der ›Halbbildung‹ (Adorno) angesehen werden kann. Ihre Inhalte wurden fetischisiert, indem sie als Widerspiegelung von Naturnotwendigkeiten ausgegeben und bürokratisch sanktioniert wurden. Das geschah mit einem ›Mut zur Erziehung‹, der in der BRD vor allem die rechte Mitte zum bildungspolitischen Kampf motiviert.

In den ersten schulpolitischen Dokumenten nach dem Krieg wurde die Idee einer demokratischen Bildung mit der Forderung verbunden, »den gesamten Unterricht... auf allen Stufen nach Lehrplänen« zu erteilen, »welche die Systematik und Wissenschaftlichkeit des Unterrichts gewährleisten« (Gesetz 1946, S. 4). In einem Kommentar zum Schulgesetz, der in der ersten Nummer der Zeitschrift ›Pädagogik‹ erschien, wird der intendierte wissenschaftliche Charakter des Curriculums mit der zukünftigen Rolle der Schüler als Bürger in Zusammenhang gebracht. Dieser Kommentar ist nicht namentlich gezeichnet und bringt deswegen vielleicht die Meinung der Redaktion zum Ausdruck.

> »Wahrhaft gebildet ist... derjenige, der sich mit wachem Bewußtsein über seine Stellung in der Gegenwart und in der Geschichte in den Dienst der Gemeinschaft des Volkes stellt. Nicht als Opfer einer zügellosen Demagogie soll er sich entscheiden. Die Erziehung zur Demokratie kann nur durch Erziehung zum selbständig denkenden und verantwortungsbewußt handelnden Menschen vermittelt werden.« (Die Demokratisierung 1946, S. 10)

Daß sich der einzelne in den Dienst an der Gemeinschaft des Volkes stellen soll, ist gewiß eine vieldeutige Forderung, aber dem steht die Forderung nach individueller Unabhängigkeit und Demokratie gegenüber. Mit Blick auf den Nationalsozialismus wird postuliert, Bildung dürfe nicht wieder in den Fehler verfallen, sich als Pflege reiner Geisteskultur zu verstehen. Denn diese sei Element gesellschaftlicher Ungleichheit und entspreche allein der Kultur des Bürgertums (a.a.O., S. 6). Zum anderen sei mit der überkommenen Bildung die »Zerstückelung der wissenschaftlichen Bildung durch Spezialistentum und tote Verdinglichung ihrer Gegenstände einhergegangen« (a.a.O., S. 6). Das alles habe die Individuen daran gehindert, den ideologischen Schein der Gesellschaft zu durchdringen und den Charakter der Herrschaftsverhältnisse zu erkennen. Die Wissenschaftlichkeit der Bildung sollte also der Aufklärung des einzelnen über seine Lebensverhältnisse dienen und ihm helfen, sich zum Bürger einer Demokratie zu entwickeln.

Im Programm der Verwissenschaftlichung war mitgedacht, daß die überkommene Unterscheidung zwischen höherer und niederer Bildung überwunden werden müsse. Alt hatte diese Unterscheidung als Ausdruck von Herrschaftsverhältnissen erklärt und im Anschluß daran gefordert, allen Kindern eine gemeinsame Allgemeinbildung zu ermöglichen, »die nicht gesellschaftliche Unterschiede betont und fördert, sondern geistiger Grundstock für die Entwicklung von sozialer Demokratie wird« (Alt 1946, S. 16). Zugleich hielt Alt aber an der Differenzierung des einheitlichen Schulsystems fest und forderte mit Blick auf die Arbeitswelt eine Spezialbildung. Unter den neuen gesellschaftlichen Verhältnissen repräsentiere diese Ungleichheit nicht mehr klassenkulturelle Unterschiede, sie sei allein an die Verteilung von Begabung einerseits und an die funktionelle Teilung der Arbeit andererseits gebunden. Die Teilarbeiten bildeten ›organische‹ Glieder eines Ganzen. In der Spezialbildung sei deswegen der Bezug zum ›Ganzen‹ schon immer vorausgesetzt:

> »Die in den beruflich gegliederten Zweigen des einheitlichen Schulsystems erworbenen speziellen Kenntnisse und Fertigkeiten haben in keiner Weise mehr das Gewicht monopolisierten Wissens oder klassentrennender Unterscheidungsmerkmale, sondern befähigen nur zur potenzierten Einreihung in das Kollektivganze.« (Alt 1946, S. 17)

Dieses ›Ganze‹ sei auch in den Einrichtungen der beruflichen Bildung zu repräsentieren: Die Allgemeinbildung müsse zum Bestandteil des Curriculums der beruflichen Bildung werden. Hier komme ihr die Aufgabe zu, das in der Berufsausbildung zu erwerbende Spezialwissen zu integrieren. Sie soll Wissen über gesamtgesellschaftliche Entwicklungsgesetze vermitteln und so eine motivationale Basis für die soziale Integration des einzelnen erzeugen:

> »Der mit jeder Berufsbildung weitergeführte Unterricht in den sogenannten allgemeinbildenden Fächern zielt auf eine – jedes Sonderwissen und jede Fachkenntnis als integrierenden Bestandteil enthaltende – allen gemeinsame Bildung, die nicht nur in einer möglichst umfassenden Schau der Gesellschaft, ihrer Zusammenhänge und ihrer Entwicklungsgesetze zu münden trachtet, sondern sich in einem tätigen Leben der Gesamtheit und für die Gesamtheit zu manifestieren strebt.« (Alt 1946, S. 17)

Folglich seien auch die Bildungsinhalte der differenzierten berufsbildenden Zweige der Einheitsschule ausgerichtet auf das Streben nach einer ›realen Volkseinheit‹ (a.a.O, S. 18). Mit der Überwindung des Klassenantagonismus ist für Alt gewissermaßen die ontologische Grundlage für die Konstituierung eines Wissens gegeben, welches den Interessen der Allgemeinheit entspricht. Nun kann ein Wissen entstehen, das für alle Individuen zu akzeptieren und, wie Alt es ausdrückt, zu ›bejahen‹ ist.

»An die Stelle eines traditionalistisch und autoritär getönten Bildungsgutes tritt ein solches, das die genetische Betrachtung der Dinge fördert und den Sinn für das Werden weckt. Dabei wird ein demokratischer Unterricht die im geschichtlichen Ablauf wirkenden kollektiven Kräfte, denen das Individuum verhaftet ist, herausstellen und die Bedeutung ihres Wirkens in der Gegenwart erhellen und verständlich machen... Das typische Schulwissen, das einer Scheidung zwischen der im unmittelbaren Leben der Wirklichkeit gewonnenen Erfahrung und der in der Schule gepflegten Anschauung entspringt, macht einem Wissen Platz, das nicht hinter dem Leben zurückbleiben kann, weil es unmittelbar auf dieses gegenwärtige Leben und sein Fortschreiten in die Zukunft gerichtet ist.« (Alt 1946, S. 21 ff.)

Der Widerspruch, der sich in der Altschen Bildungsvorstellung findet, repräsentiert gewissermaßen gesamtdeutsches Kulturerbe; er findet sich ganz ähnlich auch in westdeutschen bildungspolitischen Diskussionen. Einerseits wird eine allgemeine Menschenbildung gefordert, andererseits eine Differenzierung nach Maßgabe der Arbeitsteilung und unterstellter, individueller Begabungsdifferenzen. Soziale Ungleichheit, die Ausdruck von Herrschaftsverhältnissen ist, wird in der Metapher des ›organischen Ganzen‹ gemeinschaftsideologisch relativiert. Die Bildung des einzelnen als Bürger soll darin bestehen, daß ihm ein objektives Gesetzeswissen nahegebracht werden soll. Es soll allen erlauben, sich in ihrer Spezialisierung als organische Teile des Ganzen zu begreifen. In dieser Begründung des ›Gesetzes über die Demokratisierung der deutschen Schule‹ finden sich Elemente, an die die schon bald einsetzende marxistisch-leninistische Ausrichtung der Bildungspolitik und Wissenschaft anschließen konnte.
Die Alternative ›undogmatische Bildungspolitik‹ oder ›marxistisch-leninistische Deduktion‹ wurde schon 1947 zum Gegenstand heftiger Auseinandersetzungen, als es um die Verabschiedung des im Schulgesetz angekündigten Erziehungsprogramms ging. In diesem Programm wird explizit postuliert, Bildung und Erziehung müßten sich an einer ›objektiv begründeten Weltanschauung‹ orientieren. Materiale Bildungsbegriffe entwickelten sich anstelle der formalen der Demokratie. Die zu vermittelnde

Weltanschauung galt als objektiv, und deswegen stand sie auch nicht im Widerspruch zu dem Bemühen, das Curriculum fachwissenschaftlich stärker zu profilieren. Ansätze dazu hatte es bereits in den ersten einheitlichen Lehrplänen von 1946 gegeben, die noch von der Deutschen Zentralverwaltung für Volksbildung für die Grund- und Oberschulen herausgegeben worden waren (Benner/Sladek 1995).

Der Glaube an die Objektivität des Fachwissens und der politischen Orientierungen ist seitdem aus der Bildungspolitik nicht mehr verschwunden. Andererseits wollte man sich aber auf den sanften Zwang der wissenschaftlichen Einsicht auch nicht vollends verlassen. So forderte man zusätzliche schulische Anstrengungen zur Pflege des Gemeinsinns. Nachdem die Partei ihr gesellschaftspolitisches Ziel, nämlich den planmäßigen Aufbau des Sozialismus 1952 offen proklamiert hatte, hieß es zur Bildungspolitik: »Die deutsche Demokratische Schule hat die Aufgabe, Patrioten zu erziehen, die ihre Heimat, ihrem Volke, der Arbeiterklasse und der Regierung treu ergeben sind« (Beschluß 1952, S. 1). Die Jugendlichen sollten sich die Grundlagen der Wissenschaft aneignen und lernen, »Sachlichkeit mit revolutionärem Elan zu verbinden« (a.a.O.). Dabei komme dem Unterricht in den Naturwissenschaften eine besondere Bedeutung zu, da auf ihnen der dialektische Materialismus, die Naturphilosophie des Marxismus-Leninismus gründe. Den Schülern sei zu »zeigen, wie in der sozialistischen Gesellschaft die Naturgesetze zur Beherrschung der Natur und der Entwicklung der Produktion angewandt werden« (Beschluß 1952, S. 2).

Mit dem ›Gesetz über die sozialistische Entwicklung des Schulwesens der DDR‹ aus dem Jahr 1959, das den Aufbau der zehnklassigen allgemeinbildenden, polytechnischen Oberschule für alle Kinder regelte, wurde die Einheit von sozialistischer Erziehung und wissenschaftlicher Bildung bekräftigt. Als neues Element der Bildung wurde Arbeit hinzugefügt. Die ›Schule für alle Kinder des Volkes‹ wurde jetzt als Oberschule bezeichnet. Die von Alt 1946 explizierte Zielsetzung, die Differenz von höherer und niederer Bildung zu überwinden, sollte mit der Verallgemeinerung der Oberschulbildung eingelöst werden. Eine Verwissenschaftlichung der Curricula, die sich am naturwissenschaftlichen Begriff eines als objektiv vorgestellten nomologischen Wissens orientierte, sollte dem entsprechen. Die Nähe dieses Wissenschaftsbegriffs zu Engels' objektivistischer Konstruktion der sozialen Integration des Individuums in die Gesellschaft liegt auf der Hand. Die administrative Vorgabe von Erziehungszielen wurde als ›objektiv‹ legitimiert. Daß diese materialen Inhalte nichts anderes als Resultate sozialer Konstruktionsprozesse sein konnten, wie es Alt selbst noch in seiner wissenssoziologischen Analyse der Lehrinhalte gezeigt hatte, wurde jetzt durch den Hinweis auf die Autorität objektiver Notwendigkeiten verdeckt. Wenn dieser objektivistische Bildungsbegriff in den 50er Jahren hier und da noch kritisiert worden war (vgl. dazu Sladek 1994), so erlangte er in den 60er Jahren unangefochtene Autorität. Alt selbst hat diesen Autoritätsglauben in affirmativer Absicht sehr prägnant zusammengefaßt:

> »Die sozialistische Erziehung (muß) auf einen wissenschaftlichen Unterricht aller Gesellschaftsmitglieder dringen ... Je bewußter und gründlicher die Massen um das Wirken natürlicher und gesellschaftlicher Gesetzmäßigkeiten wissen und die daraus sich ergebenden Aufgaben überschauen und bejahen, desto schneller und effektiver werden sie imstande sein, die Entwicklung zu neuen, höheren Gestaltungen menschlichen Daseins zu fördern und zu realisieren.« (Alt 1978, S. 224)

Der Objektivismus der Curricula entsprach den politischen Herrschaftsverhältnissen. Lenin hatte mit dem Konzept von der ›Partei neuen Typus‹ das emanzipatorische Potential, das Marx der Arbeiterklasse zugeschrieben hatte, zur Sache ihres ›bewußten Vortrupps‹, der Kaderpartei, gemacht. Die Partei sei im Besitz der wissenschaftlichen Theorie des revolutionären Kampfes und habe die Massen über diese Theorie zu belehren. So ist der Glaube an die Kraft zielgerichteter systematischer Beschulung dem Marxismus-Leninismus selbst inhärent. Das Verhältnis zwischen Partei und Masse und das Verhältnis zwischen Lehrer und Schüler wurde als homolog vorgestellt (Klingberg 1962).

Curricula im internationalen Vergleich

Dem Objektivitätsglauben entsprechend dominierten in den Curricula materiale Bestimmungen von Bildung. Ein ausgewogenes Mischungsverhältnis der Inhalte in den Stundentafeln galt als eine wichtige Bedingung der Persönlichkeitsentwicklung. »Die Ausgewogenheit dieser Proportionen wird als ein Faktor der Harmonisierung der Persönlichkeit angesehen«, so Gerhart Neuner (1989, S. 101). Neuners theoretische Konzeptionen verdienen wegen dessen herausragenden politischen Rangs in der DDR besondere Beachtung. Neuner hatte dem ZK der SED angehört und war Präsident der Akademie der Pädagogischen Wissenschaften. Diese war als pädagogische Leiteinrichtung dem Ministerium für Volksbildung unmittelbar nachgeordnet und beide waren – nicht nur metaphorisch – durch einen Korridor verbunden. Die wichtigsten Ergebnisse, zu denen Neuner im Hinblick auf die Schulcurricula gelangt, folgen Gesichtspunkten instrumenteller Zweck-Mittel-Rationalität.

> »Wir kommen von Vorstellungen darüber, welche Ziele im Unterrichtsprozeß zu erreichen sind, zu Vorstellungen über den auszuwählenden und zu strukturierenden Inhalt der Allgemeinbildung, und wir konkretisieren und präzisieren auf diesem Wege, sozusagen rückkoppelnd, unsere Zielvorstellungen am konkreten Inhalt.« (Neuner 1989, S. 127)

Reformen in diesem Sinne hatte man in der sowjetisch besetzten Zone bereits gleich nach Kriegsende in Angriff genommen, also lange, bevor man sich in der BRD an die Verwissenschaftlichung der Curricula machte. An die Stelle der vorwissenschaftlichen Realienkunde der überkommenen Volksschule trat der wissenschaftliche Fachunterricht. Hinzu kam der Fremdsprachenunterricht, der in der Volksschule bis dahin nicht vorgesehen war. Der Geschichtsunterricht, der die gesellschaftliche Entwicklung einmal in Begriffen nationaler Geschichte gelehrt hatte, sollte mit dem Marxismus-Leninismus wissenschaftlichen Charakter erhalten. Religion schied aus dem Fächerkanon der staatlichen Schulen aus. Die neue Schule sollte den Charakter einer Oberschule haben, deswegen liegt auch ein Vergleich mit dem Gymnasium nahe. Dabei ergibt sich, daß mit der Tradition einer rein geisteswissenschaftlichen Bildung in der DDR schon früh gebrochen wurde. Die alten Sprachen verloren an Bedeutung, während der mathematisch-naturwissenschaftliche Fachunterricht ausgedehnt wurde. Der Gesichtspunkt instrumenteller Verwertbarkeit wurde dadurch forciert, daß polytechnische Bildung in den Fächerkanon aufgenommen wurde.

Ein wichtiges Datum in der ostdeutschen Curriculumentwicklung bezeichnet das Gesetz über das einheitliche sozialistische Bildungssystem aus dem Jahr 1965. Es leitete eine umfassende Lehrplanrevision ein, die 1971 abgeschlossen wurde. Verantwortlich dafür war die Sektion Unterrichtsmethodik und Lehrpläne im Deutschen Pädagogischen Zentralinstitut, das 1970 in die Akademie der Pädagogischen Wissenschaften überführt wurde. Die Ausarbeitung der Curricula war Sache von Kommissionen, in denen Fachwissenschaftler zusammenkamen mit Fachdidaktikern, Lehrern, Mitarbeitern aus dem Institut für Unterrichtsmittel, aus dem Verlag Volk und Wissen, und Fachreferenten aus dem Ministerium für Volksbildung. Ihre Arbeit stand unter ministeriellen Vorgaben, die den Erfordernissen der ›Meisterung der wissenschaftlich-technischen Revolution‹ Ausdruck verschaffen sollten.
Offenkundig ist aber der Begriff der wissenschaftlich-technischen Revolution für die Lehrplanentwicklung wenig instruktiv. Wie kann man danach entscheiden, ob ein Zuwachs an muttersprachlichem Unterricht oder Musik, an Fremdsprachenunterricht oder Mathematik, an Staatsbürgerkunde oder Sport für 14jährige notwendig ist! Wenig instruktiv sind auch die anderen der immer wieder beschworenen Ziele wie das der ›allseitigen und harmonischen Bildung der Persönlichkeit‹, und zwar der sozialistischen, aber auch einzelne Elemente aus den so qualifizierten Tugendkatalogen wie Fleiß, Ordnung, Pünktlichkeit, Wehrbereitschaft, sozialistisches Schöpfertum usw. Dabei war auch noch zu bedenken, daß »bei der Festlegung von Inhalten der Allgemeinbildung (Abiturbildung)... es angesichts des heutigen Tempos wissenschaftlich-technischer Entwicklung immer schwieriger (wird) die Inhalte im einzelnen zu bestimmen, die für die Meisterung künftiger Anforderungen beherrscht werden müssen« (Neuner 1989, S. 172). Curriculumentwicklung und Bildungspolitik agierten in der DDR so wie in der BRD und andernorts auch mit einem Höchstmaß an Unsicherheit über funktionale Erziehungsziele, schulorganisatorische Mittel und Unterrichtsmethoden. Tatsächlich orientierten sich die Curricula in den Schulen der DDR auch nicht an jenen Bildungszielen, sondern an international verbreiteten Vorstellungen davon, was als Bildung anzusehen ist. »Die Entscheidungen, die zur Konzeption der Allgemeinbildung, zur Stundentafel und zum Inhalt der Unterrichtsfächer getroffen wor-

Übersicht 11:
Unterrichtsstunden[1] der Jahrgangsstufen 1 bis 4 nach Fächern
– DDR, Bayern, Hessen, Nordrhein-Westfalen –

Fächer	DDR	Bayern[2]	Hessen	Nordrhein-Westfalen
Deutsch	1.785	1.004	772	1.544
Heimat-/Sachkunde		598	463	
Zusammen	1.785	1.602	1.235	1.544
Religion	–	425	309	386
Mathematik	821	753	772	618
Musik	357	193	232	579
Kunst		116	347	
Werken	179	270		–
Schulgarten	143	–	–	–
Zusammen	679	579	579	579
Sport	321	463	463	463
Förderunterricht	–	193	309	309
Insgesamt	3.606	4.014	3.667	3.899

1 Für die DDR werden 35,7, für die Bundesländer 38,6 Unterrichtswochen pro Jahr angesetzt.

2 Teilweise geschätzt.

Quelle: Mitter 1990 sowie Schulrecht der jeweiligen Bundesländer.
Zitiert nach Arbeitsgruppe Bildungsbericht, 1994, S. 267.

Übersicht 12:
Unterrichtsstunden[1] der Jahrgangsstufen 5 bis 10[2] nach Fächern
– DDR, Bayern, Hessen, Nordrhein-Westfalen –

Fächer	DDR	Bayern Wahlpflichtbereich I[3]	Bayern Wahlpflichtbereich II/III[4]	Hessen	Nordrhein-Westfalen
Deutsch	1.071	1.081	1.081	926	926
1. Fremdsprache	821	849	849	888	1.004
2. Fremdsprache	393a	232b	232c	579d	463e
Zusammen	2.285	2.162	2.162	2.393	2.393
Mathematik	1.107	1.081	888	888	926
Physik	500	347	232	232	
Chemie	357	154	154	193	888 (Physik, Chemie, Biologie)
Biologie	393	309	309	309	
Zusammen	2.357	1.891	1.583	1.622	1.814
Erdkunde	393	347	347	232	
Geschichte	393	386	386	270	888 (Erdkunde, Geschichte, Sozialkunde/Staatsbürgerkunde)
Sozialkunde/ Staatsbürgerkunde	179	193	193	270	
Religion	–	463	463	463	463
Zusammen	965	1.389	1.389	1.235	1.351
Polytechnik/Arbeitslehre	643 (Polytechnik/Arbeitslehre, Kaufmännische Fächer)	463	772	232	–
Kaufmännische Fächer		232b	232b	656d	463e
Musik	214	309	309	309	695 (Musik, Kunst)
Kunst	179	216	216	309	
Sport	500	926	926	618	695
Orientierungsunterricht, Lehrplangebundene Arbeitsgemeinschaften	143	–	–	463	77
Insgesamt	7.286	7.356	7.356	7.181–7.258	7.025

1 Unterrichtswochen pro Jahr in der DDR: 35,7, in den Bundesländern: 38,6.

2 Für Bayern wird das Stundenaufkommen der Klassenstufe 5 und 6 der Hauptschule und das der Realschule zugrunde gelegt, für Hessen und Nordrhein-Westfalen das der Sekundarstufe I.

3 Mathematisch-naturwissenschaftlich-technischer Wahlpflichtbereich.

4 Kaufmännischer bzw. hauswirtschaftlich-sozialer Wahlpflichtbereich.

a Wahlpflicht in der DDR mit Beteiligungsquoten über 50 Prozent.

b 2. Fremdsprache und kaufmännisch-technische Fachanteile alternativ.

c 2. Fremdsprache und kaufmännische Fachanteile bzw. hauswirtschaftlich-soziale Fachanteile alternativ.

d 2. Fremdsprache (579 Stunden) und Wahlpflichtunterricht (154 Stunden) oder Wahlpflichtunterricht (656 Stunden) alternativ.

e 2. Fremdsprache und sozialwissenschaftliche Fächeranteile alternativ.

Quelle: Mitter 1990 sowie Schulrecht der jeweiligen Bundesländer.
Zitiert nach Arbeitsgruppe Bildungsbericht, 1994, S. 268.

den sind, sind sorgfältig durch internationale Vergleiche abgesichert worden.« (Neuner 1988, S. 3) Diese internationale Absicherung führte dazu, daß die Stundentafeln der DDR weitgehend jenen der BRD und anderer Länder glichen. »Es ist bemerkenswert«, so resümiert Neuner eine international vergleichende Curriculumstudie, daß sich »heute... in den grundlegenden Fragen des Bildungsinhalts ›systemübergreifend‹ bestimmte Entwicklungstendenzen durchsetzen.« (Neuner 1988, S. 3)

Dem entspricht auch das Ergebnis eines deutsch-deutschen Curriculumvergleichs, den Mitter durchgeführt hat (Mitter 1990). Er erstreckt sich auf die Bundesländer Bayern, Hessen und Nordrhein-Westfalen auf der einen Seite und die DDR auf der anderen. Mitter zeigt, daß die Differenz zwischen den westdeutschen Bundesländern größer sind als diejenigen zwischen Ost und West. Dieser Sachverhalt findet eine Entsprechung im Einigungsvertrag, der den Beitritt der neuen Bundesländer regelt. Die Bildungsabschlüsse, die die DDR-Bürger erworben hatten, sollen danach auch unter den neuen Verhältnissen in der Regel anerkannt werden.

Neuners Vergleich erstreckt sich auf die DDR und die BRD, aber darüber hinaus auch auf die UdSSR, die ČSSR, Japan und die Volksrepubliken Bulgarien, Polen und Ungarn. Diese Länder stimmen hinsichtlich ihrer Curricula weitgehend überein. Sie unterscheiden sich jedoch radikal im Hinblick auf jene Größe, von der der Marxismus-Leninismus jegliche Lebensäußerung ableiten wollte, und die das Ministerium für Volksbildung der Curriculumentwicklung in der DDR vorgab, nämlich hinsichtlich ihrer wirtschaftlich-technischen Entwicklung. Neuners Befund widerlegt das materialistische Credo, daß Schulbildung den Qualifikationsansprüchen der wissenschaftlich-technischen Revolution folge. Da auch die politischen Verfassungen dieser Länder erheblich differieren, ist zu folgern, daß sich Schulbildung auch in der DDR in weitgehender Unabhängigkeit von nationalen Besonderheiten entwickelte. Ihre Curricula entsprachen dem, was international auch sonst in den Schulen gelehrt wird. So zeigen internationale Curriculumvergleiche (Meyer/Kamens/Benavot 1992; Kamens/Meyer/Benavot 1996):

- Der Unterricht in einer oder mehreren Nationalsprachen gehört in allen Ländern zum Curriculum. Die Pflege von Lokalsprachen und Dialekten ist eine Ausnahme. Konflikte über den

Sprachunterricht betreffen vor allem die Frage, was als Nationalsprache gelten soll und in den Schulen zu berücksichtigen ist.

- Die Pflege von Sprachen mit religiös-kultischem Charakter, die zum Beispiel im Nahen Osten anzutreffen ist, oder der Unterricht in den alten klassischen Sprachen Europas, hat zugunsten eines modernen Fremdsprachenunterrichts an Bedeutung verloren (Cha 1992, S. 84-100).
- Universelle Verbreitung hat auch der Mathematikunterricht. Er gilt nicht als Berufsvorbereitung für zukünftige Mathematiker, sondern als wichtiges Bildungselement in einer als berechenbar verstandenen modernen Welt (Kamens/Benavot 1992, S. 101-123).
- Durchgängig anzutreffen ist auch der naturwissenschaftliche Unterricht. Er hat nicht ingenieurwissenschaftlichen Charakter, sondern ist Ausdruck eines modernen Weltverständnisses, demzufolge die Natur methodischem Zugang offensteht. Die moderne Arbeitskultur setzt diesen Naturbegriff zwar voraus, aber dadurch wird der Inhalt des Unterrichts noch nicht zu Berufstechnik. Er richtet sich vielmehr gegen vormoderne, zum Beispiel religiöse Naturauffassungen. Die Auseinandersetzungen, die religiöse Gruppierungen in den USA um den Darwinismus führen, sind dafür ein Beispiel (a.a.O.).
- Weltweite Verbreitung haben auch jene Fächer, die die soziale Welt betreffen. Dazu gehören Geschichte, Geographie, Sozialkunde oder Sozialwissenschaften, wobei Sozialwissenschaften an Bedeutung zu gewinnen scheinen. Damit setzt sich die Vorstellung durch, daß auch die gesellschaftlichen Verhältnisse rationaler Gestaltung zugänglich sind (Wong 1992, S. 124-138).
- Universelle Verbreitung hat auch explizit religiöse, ideologische oder ethische Schulbildung. Sie hatte in der DDR die Form der Staatsbürgerkunde (Cha/Wong/Meyer 1992, S. 139-151).
- Leibesübungen nebst Gesundheitserziehung und unterschiedliche Formen der Kunsterziehung runden das supranationale Ensemble von Unterrichtsfächern ab.
- Eine gewisse Verbreitung im öffentlichen Schulwesen hat auch der berufsvorbereitende Unterricht, jedoch scheint seine Bedeutung international abzunehmen (Benavot 1982). Wie geringfügig die Bedeutung der polytechnischen Bildung in der DDR war, wird weiter unten noch deutlich.

Die Entzauberung (Max Weber) vormoderner Weltbilder hängt nicht davon ab, daß der einzelne bestimmte Kenntnisse in den genannten Fachdisziplinen besitzt, sondern von dem Wissen, daß er sich solche Kenntnisse und mit ihrer Hilfe die Welt verfügbar machen kann. Entscheidend ist die Vorstellung, daß sich ihrer selbst bewußte Individuen in rationalen Formen mit der Welt umgehen können. Diese Vorstellung mußte sich in der DDR gegen eine instrumentelle Rationalität behaupten, die mit Staatsmacht sanktioniert wurde. Sie ließ den Gedanken an individuelle Unabhängigkeit nur in engen Grenzen zu. Licht auf diese Grenzen wirft beispielhaft eine Formulierung, zu der ein Autorenkollektiv unter der Leitung Neuners gelangt war. Danach sei der »Charakter und Inhalt der allseitigen Entwicklung des Menschen aus den objektiven Gesetzmäßigkeiten und Bedingungen der gesellschaftlichen Entwicklung« zu bestimmen (Autorenkollektiv unter der Leitung G. Neuners 1973, S. 27). Dem entsprach die bürokratische Kanonisierung materialer Bildungsinhalte. Die Lehrpläne enthielten detaillierte Stoffverteilungspläne, die jeweils Lehrgänge oder Stoffeinheiten für mehrere Unterrichtsstunden auswiesen. Sie wurden präzisiert mit den Unterrichtsmaterialien. Zu ihnen gehörten die Lehrbücher, die in enger Zusammenarbeit mit den Lehrplankommissionen entwickelt und als inhaltliche Ausarbeitungen der Lehrpläne angesehen wurden. Hinzu kamen die sogenannten Unterrichtshilfen, die eine detaillierte Empfehlung für die Durchführung jeder einzelnen Unterrichtsstunde enthielten:

> »Eine große ›Macht‹ in diesem schöpferischen Umsetzungsprozeß stellen das Lehrbuch und andere Schulbücher dar. Sie stellen die konkreteste Kodifizierung des in den Lehrplänen fixierten Inhalts der Allgemeinbildung dar. Das Schulbuchwerk für die allgemeinbildende zehnklassige polytechnische Oberschule der DDR umfaßt einen Umfang von etwa 15.000 Druckseiten. *Lehrbücher* sind traditionell *Träger des in Lehrplänen fixierten Bildungsinhalts:* Sie beinhalten eine wesentlich differenziertere ›Nomenklatur‹ dieses Inhalts, als sie der Lehrplan zu geben vermag.« (Neuner 1989, S. 411)

Und zu den Unterrichtshilfen schreibt Neuner:

> »*Zentral herausgegebene Unterrichtshilfen* erscheinen in unserer Republik für alle Fächer und Klassenstufen. Sie haben sich im Prozeß der sozialistischen Umgestaltung des Schulwesens als wich-

tige Hilfsmittel für die Lehrerarbeit bewährt ... Zugleich dienen sie der Rationalisierung der Lehrerarbeit; sie enthalten ein Angebot von Materialien, Tafelbildern, Hinweise auf einzusetzende Unterrichtsmethoden und Fernsehsendungen, das sich der Lehrer sonst mit großem Aufwand zusammensuchen müßte. Unterrichtshilfen werden von den Lehrern stark genutzt; es sind die am meisten gelesenen und verwendeten pädagogischen Bücher. In den vergangenen Jahren waren Unterrichtshilfen mehr und mehr der Kritik ausgesetzt ... Es wurden Unterrichtshilfen anderer Art gefordert, solche, die schöpferische Lehrertätigkeit nicht einengen, sondern stimulieren.« (Neuner 1989, S. 413)

Die bis dahin vorherrschende »Kleinschrittigkeit der Lehrplanvorgaben«, so hatten Methodiker schon vorher zu bedenken gegeben, stoße »zunehmend auf Widerspruch bei hochqualifizierten, schöpferisch denkenden und arbeitenden Lehrern« (Neuner 1986, S. 119). Diesem Bedenken sollten die neuen Lehrpläne Rechnung tragen, die an den allgemeinbildenden Oberschulen ab 1988 eingeführt wurden. Sie sollten weder ein »verkleinertes Abbild der Wissenschaftssystematik« sein noch »eine einfache Abfolge von Themen und Stoffgebieten« (Neuner 1988, S. 5). Die deduktive Logik der bisherigen Fachlehrpläne sollte überwunden werden (vgl. dazu die Kritik von Brämer 1980 a und 1980 b). Es sollte sowohl um die Vermittlung eines nach pädagogischen Gesichtspunkten selektierten ›systemhaften Wissens‹ gehen als auch um die Einübung in wissenschaftliche Methoden. Kriterium für die Aufnahme fachwissenschaftlicher Erkenntnisse und Methoden in den Lehrplan sei deren pädagogische Funktionalisierbarkeit, das heißt, »das was ... für grundlegende Allgemeinbildung, für ein wissenschaftlich begründetes Weltbild, für die Orientierungsfähigkeit des jungen Menschen im Leben bewirkt werden soll« (Neuner 1988, S. 4).
Dem Begriff der pädagogischen Funktion des Faches soll hier nicht weiter nachgegangen werden; zu betonen ist aber das Postulat, daß der Lehrer das Lernen nicht mehr als bloße Summierung von Lerneinheiten organisieren, sondern den »Prozeßcharakter der Aneigung« berücksichtigen soll, bei »dem der Weg vom Empirischen zum Theoretischen unter Beachtung des altersstufengemäßen Erkenntnisvermögens schrittweise angebahnt wird, über mehrere Stufen«. Ein Unterricht, der den »Prozeßcharakter der Aneigung berücksichtige, könne in seinem Ablauf vielfach nicht zentral vorgeschrieben werden« (Neuner 1988, S. 5).

Die praktischen Konsequenzen, die sich aus derartigen Überlegungen ergaben, reichten freilich nicht weit. Sie zielten nicht auf individuelle Autonomie für Lehrer und Schüler, sondern auf eine sozialtechnische Rationalisierung des Unterrichts. Das wird deutlich an der Theorie und Praxis der Fächerwahl. Daß die Schüler selbst darüber entscheiden sollten, worin sie sich bilden, war der Schulkultur der DDR insgesamt ein fremder Gedanke. Wenn Neuner einen sehr begrenzten Ausbau des Wahlunterrichts befürwortet, dann macht er dazu vor allem sozial-technische Gesichtspunkte geltend. Es geht nicht um Unabhängigkeit der Schüler, sondern um deren begabungsgerechte Spezialisierung, und »darüber hinaus hat sich fakultativer Unterricht auch als ein Experimentierfeld erwiesen, um *neue Bildungsinhalte für Allgemeinbildung aufzubereiten und zu erproben*«. Mit der Freiheit der Fächerwahl sollten also nicht die Schüler zum Subjekt ihres Bildungsprozesses werden, sondern die Bildungsadministration sollte auch weiterhin darüber verfügen (Neuner 1989, S. 190).
Die Wahlmöglichkeiten der Schüler hatten trotz der Lockerung der Lehrplanvorgaben kaum zugenommen. Im internationalen Vergleich, so zeigt Neuner, liegen hier die größten Differenzen. In der DDR betrug der Anteil des Wahlunterrichts am Gesamtkanon 5,5 Prozent, in der BRD 19,2 Prozent und in den USA 38,9 Prozent (Neuner 1989, S. 174 ff.). Man kann die niedrige Ziffer für die DDR als einen Hinweis darauf nehmen, daß die Autorität des objektivistischen Bildungskanons kaum angetastet war (vgl. auch Döbrich/Huck/Schmidt 1990, S. 146). Die Freiheit der Fächerwahl war in der DDR viel geringer als in der BRD. Beträchtlich ist aber auch die Differenz zwischen der BRD und den USA. Sie läßt erkennen, daß der Demokratisierungsprozeß auch in den westdeutschen Schulen noch begrenzt ist.

Die mißglückte Einheit von Bildung und Arbeit

Das Schulgesetz von 1959 erklärte Arbeit zu einem wichtigen Bezugspunkt der Bildung. Man sah darin das entscheidende Merkmal des »Übergangs von der antifaschistisch-demokratischen Schule zur sozialistischen Schule« (Gesetz 1959, S. 2).

Der Sozialismus brauche Menschen, denen »die Arbeit zum Lebensinhalt wird und die eine hohe Achtung vor den arbeitenden Menschen haben« (Gesetz 1959, S. 1). Mit der Einheit von »Unterricht und Produktion« sollte sozialistische Arbeit zu einem Erziehungsmittel werden. Darüber hinaus sollte die polytechnische Bildung die jungen Leute auf die »modernen technologischen Prozesse« vorbereiten, und schließlich ging es um die »Einheit von geistigen und körperlichen Fähigkeiten« (a.a.O.).
In der Literatur zur polytechnischen Bildung finden sich nur ausnahmsweise Bezüge zur Marxschen Theorie der Trennung von Hand- und Kopfarbeit als Herrschaftsverhältnis wie zum Beispiel bei Wolf (1959). Die Einsicht, daß die Arbeitsteilung Ausdruck gesellschaftlicher Herrschaftsverhältnisse ist, war dem Marxismus-Leninismus verloren gegangen. In den bildungspolitischen Auseinandersetzungen um das Verhältnis von Bildung und Arbeit taucht folglich auch nicht der Gedanke auf, Arbeit könne im Interesse individueller Bildung reorganisiert werden. Es ging in der polytechnischen Bildung der Idee nach darum, die jungen Leute an die Gegebenheiten des Arbeitsprozesses anzupassen, die als Ausdruck hinzunehmender Naturnotwendigkeiten verstanden wurden. Da Arbeit auf den breiten unteren Schichten der Berufshierarchie eher passive als aktive Anpassung verlangt, hätte Berufsbildung hier kaum mehr als Konditionierung oder Abrichtung bedeuten können. Dergleichen ließen die geltenden Bildungsvorstellungen aber kaum zu. Die polytechnische Bildung hat deswegen den Qualifikationsansprüchen der Arbeit kaum entsprochen.
Ab Mitte der 50er Jahre hatte man bereits Schulversuche zur Verbindung von Produktion und schulischer Bildung durchgeführt (Autorenkollektiv 1989, S. 486), Dabei verband sich mit dem Begriff der polytechnischen Bildung vor allem die Vorstellung, den jungen Leuten seien Arbeitsmotive zu vermitteln. Sie sollten lernen, sich den sozialistischen Produktionsverhältnissen zu fügen und fleißig ihren Mann beziehungsweise ihre Frau zu stehen (Messmer 1990). Mit dem Gesetz von 1959 wurde »in den Mittelpunkt des polytechnischen Unterrichts ... in den unteren Klassen der Werkunterricht und von der Klasse 7 an der Unterricht in der sozialistischen Produktion« gestellt (Gesetz 1959, S. 3). Der polytechnische Unterricht hatte danach drei Bestandteile: Der wöchentliche ›Unterrichtstag in der sozialistischen Produktion‹

(UTP) wurde für die Klassen 7 bis 12 eingeführt, hinzu kamen die Fächer ›Einführung in die sozialistische Produktion‹ (ESP) und ›technisches Zeichnen‹. Während die Schüler während des UTP vorrangig in einfache Arbeitsvollzüge eingeübt wurden, ging es im Fach ESP um die theoretische Einführung in technische und ökonomische Gegebenheiten der Produktion.

Zu Beginn der 60er Jahre sollte der polytechnische Unterricht zu einer berufsvorbereitenden Ausbildung erweitert werden. »Bestimmte Klassen der Oberschulen und erweiterten Oberschulen (sollten) den wissenschaftlich-technischen Anforderungen entsprechend« so eng mit »Betrieben der führenden Wirtschaftszweige und den fortgeschrittenen volkseigenen Gütern und landwirtschaftlichen Produktionsgemeinschaften« verbunden werden, »daß sie für diese Produktionszweige beziehungsweise Betriebe einen qualifizierten Nachwuchs sichern«. Die »Oberschulbildung sei entsprechend den Erfordernissen des jeweiligen Zweiges der Volkswirtschaft weiter zu differenzieren« (Das Programm 1963, zitiert nach Baske 1979, S. 46 ff.). Diese Verbindung der Schule mit den Betrieben entspreche nicht nur den wirtschaftlich-technischen Qualifikationsanforderungen, sondern sichere auch »eine intensive Einflußnahme der Arbeiterklasse auf die Bewußtseinsbildung der Jugendlichen und ermöglicht durch eine konkrete Teilnahme an der Produktionsarbeit der Betriebe eine wirksame Erziehung zur Liebe zur Arbeit, zur Achtung jeder Arbeit und der arbeitenden Menschen« (a.a.O., S. 48). Entsprechend sollten die Schüler an den allgemeinbildenden Schulen schon in der 9. Klasse eine berufliche Ausbildung beginnen. Diese berufliche Grundausbildung sollte 150 Ausbildungstage in den Klassen 9 und 10 mit je sieben Stunden umfassen. Dieses Stundenvolumen sollte durch die Streichung der bisherigen polytechnischen Fächer UTP und ESP gewonnen werden. Nach der 10. Klasse sollte sich eine spezielle berufliche Ausbildung »in den Betrieben und Genossenschaften anschließen« (a.a.O., S. 48).

Diese Empfehlung läßt sich in Zusammenhang bringen mit Reformen in der Abitursstufe. An einigen EOS begann man 1963/64 den Erwerb der Hochschulreife mit einer kompletten Berufsausbildung in den Klassen 11 und 12 zu verbinden (›Abitur mit Facharbeiterbrief‹). Freilich wurde diese Verbindung allgemeiner und beruflicher Bildung schon bald wieder revidiert. Margot Honecker hatte kritisiert, daß diese Verbindung von Bildung und Produktion eine Rückkehr zum »alten System der Acht-Klassen-Schule mit anschließender... Berufsausbildung« bedeute und damit den Intentionen widerspreche, die mit der Einführung der zehnklassigen allgemeinbildenden Oberschule verbunden gewesen seien (Honecker 1965, zitiert nach Anweiler 1988, S. 73). Ganz im Sinne der Honeckerschen Kritik kehrte das Schulgesetz von 1965 wieder zum berufsvorbereitenden polytechnischen Unterricht innerhalb der zehnklassigen allgemeinbildenden polytechnischen Oberschule zurück und stellte ihn neben die ›berufliche Grundausbildung‹. So heißt es im Gesetz, »die polytechnische Ausbildung erfolgt in sozialistischen Betrieben. In den Klassen 9 und 10 erhalten die Schüler einen berufsvorbereitenden polytechnischen Unterricht oder eine berufliche Grundausbildung« (Gesetz 1965, S. 27).

Der beruflichen Grundausbildung war freilich nur noch eine kurze Existenz beschieden. Nur elf Prozent der Schüler nahmen 1966 noch an der beruflichen Grundausbildung teil, und kurze Zeit später wurde sie vollends eingestellt. Die entsprechenden Verordnungen wurden im Gegensatz zur üblichen Praxis nicht veröffentlicht. Über die Beweggründe läßt sich nur spekulieren; vielleicht fürchtete man das öffentliche Aufsehen, das die Akzentuierung der Trennung von Bildung und Arbeit hervorrufen würde. Eine größere Distanz zwischen Bildung und Arbeit ergab sich auch daraus, daß die Facharbeiterausbildung für Schüler der EOS wieder eingestellt wurde. Im Gesetz von 1965 war für die Sekundarstufe II lediglich noch die Möglichkeit vorgesehen, das Abitur außerhalb der EOS in Einrichtungen der Berufsausbildung (›Berufsausbildung mit Abitur‹) zu erwerben (Gesetz 1965, S. 29).

Statt der Facharbeiterausbildung wurde 1968 für Schüler der EOS eine spezielle Variante des polytechnischen Unterrichts eingeführt, nämlich die ›wissenschaftlich-praktische Arbeit‹ (WPA). Damit erlangte der polytechnische Unterricht eine Struktur, die bis zum Ende der DDR im großen und ganzen stabil blieb. Er umfaßte jetzt

- für die Klassen 1 bis 6 den Werk- und Schulgartenunterricht;
- für die Klassen 7 bis 10 die ›Einführung in die sozialistische Produktion‹ (ESP) und ›Produktive Arbeit‹ (PA). Letztere umfaßte den früheren ›Unterrichtstag in der Produktion‹ (UTP). Hinzu kam das ›Technische Zeichnen‹;

– für die Klassen 11 und 12 war die ›Wissenschaftlich-Praktische Arbeit‹ (WPA) vorgesehen.

Mit der ›Produktiven Arbeit‹ und der ›Wissenschaftlich-Praktischen Arbeit‹ wurde den zukünftigen Arbeitern und den zukünftigen Angehörigen der Intelligenz jeweils eine besondere Form des polytechnischen Unterrichts verabfolgt. Ihre Unterscheidung reproduzierte die Trennung von Hand- und Kopfarbeit. Während sich die Schüler der polytechnischen Oberschule in die manuelle Produktionsarbeit einübten, besuchten die Schüler der EOS ab Klasse 11 im Fach ›Wissenschaftlich-praktische Arbeit‹ die betrieblichen Forschungs- und Entwicklungsabteilungen oder gar Abteilungen wissenschaftlicher Institute. Die zukünftigen Mitglieder der Arbeiterklasse wurden so in blauen Arbeitskombinationen der proletarischen Kultur nahe gebracht und die zukünftigen Angehörigen der sozialistischen Intelligenz – häufig buchstäblich in weißen Kitteln – in Distanz dazu.

Mit der Reorganisation der Polytechnik in den späten 60er Jahren war auch die Suche nach einer spezifizierten Didaktik verbunden. Dabei hatte man eine ›schöpferisch-technische Tätigkeit‹ im Auge, die eher einem idealisierten Bild des Ingenieurs als der tatsächlichen Produktion entsprach (Frankiewicz 1968; Messmer 1975). Statt praktischer Arbeitserfahrung vermittelte die polytechnische Bildung Elemente ingenieurwissenschaftlichen Fachwissens. Die ›proletkultähnlichen Züge‹ (Messmer 1991, S. 12) des früheren Polytechnikkonzeptes verschwanden, und die polytechnische Bildung näherte sich dem naturwissenschaftlichen Teil der Allgemeinbildung. Entsprechend sollte ihre Didaktik an die Didaktik der naturwissenschaftlichen Fächer anschließen.

In der Ära Honecker, die in den 70er Jahren den Sozialcharakter des Facharbeiters als Bezugsgröße auch der Bildungspolitik proklamierte, wurde dem Polytechnik-Unterricht wieder stärker die Bedeutung einer Arbeitserziehung zugemessen. Die Teilnahme an der Produktionsarbeit sollte entschult werden. Der praktische Teil des polytechnischen Unterrichts, das Fach ›Produktive Arbeit‹, sollte nicht länger einer Didaktik folgen, die sich am Handeln des Ingenieurs orientierte. Die Polytechnik wurde stärker in den betrieblichen Produktionsprozeß eingebunden. ›Erziehung zur Arbeit durch Arbeit‹ lautete die Devise; sie kam den bildungspolitischen Intentionen der 50er Jahre nahe. Die Eindrücke, die die Schüler dabei gewannen, entsprachen aber nicht dem, was sich die

Partei von dieser ›Bildung der sozialistischen Eigentümer‹ versprochen hatte. Die Arbeitserfahrung in der sozialistischen Produktion befestigte eher schichtenspezifische Habitusformationen. Eine Befragung von Schülern zum polytechnischen Unterricht ergab, »je höher das Leistungsniveau, um so niedriger ist die Bereitschaft zu körperlicher Arbeit ausgeprägt« (Knipping 1973, S. 6).

In den 80er Jahren schlug das Pendel von der praktischen Arbeitserfahrung wieder zurück zum theoretischen Unterricht. In den Auseinandersetzungen um das Polytechnikkonzept gewannen die Intentionen der ingenieurwissenschaftlich argumentierenden Lehrplanentwickler an Gewicht. Sie hatten einmal die Reform der Pläne für das Fach ›Einführung in die sozialistische Produktion‹ getragen und diese an den neuen Techniken orientiert, besonders an der Automatisierungs- und Informationstechnik. Dabei konnten sie sich auf die Partei berufen, die sich in den 80er Jahren wieder nachdrücklicher dem Glauben an die wissenschaftlich-technische Revolution verschrieb. Über 60 Prozent der Unterrichtszeit im Fach ESP in der 10. Klasse galt nach der Einführung der neuen Lehrpläne im Jahr 1982 der Beschäftigung mit neuen Technologien. Diese Entwicklung widersprach der arbeitserzieherischen Konzeption des Faches ›Produktive Arbeit‹, das in erster Linie von Pädagogen entwickelt worden war und darauf zielte, die Schüler mit der sozialistischen Arbeitswelt vertraut zu machen. Eine Redidaktisierung nach ingenieurwissenschaftlichen Gesichtspunkten setzte ein, und bei den arbeitserzieherischen Inhalten ging es zunehmend um Flexibilität statt proletarischer Enkulturation. Umfangreiche wissenschaftliche und politische Abhandlungen sollten die Notwendigkeit dafür begründen. Der einzelne wurde als ›subjektiver Faktor‹ konzipiert, der weniger dispositionsfähig als disponibel sein sollte. So hieß es in dem soziologischen Standardwerk eines Autorenkollektivs:

> »Disponibilität des gesellschaftlichen Arbeitsvermögens umfaßt die Potenz oder das Vermögen der lebendigen Arbeitskraft, in einer gesellschaftlich bedingten und erforderlichen Art und Weise abrufbar und einsetzbar zu sein. Die vielseitige Einsetzbarkeit des Werktätigen für wechselnde Arbeitserfordernisse ist eine der sozialen Folgen des wissenschaftlich-technischen Fortschritts.« (Autorenkollektiv 1988, S. 120)

Die allseitige Einsetzbarkeit des Werktätigen für wechselnde Arbeitserfordernisse ist die Form, zu der sich die allseitige Bildung der sozialistischen Persönlichkeit diesen Theorien zufolge ummünzen sollte. Instrumentalisierbarkeit wird zum Inbegriff von Bildung. Was Marx an der bürgerlichen Ökonomie kritisiert hatte, wird hier zum bildungspolitischen Programm. »In der bürgerlichen Ökonomie ... erscheint diese völlige Herausarbeitung des menschlichen Innern als völlige Entleerung, die universelle Vergegenständlichung als totale Entfremdung, und die Niederreißung aller bestimmten einseitigen Zwecke als Aufopferung des Selbstzwecks unter einen ganz äußeren Zweck.« (Marx 1953, S. 387)

Lehrer- und Schülerrolle

Ein besonderes Gewaltverhältnis

Dem Objektivismus der Curricula entsprachen die Rollen von Lehrern und Schülern. Wenn die Inhalte der Bildung festliegen, dann sind den am Schulleben Beteiligten Freiheitsrechte nicht zu gewähren; dergleichen wäre sinnwidrig. Das Verhältnis zwischen Lehrern und Schülern unterlag tatsächlich auch weitgehenden bürokratischen Reglements. Zu den bürokratischen Normen kamen andere, nicht zuletzt solche gemeinschaftsideologischer Natur. Entscheidend aber war, daß sich die Schulorganisation auch in der DDR durch einen institutionalisierten Individualismus auszeichnete, der Kennzeichen moderner Schulen ist. Wegen des bürokratischen Charakters der Schule kann hier von ›passiver Individualisierung‹ gesprochen werden (Engler 1995, S. 31 ff.).
Die Stellung der am Schulleben Beteiligten, die innere Schulverfassung, war durch eine Schulordnung geregelt, die der Ministerrat erlassen hatte. Diese Schulordnung verdrängte die reformpädagogischen Ansätze, die das Schulleben nach 1945 hier und da bewegt und Mitbestimmungsmöglichkeiten für Lehrer und Schüler vorgesehen hatten. Die Bezeichnung der Schulordnung bringt den Geist zum Ausdruck, der in der Schule herrschen sollte; sie lautete ›Verordnung über die Sicherung einer festen Ordnung an den allgemeinbildenden polytechnischen Oberschulen – Schulordnung –‹. Ihre letzte Version datierte von 1979; sie folgte vier anderen, die 1947, 1951, 1959 und 1967 erlassen worden waren. Daß diese Schulordnungen und das Leben in den Schulen iden-

tisch waren, darf man nicht unterstellen. Solche Ordnungen sind notwendigerweise allgemein, und Lehrer wie Schüler verstehen es, taktisch klug gemäß eigenen Vorstellungen mit ihnen umzugehen. Aber einfach zu ignorieren waren ihre Vorschriften auch nicht. Zudem ist in Rechnung zu stellen, daß sie den Schulen nicht willkürlich oktroyiert wurden, sondern an Wertorientierungen anknüpften, die in Deutschland verbreitet waren.

Der Unterricht unterlag einem zentralistischen Reglement von beachtlicher Dichte. Das Lehrplanwerk, von dem schon die Rede war, enthielt detaillierte Vorschriften zum Stoff und ein minutiöses Zeitregime. Das gleiche gilt für die Unterrichtshilfen und methodischen Handreichungen. Zur sachlichen und zeitlichen Standardisierung des Verhältnisses zwischen Lehrern und Schülern trugen des weiteren die regelmäßigen Sendungen des zentral ausgestrahlten Bildungsfernsehens bei, vor dem Lehrer ihre Schüler versammeln konnten. Unterrichtssteuernd wirkten auch die Prüfungen. Die Aufgaben für die schriftlichen Prüfungen am Ende der 10. Klasse und im Abitur wurden einheitlich für alle vom Ministerium für Volksbildung festgelegt, und zwar für Deutsch, Mathematik, Russisch und für die naturwissenschaftlichen Fächer. Die Einhaltung dieser Vorgaben sollte durch Fachberater und den Direktor kontrolliert werden.

Der unpersönlichen Sachlichkeit und der minutiösen ›Kleinschrittigkeit‹ der Lehrplanvorgaben entsprach die Direktorialverfassung; sie schränkte die Möglichkeiten autonomen Verhaltens zusätzlich ein. Die Schulleitung war monokratisch. Dabei war der Schulleiter auf die Politik der SED verpflichtet; die Schulparteiorganisation der SED sollte ihm sekundieren, und zwar in enger Kooperation mit der Schulgewerkschaftsorganisation, der alle Lehrer angehörten. Dem Muster der Betriebsparteiorganisation folgend, sollten Lehrer als ›einheitlich handelndes Pädagogenkollektiv‹ tätig werden (Verordnung 1979, S. 109; Meier 1974, S. 244 ff.).

Was immer ein Pädagogenkollektiv tut, wenn es sozialistisch und einheitlich handelt, auch in den Schulen der DDR dominierte der institutionalisierte Individualismus mit den Normen der Unabhängigkeit, Leistung, Gleichheit und funktionaler Spezifizität. Bildung war als Bildung von Individuen institutionalisiert, auch wenn diese bürokratisch kategorisiert wurden. Unabhängigkeit war als Realabstraktion von individuellen biographischen und sozialen Bezügen konzipiert und Leistung als objektivierte Einzelleistung; es galt das Leistungsprinzip und damit verbunden die Gleichheitsnorm. Die Kategorisierung der Unterrichtsfächer, Fachlehrer, Schulklassen, Schulstufen usw. entsprach dem Gesichtspunkt der funktionalen Differenzierung. Mit diesen Normen konfligierte die schon erwähnte Einrichtung des Abstammungsprestiges der Arbeiter- und Bauernkinder und die Prämiierung einer Gesinnungstüchtigkeit, die durch politisches Engagement in den Jugendverbänden nachzuweisen war. Diese Praxis war politisch intendiert und unterschied sich dadurch von der Privilegierung der Mittelschichtkinder, die sich in den weiterführenden Bildungseinrichtungen der BRD nicht gewollt, sondern lediglich faktisch durchsetzt.

Lehrer, insbesondere Klassenleiter, und Schüler hatten aber auch Aufgaben wahrzunehmen, die dem westdeutschen Bildungssystem teilweise fremd sind. Sie sollen im folgenden aufgezählt werden:

a) Lehrer als Fachlehrer: Weiterbildung, fachliche Anleitung und Kontrolle

- Teilnahme an den etwa sechswöchentlichen Fachgruppensitzungen der Fachlehrer;
- Teilnahme an zentralen Fachgruppensitzungen;
- Hospitationen durch den Direktor, die beiden stellvertretenden Direktoren, den zuständigen Fachberater und ggf. Mitarbeiter zentraler Schulbehörden und Elternvertreter.

b) Lehrer als Repräsentanten der politischen Macht: Weiterbildung, politische Anleitung und Kontrolle

- Alle Lehrer, gleichviel ob Mitglied der SED oder nicht, waren zur monatlichen Teilnahme am sogenannten Parteilehrjahr oder an den Schulen der sozialistischen Arbeit verpflichtet.
- Jenes Drittel der Lehrer, die der SED angehörten, war verpflichtet, an der monatlichen Parteiversammlung teilzunehmen.
- Die Mitglieder der Gewerkschaft Unterricht und Erziehung, das heißt alle Lehrer, waren verpflichtet, an der monatlichen Gewerkschaftsversammlung teilzunehmen.
- Dreimal im Jahr tagten die Pädagogischen Räte, an denen sich die Kollegen zu beteiligen hatten. Der Pädagogische Rat war die Vollversammlung der Lehrer und Erzieher einer Schule; er diente »der kollektiven Meinungsbildung und der Entwicklung

des einheitlichen Handelns des Pädagogenkollektivs« (Verordnung 1979, S. 118). Dabei ging es um solche Fragen wie die Aufstellung und Kontrolle des Schuljahresarbeitsplanes, die Anwerbung von Bewerbern für den Lehrer- und Offiziersberuf usw.

- Teilnahme an der mindestens alle sechs Wochen stattfindenden Dienstberatung des Pädagogenkollektivs der Schule.
- Klassenleiter hatten die monatlichen Pioniernachmittage beziehungsweise FDJ-Versammlungen ihrer Klasse zu unterstützen; das konnte ihre Teilnahme einschließen.
- Sie organisierten die als Pionier- beziehungsweise FDJ-Veranstaltung abgehaltenen ›Lernkonferenzen‹, die ungefähr zweimal im Jahr stattfanden. Sie widmeten sich der Einschätzung des Leistungsstandes im Kollektiv der Schüler und der Organisierung von Lernpatenschaften.
- Lehrer, die als Klassenleiter einer 7. Klasse tätig waren, hatten den Zirkel ›Unter der blauen Fahne‹ zur Vorbereitung des kollektiven Eintritts in die FDJ durchzuführen.
- Diese Obliegenheit erfuhr für die 8. Klasse eine Fortsetzung mit der Durchführung der zehn ›Jugendstunden‹, die der Vorbereitung der Jugendweihe dienten und ein vorgegebenes Programm hatten.
- Auf den Klassenstufen 9 und 10 trat neben die monatliche FDJ-Versammlung das ›FDJ-Studienjahr‹. Unter Anleitung ihrer Lehrer oder anderer Bezugspersonen beschäftigten sich die Schüler hier mit den verschiedensten kulturellen und politischen Themen.
- Ab Klasse 5 hatten Lehrer die Berufswünsche ihrer Schüler zum Zwecke der Berufslenkung aufzunehmen.

c) Lehrer als vormilitärische Ausbilder der Jungen

- Lehrer hatten Unterstufenschüler in das Manöver ›Schneeflocke‹ zu führen und mit geländespielartigen Veranstaltungen auf die vormilitärische Ausbildung in der Oberstufe vorzubereiten.
- Für die Schüler der Mittel- und Oberstufe mußte die Teilnahme an den ›Hans-Beimler-Wettkämpfen‹ organisiert werden, beziehungsweise die ›Woche der Wehrbereitschaft‹. Den Schülern wurde hier Gelegenheit geboten, sich zum Beispiel im Anfertigen behelfsmäßiger Atemschutzmasken zu üben; von ihren Biologie-, Chemie- und Physiklehrern wurden sie darin unter-

wiesen, wie man sich bei biologischer, chemischer und atomarer Kriegsführung verhalten sollte.
- Lehrer an der EOS fungierten als Führungspersonal in den Lagern der vormilitärischen Ausbildung.

d) Politische Schulung
- In den Winterferien war für die Lehrer die Teilnahme an den täglichen Weiterbildungsseminaren obligatorisch, die der politischen Schulung galten.

e) Explizit zeremonielle Funktionen
- Am Weltfriedenstag, der mit dem Schulbeginn am 1. September zusammenfiel, waren die Lehrer in der ersten Stunde gehalten, ihre Schüler mit der Bedrohung des Weltfriedens vertraut zu machen.
- Dem folgte ein paar Wochen später ein Schulfest, auf dem die Gründung der Pionierorganisation Ernst Thälmann gefeiert wurde. Vorbereitung und Durchführung lagen in den Händen von Lehrern.
- Mindestens zweimal im Schuljahr fanden mit gewissem Aufwand Schulappelle statt.
- Zu Beginn jeder Unterrichtsstunde nahm der Lehrer die förmliche Meldung des diensthabenden Ordnungsschülers zur Bereitschaft der Klasse zum Unterricht entgegen.
- Am Ende des Schuljahres erfolgte die Zeugnisausgabe durch den Klassenlehrer. Von seinem Taktgefühl hing es ab, ob schlechte Schüler dabei gekränkt wurden. So konnten die Zeugnisse in der Reihenfolge des Notendurchschnitts oder in alphabetischer Reihenfolge der Nachnamen ausgegeben werden. Die Zeugnisausgabe war zudem Anlaß für die Verleihung kleinerer Auszeichnungen.

f) Zusammenarbeit ›mit den gesellschaftlichen Kräften‹ (Verordnung 1979, S. 123)
Lehrer hatten die Zusammenarbeit mit den sogenannten gesellschaftlichen Kräften zu gewährleisten. Das betraf besonders den Kontakt zur ›Patenbrigade‹.

g) Zusammenarbeit mit den Eltern
Nicht zuletzt hatten die Lehrer Kontakt zu den Eltern zu halten und mindestens zwei Elternversammlungen im Schuljahr durchzuführen sowie mindestens einen Elternbesuch pro Schüler zu absolvieren.

Die aufgezählten Aufgaben hatten teils bürokratischen, teils rituellen Charakter; damit wurde eine persönliche Selbstdarstellung der Lehrer und Schüler erschwert. Aber der Zwang zu Konformität mit unpersönlichen Regeln machte es dem einzelnen auch möglich, zu dem, was ihm angesonnen wurde, persönlich auf Distanz zu gehen. So wurden zum Beispiel die rituell abverlangten ›persönlichen Erklärungen‹ sehr oft als etwas ganz Unpersönliches verstanden. Außerhalb dessen, was nicht zu umgehen war, konnten die Betroffenen informelle persönliche Einverständnisse erzielen. Dazu boten die zahlreichen Kontakte, die die Schulen der DDR außerhalb des Unterrichts vermittelten, gute Möglichkeiten. Die Strategie der Unpersönlichkeit als Ausdruck persönlichen Verhaltens war schwieriger in den ›persönlichen Gesprächen‹ durchzuhalten. Im kleinen Kreis fanden zum Beispiel die Versuche statt, Schüler für einen militärischen Beruf zu überreden oder wenigstens für einen über den Grundwehrdienst hinaus verlängerten Dienst bei der Nationalen Volksarmee. Dabei konnte der für die Schule zuständige Offizier gegenwärtig sein, oder der Lehrer wählte die Form eines Elternbesuchs. Dabei war es Sache des einzelnen Lehrers, wie er sein persönliches Verhältnis zu diesen dienstlichen Obliegenheiten nach außen darstellte.

Der Liste der Aktivitäten, denen sich Lehrer und Schüler zu widmen hatten, läßt noch etwas anderes erkennen. Ihre Rolle vereinte Funktionen, die in liberalen Gesellschaften institutionell geschieden sind. So sollten Lehrer nicht als Vertreter einer professionellen Berufskultur ihren Schülern mit der Bereitstellung persönlicher Entwicklungschancen zu Hilfe kommen. Sie sollten vielmehr als Experten Fachwissen vertreten und als Repräsentanten der Staatsmacht politische Gesinnung. Als Sachwalter der Landesverteidigung sollten sie Offiziere rekrutieren und Manöver durchführen. Bei einigen dieser Funktionen sollten sie nicht die Normen wissenschaftlicher Kommunikation einhalten, sondern den suggestiven Einfluß von Zeremonien nutzen.

Ob sich Lehrer die ideologischen Ansinnen tatsächlich zu eigen gemacht haben, steht dahin. Erschwert wurde ihre Situation, weil sie auch von seiten der Erziehungswissenschaften nur wenig Ermutigung zu intellektueller Unabhängigkeit erfuhren. Vieles, was hier geschrieben wurde, läßt an eine Rationalisierung denken, bei der im Begriff des subjektiven Faktors an der vorliberalen Vorstellung vom Individuum als Schaf in der Herde des Herrn festgehalten wurde. In der einschlägigen Literatur finden sich Hinweise wie dieser, daß Lehrer die »feindlichen Auffassungen und auch Fragen ihrer Schüler zurückzuweisen« und »Grenzen einer Diskutierbarkeit« geltend zu machen hätten. Sie sollten zudem prüfen, »welche Werte der Schüler gegebenenfalls auch umgewertet werden müssen« (Kirchhöfer 1987, S. 47). Soviel pädagogische Entschlossenheit hat die westdeutsche Schulentwicklung seit den 50er Jahren immer weniger zugelassen. Aber der Gedanke, daß man über die Wertorientierungen der jungen Leute mit Macht verfügen könne und müsse, war der westdeutschen Kultur noch sehr lange vertraut. Wie oben gezeigt, wurden den Kindern von Rebhausen ›die Grenzen der Diskutierbarkeit‹ und die ›Umwertung ihrer Werte‹ durch Ohrfeigen nahegebracht. In der DDR war die Prügelstrafe von Anfang an verboten.

Den sozialstrukturellen Bedingungen, denen Lehrer unterlagen, waren indirekt auch die Schüler unterworfen; denn die Lehrerrolle ist ein konstitutives Element der Schülerrolle. Schüler zu sein bedeutete auch in der DDR zum einen die Inanspruchnahme eines Rechts gegenüber dem Staat. So beginnt der § 30 der Schulordnung, der die ›Rechte und Pflichten der Schüler‹ definiert, mit der Bekräftigung des Anspruchs auf Bildung. Im Absatz 1 dieses Paragraphen werden die Mitwirkungsmöglichkeiten der Schüler geregelt. Die jungen Leute werden diesbezüglich auf die FDJ und die Pioniergruppen verwiesen, die als Gesinnungsvereinigungen und als Organe der politischen Macht konzipiert waren. Was die Schüler aus der Mitgliedschaft in diesen Organisationen machten, war sicher höchst vielfältig. In der Formel des ›freiwilligen Zwangs‹ umschrieben viele ihr Mitgliedsmotiv. Da man als Mitglied Zugang zu sehr großzügigen Ressourcen der Freizeitgestaltung gewann, seine Freunde treffen konnte usw., gab es für die Verfolgung persönlicher Interessen auch erheblichen Spielraum. Viele der jungen Leute werden sich auch von der Brüderlichkeitsethik angezogen gefühlt haben, die der kommunistischen Tradition neben anderen Elementen eigen ist. In den Rechenschaftsberichten der Funktionäre wurde auch das politisch unbekümmerte Engagement in festes Klassenbewußtsein umgemünzt und als Erfolg der ›Verantwortlichen‹ nach oben gemeldet.

Im Absatz 2 des Schulordnungsparagraphen werden die ›Rechte und Pflichten der Schüler‹ definiert. Die Distanz der Schulordnung zum Gedanken individueller Unabhängigkeit wird hier in grotesker Weise deutlich:

»Zur Wahrnehmung seines Rechts auf Bildung hat jeder Schüler die Pflicht, fleißig und gewissenhaft zu lernen und sich für eine Lern- und Arbeitsatmosphäre im Kollektiv einzusetzen. Die Schüler haben die Pflicht, sich gegenüber den Lehrern, Erziehern und anderen erwachsenen Personen sowie im Schülerkollektiv höflich und anständig zu benehmen, gegenseitige Rücksichtnahme und Hilfsbereitschaft zu üben«.

Schulhygiene, Zivilverteidigung, der Brandschutz und anderes mehr dient als Anknüpfungspunkt für die Forderung nach gewissenhafter Konformität. Mit beachtlichem Wortreichtum werden in den folgenden Abschnitten bürokratische Ordnungsideale als Rechte aufgeführt (Zensuren, Prüfungen, Zeugnisse 1987, S. 99 ff).

Der persönlichen Distanz, die ein Element unabhängigen Denkens ist, standen gemeinschaftsideologische Stereotype entgegen. Gute Noten auf dem Zeugnis galten nicht einfach als Protokoll einer spezifischen, unpersönlichen Leistung, sondern wurden zum Ausweis besonderer Tugenden eines ›jungen Sozialisten‹ verallgemeinert. ›Der Sozialismus wollte den ganzen Menschen‹, und die sozialistische Schule ebenfalls. Schulische Leistung sollte als Beitrag zur Stärkung des Sozialismus verstanden werden, und im gleichen Sinne galt die Losung ›Die Schulbank – mein Kampfplatz für den Frieden‹. Schulleistungen wurden zum Thema auf Pionier- bzw. FDJ-Versammlungen. Unter Leitung des Klassenlehrers wurden Lernkonferenzen veranstaltet, die der Motivierung schlechter Schüler dienen, öffentliche Kontrolle demonstrieren und kollektive Formen der Leistungssteigerung initiieren sollten. Lernpatenschaften zwischen den Schülern wurden veranlaßt; öffentlich wurden Selbstverpflichtungen übernommen und Rechenschaft abgelegt. Diese Arrangements sollten den Schülern die Bedeutung des Lernens für die Gemeinschaft nahebringen. Aber unabhängig davon haben sie nicht nur kontrollierend gewirkt, sondern wie jede Kontrolle dem einzelnen auch Aufmerksamkeit und Anregung zuteil werden lassen.

Formen individueller Distanzierung

Ein Licht auf das, was die Schüler aus diesen Regelungen machten, werfen bildungssoziologische Forschungsbefunde. Besonders erhellend sind dazu die Untersuchungen von Arthur Meier und seinen Mitarbeitern. Sie stützen sich auf Unterrichtsbeobachtungen und Schülerinterviews. Die Autoren sind darauf gestoßen, »daß die meisten Lehrer stark um einen an den Forderungen der Lehrpläne orientierten Unterricht und um die verantwortliche Wahrnehmung ihrer führenden Rolle bemüht sind« (Meier et al. 1983, S. 43). Deutscher didaktischer Tradition entsprechend, war der Unterricht lehrerzentriert (vgl. S. 44). Gelten die Bildungsinhalte als objektiv, dann liegt es auch nicht nahe, sie den Schülern zur Disposition zu stellen. Dies zeigte sich im geringen Anteil der Wahlfächer, von dem schon die Rede war. Lehrer werden unter diesen Voraussetzungen zu den »eigentlichen Akteuren des Unterrichts, und ein Teil neigt überdies dazu, sich mehr auf den Stoff als auf die Jugendlichen zu konzentrieren« (S. 44). Lehrer brachten dabei selbst zum Ausdruck, daß die Lehrpläne eine solche Stoffülle umfaßten, daß »für das Eingehen auf Probleme der Schüler keine Zeit bliebe« (S. 55). Aus der Perspektive der Beteiligten wurde die Schule vor allem als eine ›Sachorganisation‹ (Meier et al. 1978, S. 162) wahrgenommen. Die Schüler betrachteten die Lehrer in erster Linie als Fachleute. So resümieren Meier und seine Mitarbeiter:

> »Man kann also insgesamt davon ausgehen, daß die Mehrzahl der Schüler ihre Lehrer als kompetente Fachkräfte erfahren, die einen bestimmten Stoff in einer vorgegebenen Zeit an sie heranzubringen versuchen und dabei Leistungsforderungen stellen und durchzusetzen bestrebt sind. Nur jeder Sechste der untersuchten Schüler sah im Lehrer vornehmlich den geachteten Erzieher, die Vertrauensperson oder ein allgemeines Vorbild.« (Meier et al. 1983, S. 44)

Ähnlich wie in den westdeutschen Schulen rückten Zensuren in den Mittelpunkt des Lehrer-Schüler-Verhältnisses. »Alle Schüler erfahren die Wichtigkeit individueller Leistungsmessung durch die Zensur. Ein Großteil ihrer Schulerfahrung dreht sich überhaupt um die Bewertung ihrer Leistungen und um die Konsequenzen guter und schlechter Zensuren.« (S. 34) Die damit verbundenen Konformitätszwänge dürfen aber nicht überschätzt werden. Die Bedeutung der Zensuren wurde durch Besonderheiten der innerschulischen und außerschulischen Verhältnisse in der DDR relativiert. Die Einheitsschule ersparte den ostdeutschen Jugendlichen die Karriererisiken, von denen sich ihre westdeutschen Alterskameraden wegen der Mehrgliedrigkeit der Sekundarstufe bedroht fühlen müssen. Da darüber hinaus die ostdeutschen Lebensverhältnisse egalitärer waren als die westdeutschen, verlor auch die Frage der Zulassung zur Oberstufe für viele Schüler an Dramatik. Mildere Formen erhielten die Leistungsansprüche auch dadurch, daß Lehrer das Versagen ihrer Schüler erklären und selbst pädagogische Abhilfe nachweisen mußten. Das mag ihnen im Verkehr mit Vorgesetzten beschwerlich gewesen sein, hat ihnen aber pädagogischen Optimismus zur Pflicht gemacht und ihr Verhältnis zu den Schülern zwangloser werden lassen. Diese Umstände können erklären, warum sie in ihrer Zensurenpraxis den Schülern auch weniger offensiv entgegentraten. Die in den schulsoziologischen Erhebungen protokollierten Zensuren deuten darauf hin, daß günstigere Noten als im Westen vergeben wurden. Kurz, Lehrer waren wegen der genannten Umstände weniger durch die unprofessionelle Aufgabe belastet, über die Schulkarriere und damit den Lebensweg ihrer Schüler kraft Amtes entscheiden zu müssen.

Der ›ideologischen Erziehung‹ gelang es kaum, die Schüler zu indoktrinieren. Das belegen Befunde aus der zitierten Studie von Meier u.a. Zwei Drittel der Schüler gaben im Jahr 1983 an, daß ihre eigenen Alltagserfahrungen dem im Unterricht gezeichneten Bild der sozialistischen Gesellschaft widersprächen. Auf wenig Zustimmung stieß insbesondere das in der Schule offerierte Bild vom sozialistischen Menschen und die Behauptungen über die wirtschaftliche Leistungsfähigkeit der DDR. Vor allem leistungsstarke Schüler verwiesen auf die Diskrepanz zwischen eigener Erfahrung und propagiertem Gesellschaftsbild. Leistungsschwächere Schüler gaben häufiger an, daß sie über derartige Widersprüche noch nicht nachgedacht hätten (Meier et al. 1983, S.57ff.).

Deutlich wurde auch, daß dem Urteil der Schüler zufolge derartige Widersprüche im Unterricht nicht freimütig thematisiert werden konnten. 80 Prozent der älteren Schüler gaben an, daß man in der Schule nicht sagen könne, was man denke, ohne Nachteile befürchten zu müssen (Meier et al. 1983, S.46). Zu diesem Urteil neigten Oberstufenschüler häufiger als Schüler der POS (Hoffmann et al. 1987, S.77). In der verbreiteten Formel der ›Rotlichtbestrahlung‹ faßten die Schüler ihre Einsicht in den manipulativen Charakter des ideologischen Unterrichts zusammen (Stock 1991). Sie durchschauten, daß sie instrumentalisiert

werden sollten und daß die Gesellschaft jenen Normen nicht entsprach, die von der Propaganda behauptet wurden.
Die Schüler erkannten zwar die Brüchigkeit der Ideologie, konnten sie jedoch kaum offen in Frage stellen. Folge davon war, daß ein Teil von ihnen verstummte, während ein anderer Teil ein aktiveres, aber taktisches Verhältnis zum Unterricht einnahm. Besonders leistungsstarke Schüler nahmen die Differenz zwischen der eigenen Alltagserfahrung und der ideologischen Erziehung wahr, sie demonstrierten aber Konformität, weil sie vorankommen wollten. Lehrern war bewußt, daß es sich bei entsprechenden Äußerungen häufig nur um Lippenbekenntnisse handelte; aber sie wurden akzeptiert, nicht zuletzt deswegen, weil sie zum Fortgang des Unterrichtsgesprächs beitrugen und damit einem zentralen Bedürfnis von Lehrern entsprachen. Im demonstrierten Konformismus der Schüler steckte auch ein Element von Unabhängigkeit. In einer Untersuchung von EOS-Schülern kommt das in einem eigentümlichen Nebeneinander der ›Erfahrung einer gerechten Behandlung in der Schule‹ einerseits und der ›Angst vor Nachteilen bei selbständiger Meinungsäußerung‹ andererseits zum Ausdruck. 79 Prozent der EOS-Schüler fühlten sich jener Studie aus dem Jahr 1987 zufolge in der Schule gerecht behandelt, zugleich befürchteten aber auch 71 Prozent, daß freimütige Meinungsäußerungen riskant wären (Hoffmann et al. 1987, S. 36). Die Vorstellungen der Schüler von gerechter Behandlung schlossen in vielen Fällen also nicht ein, daß Lehrer ihnen mit Toleranz begegneten. Auf diesen Mangel an Toleranz schien Verlaß zu sein, so daß man sich entsprechend einrichten konnte.
Die bürokratische Unterrichtsstruktur brachte die Schulerfahrung um viele der Vorteile, die von der Einheitsschule zu erwarten gewesen wären. Lehrern und Schülern hätte hier die Erfahrung erspart bleiben können, die im westdeutschen Schulalltag allgegenwärtig ist, die Erfahrung nämlich, daß die Anerkennung des einzelnen als verständigungsfähiges Subjekt unsicher ist. Der bürokratische Dogmatismus der ostdeutschen Schulen und die Mehrgliedrigkeit der westdeutschen vermitteln den Schülern die Erfahrung, daß über das Individuum in einem sehr radikalen Sinn verfügt werden darf. Aber die Schüler machen sich diese Norm nicht zu eigen. Das zeigt die Schulverdrossenheit, die auch unter den ostdeutschen Schülern erheblich war. So bildeten Verdrossenheit und Rückzug,

Mißtrauen und taktische Anpassung wichtige Teile einer gesamtdeutsch zu nennenden Schultradition. Man kann jedoch unterstellen, daß das optimistische Menschenbild, das der bürgerlichen und in deren Gefolge auch der sozialistischen Tradition eigen ist, gegenüber dieser Tradition an Bedeutung gewann.

Bildungsexpansion und bürokratische Herrschaft

Bildungsexpansion und bildungsökonomischer Optimismus

Auch in der DDR bedeutete die Bildungsexpansion mehr als eine Verlängerung der durchschnittlichen Dauer des Schulbesuchs. Das Bildungssystem wurde zu einem konstitutiven Teil der sozialistischen Staatsbürgerrolle, die an die Stelle ständischer Partikularismen trat. Dabei kam dem sozialistischen Egalitarismus in Schule und Gesellschaft eine herausragende Bedeutung zu. Jedoch wich die Schulentwicklung von der Gleichheitsnorm auch ab. Ähnlich wie in der BRD war es bei der Existenz einer Oberstufe und bei dem Abitur geblieben. Die Curricula der Oberstufe hatten allgemeinbildenden Charakter, aber dessenungeachtet berechtigte das Abitur zu bestimmten Bildungs- und Berufskarrieren, die all denjenigen ohne diesen oder einen vergleichbaren Abschluß verschlossen blieben. Insofern glich das Bildungssystem der DDR also dem eingangs skizzierten Typus der Arbeitskräftebildung.

Die Expansion dieser Oberstufe und der daran sich anschließenden Bildungsgänge nahm in der DDR einen anderen Verlauf als in der BRD. Die weiterführenden Bildungsstufen waren in der DDR zunächst viel stürmischer gewachsen als in der BRD; aber während ihr Wachstum im Westen ungebrochen blieb, setzte die Politik in der DDR der Bildungsexpansion im Jahr 1971 fast über Nacht ein Ende. Fortan wurden die Plätze für Oberstufenschüler und Studenten in einer restriktiven staatlichen Planung quotiert, bis sich die DDR in die neuen Bundesländer auflöste. Ähnlichen bildungspolitischen Vorstößen im Westen ist dagegen der Erfolg versagt geblieben. Fragt man nach einer Erklärung dieser Differenz, stößt man auf mannigfache Ursachen. Viele

Übersicht 13:
Abiturientenquoten 1951–1989 – BRD und DDR –

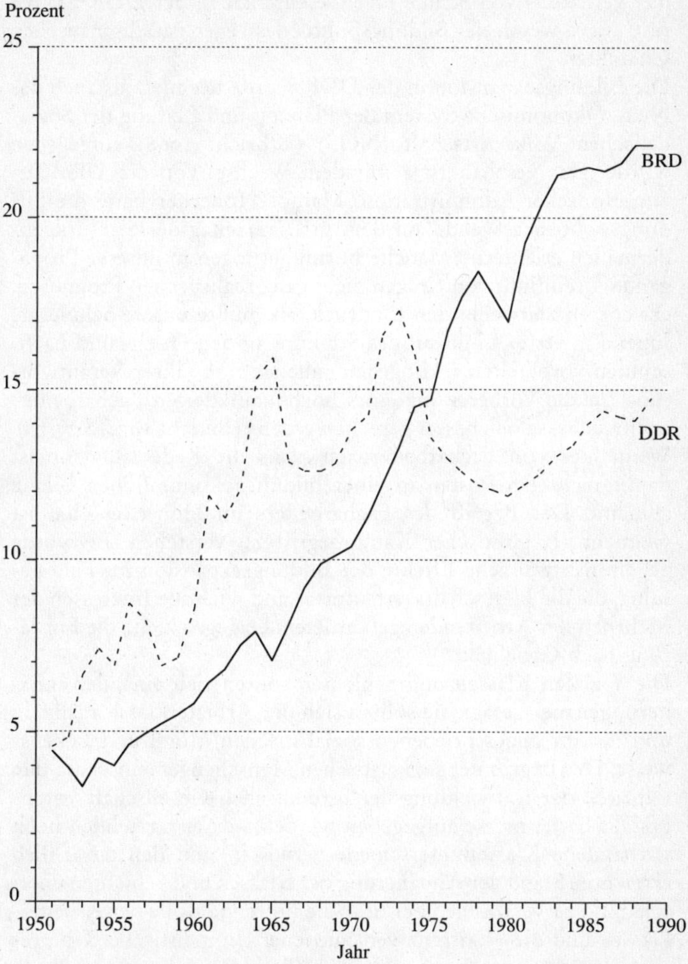

Datenquelle: KMK, Schüler, Klassen, Lehrer und Absolventen der Schulen 1982 bis 1991 und frühere Jahre sowie Ministerium für Bildung und Wissenschaft der DDR (unveröffentlichtes Material).

Zitiert nach Arbeitsgruppe Bildungsbericht, 1994, S. 488.

davon stehen mit den Bürgerrechten in Zusammenhang, die in den beiden Gesellschaften unterschiedliche Reichweite erlangten. Für das Verhältnis von Schule und Gesellschaft in der DDR hat die restriktive Wende der Bildungspolitik deswegen paradigmatischen Charakter.

Die Bildungsexpansion in der DDR wurde beendet, als auch das Neue Ökonomische System der Planung und Leitung der Sozialistischen Volkswirtschaft (NÖS) (Ulbricht 1966) aufgegeben wurde. Das geschah 1971 mit dem Wechsel von der Ulbricht- zur Honecker-Administration. Margot Honecker hatte die bildungspolitische Wende auf dem VIII. Parteitag der SED folgendermaßen erläutert: »Manche Formulierungen in unserer Propaganda, beeinflußt von einigen nicht ganz realistischen Prognosen, erweckten zeitweilig den Eindruck, als müßte unsere Schule die Jugend in erster Linie auf das Studium an den Hoch- und Fachschulen vorbereiten.« Hingegen solle sie nun »ihrer Verantwortung für die Vorbereitung eines hochqualifizierten Facharbeiternachwuchses noch besser gerecht werden« (Bericht 1971, S. 79 ff.). Wenn hier von Facharbeiternachwuchs die Rede ist, dann ist damit nicht ein Posten in einer bildungsökonomischen Bilanz gemeint. Der Begriff des Facharbeiters im Honecker-Zitat ist vielmehr als politischer Kampfbegriff zu verstehen. Er wurde gegen institutionelle Effekte der Bildungsexpansion ins Feld geführt, die die Herrschaftsverhältnisse und wichtige Interessen der Mehrheit der Arbeitenden gefährdeten. Dagegen zielte die Forderung nach Gleichheit.

Die sozialen Klassen und Schichten sollten sich einander annähern, genauer gesagt, sie sollten sich der Arbeiterklasse anähneln und der ihr zugeschriebenen sozialistischen Moral und Lebensweise. Der Begriff der sozialistischen Menschengemeinschaft, den Ulbricht der Entwicklung der ostdeutschen Gesellschaft vorangestellt hatte, müsse aufgegeben werden, »da er tatsächlich noch vorhandene Klassenunterschiede verwischt und den tatsächlich erreichten Stand der Annäherung der Klassen und Schichten überschätzt«. Er verwische überdies »die führende Rolle der Arbeiterklasse« und die »Existenz verschiedener kapitalistischer Überreste« (Hager 1971, S. 1203 ff.). Im selben Geist kritisierte Erich Honecker »die Fetischisierung der ›Wissenschaft als Hauptproduktivkraft‹, ›technokratische‹ Trends, ›Entideologisierung‹ und ›positivistische Unterwanderung‹ der marxistisch-leninistischen

Theorie, die ›Übernahme von Problemlösungen aus kapitalistischen Ländern‹« usw. (Förtsch 1988, S. 563). Honeckers Kritik bezeichnet sehr präzise den Zusammenhang, in dem die Bildungsexpansion und ihr Ende zu verstehen sind.

Das Bildungssystem hatte in den 60er Jahren mit der Politik des ›Neuen Ökonomischen Systems‹ an gesellschaftlicher Bedeutung gewonnen. Ein bildungsökonomischer Enthusiasmus hatte die Schulentwicklung in den 60er Jahren befördert. In der Wertschätzung eines instrumentellen Charakters der Schulbildung stimmte die Ulbricht-Administration mit einer großen Zahl anderer Regierungen und Schulverwaltungen weltweit überein, darunter auch mit der westdeutschen. In jener Zeit schienen die neuen sozialen Verhältnisse in der DDR konsolidiert. Die große Mehrheit der Beschäftigten, nämlich 81 Prozent, arbeitete in volkseigenen oder genossenschaftlichen Betrieben. Zur Stabilisierung des Staates hatte auch die Schließung der Grenze durch den Bau der Mauer in Berlin beigetragen. Man proklamierte den ›Sieg der sozialistischen Produktionsverhältnisse‹, auch wenn nicht der Staat, sondern die Gesellschaft abgestorben war. Im Jahr 1963 verabschiedete die SED auf ihrem VI. Parteitag das Neue Ökonomische System der Planung und Leitung der Volkswirtschaft. Das NÖS sollte innovative Kräfte freisetzen. Zwar sollte die Partei auch weiterhin die gesamtgesellschaftliche Entwicklung steuern; man stellte sich die Gesellschaft jedoch als eine Einheit von Subsystemen vor, die jeweils spezifischen Eigengesetzlichkeiten folgten. Denen sollte besser als bisher entsprochen werden. Ökonomie, Wissenschaft und Bildung, die zuvor unter enger politischer Kontrolle gestanden hatten, gewannen ein gewisses Maß an Autonomie. Die Wissenschaft sollte sich als Produktivkraft entfalten und damit auch jene Institutionen, in denen sie vermehrt und verteilt würde.

Die Bildungspolitik sollte sich hinfort an der als gesetzmäßig vorgestellten Entwicklung von Wissenschaft, Technik, Arbeitsteilung und den davon abgeleiteten Qualifikationsanforderungen orientieren. Dabei ging man zunächst davon aus, daß die wirtschaftlich-technische Entwicklung den beruflichen Qualifikationsansprüchen wissenschaftlichen Charakter verliehen. Die wissenschaftlich-technische Revolution folge einer Logik, der eine »allgemeingültige Tendenz der steigenden Qualifikationshöhe« entspreche (Knauer 1967, S. 34; auch Sachse 1965). Daraus wurde gefolgert, daß Bildung und Ausbildung ausgeweitet werden müßten. Zugleich sollte die Schulbildung stärker auf ökonomischen Nutzen ausgerichtet werden. Denn die wissenschaftlich-technische Revolution rücke »sowohl die Notwendigkeit als auch die Möglichkeit in den Mittelpunkt, die ökonomische Funktion der Bildung rasch zu verstärken« (Körner/Schröder 1968, S. 115). Margot Honecker, damals bereits Ministerin für Volksbildung, brachte die sprachlich mühsame Diskussion auf die griffige Formel der ›Einheit von Ökonomie und Bildung‹.

Dem technizistischen Optimismus entsprechend wurde das Bildungssystem auf allen Stufen reformiert und ausgebaut. Zwischen 1963 und 1971 verdoppelte sich die Zahl der Neuzulassungen zum Hochschulstudium beinahe; sprunghaft wuchsen auch die Zahl der Fachschulstudenten, der Anteil der Facharbeiter, Meister usw. Dabei erlangten die produktionstechnisch ausgerichteten Studiengänge das Übergewicht. Hier waren Mitte der 60er Jahre etwa 70 Prozent der Studierenden immatrikuliert; 20 Prozent absolvierten ein Lehrerstudium, vier Prozent ein Medizinstudium und fünf Prozent verteilten sich auf die übrigen Fachrichtungen (Richert 1967; Nakath 1990). Für die bereits im Beruf Stehenden sollte ein dichtes Netz von Weiterbildungsinstitutionen Qualifizierungsmöglichkeiten bereitstellen. Sie wurden an Universitäten und Fachschulen geschaffen, an Instituten des Zentralkomitees, an Betriebs- und Industriezweigakademien oder bei der Kammer der Technik. Die Kader für den Staatsapparat wurden an der Akademie für Staats- und Rechtswissenschaft ausgebildet, an der Parteihochschule und an der Akademie für Gesellschaftswissenschaften beim ZK der SED. Ende 1965 wurde das Zentralinstitut für Sozialistische Wirtschaftsführung (ZSW) beim ZK der SED gegründet sowie entsprechende Institute und Akademien der Industriezweige, der Ministerien und der regionalen staatlichen Institutionen. Sie sollten für die Weiterbildung der Kader des Partei-, Staats- und Wirtschaftsapparates sorgen (Zimmermann 1994, S. 336). Dieser Entwicklung ließ man den renommierten ›Oktoberklub‹ am 20. Jahrestag der Republikgründung im Jahr 1969 mit folgendem Vers huldigen: »Danke dem Genossen Walter für die kluge Politik! / Wissenschaft als Machtentfalter – wir entfalten uns gleich mit. / Danke! Weitermachen! Vieles noch Verzwanzigfachen! / Danke! Weitermachen, wie bisher!«

Die Expansion weiterführender Bildungseinrichtungen hatte Wirkungen in zweierlei Hinsicht. Sie manifestierte sich zum einen in der sozialen Kategorisierung der Individuen. Diese wurden durch ihre Bildungsabschlüsse und die damit förmlich oder informell verbundenen Rechte und Pflichten definiert. Die expandierenden Schulen der Sekundarstufe II und des tertiären Bereichs begründeten unterschiedliche Personenkategorien. Insgesamt stieg der Anteil der Hoch- und Fachschulabsolventen an der Gesamtzahl der Beschäftigten zwischen 1963 und 1970 um 80,8 beziehungsweise 71,1 Prozent (Glaessner/Rudolph 1978, S. 259). So gewann das Bildungssystem auch in der DDR als Zuteilungsstelle für Berufs- und Lebenschancen an Bedeutung. Die Bewährung in der Produktion und in ehrenamtlichen Funktionen in Partei- und Massenorganisationen begründete demgegenüber nur noch einen zweiten Karriereweg (Zimmermann 1994, S. 331). Für die Nomenklaturkader in Partei, Staat und Wirtschaft wurde zunehmend ein Hochschul- beziehungsweise Fachschulstudium vorausgesetzt. Auch in den Führungsgremien der SED gewann die technische Intelligenz eine stärkere Repräsentanz (Ludz 1970, S. 82 ff., S. 149 ff.). Darüber hinaus wuchs die Zahl der Experten, die zwischen Wissenschaft und Partei vermitteln sollten. Entsprechendes galt für den Staatsapparat; auch dort wuchs die Zahl jüngerer Funktionäre mit wissenschaftlicher Ausbildung. Weitgehend ausgenommen von der Akademisierung des Personals waren die politisch entscheidenden Institutionen der Partei und des Staates, das Politbüro und der Staatsrat (Zimmermann 1994, S. 333 ff.).

Bildung, Parteiherrschaft und Technokratie

Die Bildungsexpansion wurde der Politik aus verschiedenen Gründen zum Problem. Davon springt der folgende unmittelbar ins Auge. Der Staat hatte mit der Verfügungsgewalt über Bildungs- und Berufskarrieren auch die Verantwortung für eine allseits akzeptable Arbeitskräftebildung und Arbeitskräftezuweisung übernommen. Die Betriebe meldeten jedoch große Schwierigkeiten, die Absolventen ihrem Bildungsstatus und den damit verbundenen Berufserwartungen gemäß zu beschäftigen. Arbeitsplätze für Hochschul- und Fachschulabsolventen, aber auch für Facharbeiter, mußten fingiert werden, um die Absolventen der verschiedenen Bildungskategorien normgerecht unterzubringen. Diskrepanzen zwischen dem Angebot und der Nachfrage nach qualifizierten Arbeitskräften gibt es auch in der kapitalistischen Gesellschaft; aber sie werden im Kontext der Marktfreiheit zu einem Problem des einzelnen. In der DDR mußten sie dagegen zu einem Problem der Herrschenden werden. So sah sich die Bildungsadministration gezwungen, die weiterführenden Bildungseinrichtungen wieder schrumpfen zu lassen. In der Bundesrepublik hat der Staat bei ähnlichen Diskrepanzen zwischen Angebot und Nachfrage auf dem Arbeitsmarkt dagegen weder einen Anlaß noch die Möglichkeit, die Bildungsexpansion zu bremsen; denn an die bürgerlichen Rechte freier Bildungs- und Arbeitsplatzwahl darf er nicht rühren.

Etwas anderes kam hinzu. Eine restriktive bildungspolitische Wende war in der DDR auch ohne allzu große Risiken möglich. Denn die Karrieremöglichkeiten, die sich der einzelne mit Hilfe der Schulen verfügbar machen konnte, waren begrenzt. Die sozialen Verhältnisse waren vergleichsweise egalitär und legten dem einzelnen eher die Suche nach ständischer Bewährung im gewohnten Milieu mit seiner sprichwörtlichen Geborgenheit nahe als einen beruflichen Aufstieg. Unter diesen Umständen konnte sich folglich kaum jemand veranlaßt fühlen, gegen die restriktive Bildungspolitik offen zu protestieren. Die größere Ungleichheit und Unsicherheit in der marktwirtschaftlichen Berufswelt läßt es dagegen einer wachsenden Mehrheit als attraktiv erscheinen, Zukunftshoffnungen mit dem Bildungssystem zu verbinden. Anders als in der DDR hat sich die Öffentlichkeit in der BRD auch wiederholt gegen politische Versuche durchgesetzt, die Bildungschancen einzuschränken (Fuchs 1989).

Entscheidend für den Rückschritt der Bildungsentwicklung war aber Folgendes: Die Bildungsexpansion als Teil des ›Neuen Ökonomischen Systems‹ hatte auch die Herrschaftsverhältnisse berührt. Nicht nur den Ingenieur- und Naturwissenschaften war die Eigenschaft einer Produktivkraft zugesprochen worden, sondern auch den empirisch orientierten Sozialwissenschaften, den Planungs- und Leitungswissenschaften usw. Dem Inhalt nach bezogen sich die sozialistischen Leitungstechniken auf institutionelle Regelungen kapitalistischen Wirtschaftens. Diese wurden objektivistisch redefiniert und zu Produktivkräften erklärt. Damit erhielten zahlreiche wissenschaftliche Disziplinen eine Entwicklungschance und mit ihnen die Einrichtungen von Bildung und

Wissenschaft, die derartige Produktivkräfte liefern und verteilen sollten. »Die ›sozialistische Leitungswissenschaft‹, die Sozial-, Ingenieur- und Arbeitspsychologie, die Betriebs- und Industriesoziologie haben ebenso wie die sozialistische Betriebswirtschaftslehre der 60er Jahre in diesen frühen Auseinandersetzungen, in denen erstmals auf die Managementerfahrung kapitalistischer Unternehmungen rekurriert wurde, ihre Wurzeln.« (Zimmermann 1976, S. 43) Die Verwissenschaftlichung der Leitungsfunktionen ging mit sozialstrukturellen Veränderungen einher. Es entstand eine große Zahl von Stäben und ehrenamtlichen Beratungsgremien, die zumindest in Detailfragen einen nicht unerheblichen Einfluß hatten. Mit den hier tätigen Experten konnten die Vertreter der Politik nur verkehren, wenn sie ebenfalls über fachwissenschaftliche Begriffe verfügten.

Was als Freisetzung ökonomischer Eigengesetzlichkeit eingeführt worden war, betraf aber auch die Lage der Arbeitenden. Kapitalrechnung, mit der die Betriebe rationalisiert werden sollten, ist, um es mit Worten Max Webers zu sagen, »sozial an ›Betriebsdisziplin‹ und Appropriation der sachlichen Beschaffungsmittel, also: an den Bestand eines Herrschaftsverhältnisses gebunden« (Weber 1972, S. 58). Dieses Herrschaftsverhältnis manifestierte sich im Neuen Ökonomischen System zum Beispiel in einer strikteren Arbeitsnormierung, in Lohnanreizsystemen, die immer auch Lohnkürzungssysteme sein können, in der Zunahme des Drei-Schichten-Betriebs, der hier und da sogar auf die Lehrlingsausbildung ausgedehnt worden war – um die Lehrlinge psychisch und physisch auf die Bedingungen der Schichtarbeit vorzubereiten, wie es hieß. Mit derartigen Maßnahmen war es gelungen, die Ergiebigkeit der Arbeit und die Investitionsquote zu steigern. Letztere kletterte von 22,7 Prozent im Jahr 1960 auf 30,3 Prozent im Jahre 1970 (Deppe/Hoß 1980, S. 10ff.). In der Tschechoslowakei hatten die ganz ähnlich gerichteten Reformen der Dubček-Ära sogar zu Massenarbeitslosigkeit geführt. Bei einer betrieblichen Praxis, die sich den Normen der Kapitalrechnung nähert, ist das kaum vermeidbar. Nur wenn Betriebe auch in Konkurs gehen und Arbeiter mithin entlassen werden können, erfahren die Begriffe der Kapitalrechnung die Sanktionierung, die ihnen in der betrieblichen Praxis Handlungswirksamkeit verleiht. In der DDR hat man sich aber nie so weit vorgewagt (Heidenreich 1991, S. 424).

Eine Radikalisierung der angedeuteten Politik hätte die herrschende Partei mit bedrohlichen Problemen konfrontiert. Die Arbeiteraufstände des 17. Juni 1953, die durch Erhöhung der Arbeitsnormen ausgelöst worden waren, waren unvergessen, und die innenpolitischen Turbulenzen während der Dubček-Ära in der CSSR standen jedermann klar vor Augen, von deren außenpolitischen Folgen zu schweigen. Hinzu kam das Folgende: Die SED hatte sich in selbstlegitimatorischer Absicht auf die Industriearbeiterschaft berufen, und deswegen wurde jeder Konflikt zwischen Partei und Arbeiterschaft als Legitimationskrise angesehen. Das damit verbundene Konfliktpotential war sehr hoch. Die Regelung sehr vieler Lebensumstände war unter die Regie von Partei und Staat geraten, und folglich wurden diese auch für alles mögliche verantwortlich gemacht. Dabei hatten die Arbeiter eine Stellung von beachtlicher Stärke (Hübner 1993, S. 15 ff.). Gegen das Risiko der Arbeitslosigkeit und damit die Kündigungsdrohung waren sie durch einen weitreichenden Kündigungsschutz und durch den permanenten Arbeitskräftemangel gesichert. Zugleich waren die Betriebe auf die Bereitschaft der Arbeitenden zu Überstunden und auf ihre Improvisationsfähigkeit angewiesen. Diese Verhältnisse zwischen akademischen Eliten, Partei und Arbeiterschaft kommen sehr anschaulich in einer Darstellung von Fritze zum Ausdruck, die dieser selbst als ›wissenschaftlichen Erlebnisbericht‹ charakterisiert.

»Keine Betriebsleitung konnte es sich leisten, die sozialen Interessen der Belegschaft dauerhaft zu mißachten. Es muß zugestanden werden, daß gerade die Partei oftmals ihren Einfluß dahingehend geltend machte, daß die ökonomische Vernunft zugunsten sozialer Komponenten zurückgestellt wurde. Die DDR war in der Tat komplizierter, als es heute eine nicht selten anzutreffende Schwarz-Weiß-Malerei ahnen läßt. Die Behauptung der Parteiführung, ›alles zu tun für das Wohl des Volkes‹, war zwar in den Parteidokumenten und in den stereotypen Reden zur Phrase verkommen, hatte aber nicht jegliche handlungsorientierende Substanz eingebüßt. Ganz im Gegenteil, man ist gerade auf dem Feld der sozialen Fragen zu einem Gefangenen der eigenen Ideologie geworden. Das ständige Gerede von der sogenannten ›Einheit von Wirtschafts- und Sozialpolitik‹, der Inanspruchnahme der gewährten ›sozialpolitischen Maßnahmen‹ als Beweis für die Überlegenheit des Sozialismus, die unaufhörliche Betonung entsprechend ›unsozialer‹ Aspekte des realen Kapitalismus (vor allem Arbeitslosigkeit) mußten ein geistig-ideologisches Klima aufkommen lassen, in dem eine vernünftige Abwägung zwischen sozialen Aspekten und ökonomischer Rationalität schwierig wurde.« (Fritze 1993, S. 198 ff.)

Man kann in Fritzes Darstellung das praktisch wirksame Gesellschaftsbild der Sachwalter der ›ökonomischen Vernunft‹ erkennen. Diese stellten sich selbst in einen Gegensatz zu den Arbeitern und zu jenen Fraktionen der Partei, die den in den Massenorganisationen obwaltenden Interessen und Zwängen Rechnung tragen mußten. Über die Arbeitenden hätten sie gern mit größerer Reichweite verfügt, so wie es im Neuen Ökonomischen System angelegt gewesen war. Der Objektivitätsglaube, auf den man sich dabei berief, machte die Bildungseliten aber abhängig von Staat und Partei, von denen sie sich emanzipieren wollten. Denn wer, wenn nicht die politische Macht, hätte die behaupteten Notwendigkeiten implementieren können, als deren Sachwalter die wissenschaftlich Qualifizierten auftraten (vgl. dazu Meuschel 1992). Demokratische Auseinandersetzungen müssen als entbehrlich erscheinen, wenn die Sache, um die es geht, gar nicht als politische verstanden wird, sondern als Ausdruck objektiver Gesetzmäßigkeiten. Indifferenz gegenüber einer Demokratisierung der gesellschaftlichen Verhältnisse oder gar Opposition dagegen verband die wissenschaftlichen Sachwalter der ›objektiven Naturnotwendigkeiten‹ mit den herrschenden bürokratischen Mächten. Beide Gruppen konkurrierten miteinander, aber im Objektivitätsglauben stimmten sie überein (a. a. O.).

Wissenschaftsfreiheit konnten die politischen Mächte nicht gewähren. Denn die staatssozialistische Ordnung war materialen Charakters, während die normativen Grundlagen der Wissenschaft formalen Charakters sind und schon deswegen von dieser Herrschaftsordnung abweichen. Unter diesen Bedingungen näherte sich die Wissenschaft der Kultur des Fachmenschentums, die Weber in seiner Bürokratietheorie beschreibt. Diese Konstellation entwickelte sich nicht nur in der DDR, sondern auch in den übrigen staatssozialistischen Ländern Europas. Szelényi und Konrád sahen in den 60er und frühen 70er Jahren die Intelligenz auf dem Weg zur Klassenmacht (Konrád/Szelényi 1978).

In der Versachlichung der gesellschaftlichen Verhältnisse kamen auch in der DDR vorliberale Ordnungsvorstellungen ständischen Charakters zum Ausdruck; ihre Wirkung wurde unterstützt durch das Normenmuster der Parteiloyalität. Auf ständische Vorstellungen hat Lötsch hingewiesen, der sich gleichermaßen als soziologischer Beobachter und Betroffener dieser Verhältnisse äußert. Die traditionale Distanz zwischen Arbeitern und Akademikern verband sich in der DDR mit der zentralen SED-Doktrin von der ›führenden Rolle der Arbeiterklasse‹. Die Unterscheidung zwischen produktiver und unproduktiver Arbeit, die bei Marx lediglich eine im engeren Sinne ökonomische Bedeutung hat, wurde hier politisch-moralisch aufgeladen. Der Konservatismus des Arbeitermilieus erhielt dadurch eine beachtliche Bestätigung.

> »Sinnigerweise«, so kritisiert Lötsch, »wurde in der betrieblichen Terminologie das Forschungs- und Entwicklungspersonal als ›übrige Beschäftigte‹ definiert, was sie, ob nun gewollt oder nicht, im Alltagsverständnis des Arbeiters tendenziell als ›überflüssig‹ erscheinen ließ ... Intelligenzfeindliche oder zumindest -abwertende Begriffe und Vorstellungswelten wurden gerade von Arbeitern bereitwillig aufgenommen« (Lötsch 1992, S. 179ff.; vgl. die Darstellung ähnlicher Orientierungen bei westdeutschen Arbeitern von Popitz/Bahrdt/Jüres/Kesting 1961).

Aber Lötsch reproduziert an dieser Stelle selbst eine traditionale ständische Distanzierung von der Arbeiterschaft. In der Endphase der ›Massenproteste‹, denen der real existierende Sozialismus schließlich erlag, sei es »weit mehr um die ›D-Mark‹ und weniger um geistige und politische Freiheiten« gegangen (a.a.O., S. 177). Diese soziologische Unterstellung hat mehr als zufälligen Charakter. Sie entstammt einem ständischen Gesellschaftsbild, das im deutschen Bildungsbürgertum verbreitet ist; mit Blick auf die Bundesrepublik war davon weiter oben schon die Rede. Nach Öffnung der innerdeutschen Grenze äußerte es sich in dem verbreiteten Klischee, die Ostdeutschen hätten ihren Blick nach Westen vor allem auf Bananen und auf Wühltische in Kaufhäusern fixiert. Die Vorstellung, in den Verhaltensorientierungen der Arbeiter dominiere geistloser Materialismus, ignoriert, daß deren Arbeits- und Einkommensorientierung Wurzeln in der protestantischen Ethik hat, daß Geldeinkommen stets auch Symbolfunktionen haben und als Ausdruck individueller Tüchtigkeit und sozialer Anerkennung verstanden werden. Zudem bleibt bei der idealistischen Wertschätzung der geistigen Freiheiten außer Betracht, daß Geld dem Geist die notwendige materielle Unabhängigkeit verschafft. Die mittelständische Abgrenzung von der Arbeiterschaft hat der Gleichheitsnorm entgegengestanden und damit auch jenem Geist bürgerlicher Solidarität, derer die geistige Freiheit bedarf.

Bürgerlicher Solidarität hat daneben die Norm der Parteiloyalität entgegengestanden. Hinweise auf ihre Struktur lassen sich dem ›Wörterbuch der marxistisch-leninistischen Soziologie‹ (1977) entnehmen. Hier wird definiert, was ein Kader ist und welchem sozialistischen Tugendkatalog er zu folgen hat. Kader sind danach »Persönlichkeiten, insbesondere aus der Arbeiterklasse, die als Leiter und Spezialisten in allen Bereichen der Gesellschaft aufgrund ihrer politischen, fachlichen und anderen Fähigkeiten und Eigenschaften tätig sind beziehungsweise als Nachwuchskräfte dafür vorbereitet werden« (Wörterbuch 1977, S. 325). Von ihnen wird unpersönliche Folgebereitschaft verlangt: ›unbedingte Treue‹ gegenüber der Partei, dem Marxismus-Leninismus sowie deren ›konsequentem Kampf um die Erfüllung der Beschlüsse‹. ›Kompromißlos‹, also ohne Berücksichtigung eigener oder fremder persönlicher Belange, sollte gegen ›alle Erscheinungsformen der bürgerlichen Ideologie‹ gekämpft werden. Dieses normative Syndrom ging zurück auf das Lenin'sche Konzept der Kaderpartei, war verstärkt worden durch die Untergrundtätigkeit während des Nationalsozialismus und durch die Erfahrung der politischen Säuberungen in der sowjetischen Emigration. »Jede Diskussion«, so resümiert Zimmermann, »die ›die Einheit und Reinheit‹ der Partei in Frage stellte, galt als Einsickern feindlicher Positionen in die eigenen Reihen. Dabei kam es auf die subjektiven Motive und Absichten nicht an; ›objektiv‹ diente der Zweifel an der Richtigkeit der Parteipolitik dem Feind« (Zimmermann 1974, S. 351). Den Normen intellektueller Autonomie stehen diese Orientierungen entgegen. Die unbedingte Treue widerstreitet dem wissenschaftlichen Zweifel, der kompromißlose Kampf dem sanften Zwang des besseren Arguments, das Denken in Freund-Feind-Begriffen dem freimütigen Argumentieren, die Geheimhaltung der intellektuellen Offenheit, der irrationale Heroismus der Systematisierung der eigenen Ansichten.

Die Bindung der akademischen Eliten an die politische Macht zeigte sich auch in den bildungspolitischen Auseinandersetzungen. Bildungspolitische Forderungen wurden häufig in gesellschaftlichen Ordnungsbegriffen definiert, die der Entwicklung von Bildung und Wissenschaft entgegenstanden. Die Prinzipien wissenschaftlichen Denkens wurden in diesem Fall nicht als universale vertreten, sondern als partikulare, die auf einigen Arbeitsplätzen erforderlich seien. Deswegen wurde nicht die Verallgemeinerung wissenschaftlicher Bildungsmöglichkeiten gefordert, sondern deren Exklusivität. Diese Bildungsvorstellungen kommen dem eingangs konstruierten Idealtypus der Bildung der Arbeitskräfte sehr nahe. Sie enthalten Plädoyers für ein Bildungssystem, das den Normen der Freiheit und Gleichheit widerspricht. Individuelle Bildungsinteressen erscheinen dabei als eine vernachlässigbare Größe. Sieht man einmal von einzelnen DDR-spezifischen Sprachwendungen ab, dann erinnern manche dieser Forderungen an Begriffe von Individuum und Gesellschaft, mit denen in den frühen Jahren der Bundesrepublik die Rückkehr zum dreigliedrigen Bildungssystem legitimiert worden war. So hatte zum Beispiel Lötsch auf dem III. Kongreß der marxistisch-leninistischen Soziologie im Jahr 1980 plädiert: »Vielmehr kommt es darauf an, in allen Gruppen der Intelligenz die Bedingungen für effektivere Arbeit umfassend zu verbessern – auch wenn damit eine deutlichere Ausprägung von Unterschieden im geistigen Niveau der Arbeit gegenüber Teilen der Arbeiterklasse verbunden ist.« (Lötsch 1981, S. 219) Entsprechend hatte Maier mit Blick auf die Bildungsplanung postuliert: »Ein unrealistisch hohes Wachstumstempo der Hoch- und Fachschulkader (würde) zu starken Disproportionen zwischen dem Bestand an Hoch- und Fachschulkadern im Verhältnis zu anderen Qualifikationsstufen führen und einen effektiven Einsatz der ausgebildeten Kader erschweren.« (Maier 1977, S. 37) Und so wie westdeutsche Schulabsolventen alljährlich aufgerufen werden, ihre Berufswünsche an die Verhältnisse entfremdeter Arbeit anzupassen, so mahnte Rudolph: »Dem Jugendlichen sollte im Ergebnis des Berufsberatungsprozesses auch bewußt werden, daß seine individuelle Entscheidung für einen Facharbeiterberuf innerhalb des für ihn objektiv vorhandenen Berufswahlfeldes Ausdruck der Freiheit der Berufswahl ist.« (Rudolph 1985, S. 54)

Die Expansion weiterführender Bildung konnte unter diesen Verhältnissen kaum zum Inhalt eines allgemeinen Interesses werden. Als Bildung ungleicher Arbeitskräfte hätte sie die gegebenen Interessen der Mehrheit vielmehr bedroht. Als soziales Konstruktionselement eines alternativen Typus von Herrschaft widersprach die Bildungsexpansion auch den Überzeugungen jener Fraktionen, die sich den traditionellen Idealen der Arbeiterbewegung verpflichtet fühlten. Ihnen mußte es als möglich und als geboten erscheinen, die institutionellen Grundlagen zu schmälern, denen die Bildungseliten ihre Stellung verdanken: die weiterführenden Bildungseinrichtungen (zur politischen Niederlage der Intelligenz in den anderen staatssozialistischen Ländern vgl. Szelényi 1986/87; Giddens 1984). Dabei konnte man sich auf die Gleichheitsnorm berufen und auf das Motiv der materiellen Sicherheit, das darin enthalten war. Der Staatssozialismus hatte sich an erster Stelle durch seine Opposition gegen die Ungleichheit und Unsicherheiten definiert, in die der Kapitalismus die Arbeiter typischerweise stürzt; die Älteren hatten sie während der Weltwirtschaftskrise um 1930 in höchst dramatischer Form noch selbst erlebt. Das Versprechen der Gleichheit schloß das Bewußtsein ein, daß die persönlichen Kränkungen, die mit Ungleichheit, Unsicherheit und Armut verbunden sind, ein Unrecht darstellen.

Aber die politischen Mächte in der DDR vertraten die Gleichheitsnorm nicht als eine Voraussetzung individueller Unabhängigkeit, sondern zielten auf eine Verallgemeinerung der proletarischen Lebensbedingungen auf alle Mitglieder der Gesellschaft. Dieser restriktive Egalitarismus hat in der Arbeiterbewegung eine lange Tradition. Er ist Thema bereits in den ›Ökonomisch-philosophischen Manuskripten aus dem Jahr 1844‹ von Marx, der ihn als ›rohen und gedankenlosen Kommunismus‹ kritisierte. Würden die Privateigentümer enteignet, ohne daß innerhalb und außerhalb der Arbeit freiheitliche Verhältnisse hergestellt würden, dann würde »die Bestimmung des Arbeiters ... nicht aufgehoben, sondern auf alle Menschen ausgedehnt«. Es entstünde dann »nur eine Gemeinschaft der Arbeit und die Gleichheit des Salärs, den das gemeinschaftliche Kapital, die Gemeinschaft, als der allgemeine Kapitalist auszahlt« (MEW, Ergänzungsband 1, S. 534 ff.). Die bloße Anhebung und Angleichung des Konsumniveaus erschien ihm »als eine bessere Salärierung der Sklaven«, die »weder dem Arbeiter noch der Arbeit ihre menschliche Bestimmung und Würde erobert« (a.a.O., S. 521)

Bildung und Bürgerrechte: Zusammenfassung

Die Untersuchung der Schulentwicklung in der BRD und der DDR förderte Differenzen und Übereinstimmungen zutage. Viele lassen sich als Variationen des gleichen Grundthemas verstehen: als Versuche der Modernisierung. In unterschiedlicher Weise sind die Bildungssysteme der beiden Gesellschaften den Normen näher gekommen, die dem eingangs konstruierten Idealtypus der Bildung des Bürgers zugrunde liegen. Und in unterschiedlicher Weise sind sie dem Typus der Bildung der Arbeitskraft verhaftet geblieben. Das wird an der Entwicklung der individuellen Bildungsorientierungen ebenso deutlich wie an den Veränderungen der Schulformen, der Curricula, der institutionalisierten Beziehungen zwischen Lehrern und Schülern und an den institutionellen Effekten der Bildungsexpansion in der Gesellschaft.
Die westdeutschen Schulen entwickelten sich im Sinne der Bildung des Bürgers erst nach einer Periode bildungspolitischer Restaurationsversuche. Das geschah in vielfältigen Reformschritten, die Teil eines gesamtgesellschaftlichen Wandels waren. Die Veränderungen des Bildungssystems bestanden im wesentlichen darin, daß sich die Idee der Bürgerrechte im schulischen und außerschulischen Alltag durchsetzte. Schüler und Eltern verstehen es zunehmend, von der Schule nach Maßgabe der Normen eines liberalen Individualismus Gebrauch zu machen, und die institutionellen Veränderungen der Schulen machen diesen Gebrauch auch zunehmend möglich. Die ›katholischen Arbeitermädchen der süddeutschen Provinz‹ haben sich in beachtlichem Maße zu Bürgern emanzipiert, und dabei ist aus den ständisch gegliederten Schulen ein nationales Bildungssystem von zunehmender Einheitlichkeit geworden. An der wachsenden Gleichheit der Bildungschancen zeigt sich, daß die traditionalen Geschlechtsrollen, religiösen Bindungen, Differenzen zwischen dem städtischen und dem ländlichen Milieu und regionalen Partikularismen an Autorität verloren haben. Nur die Subkulturen des beruflichen Schichtensystems haben noch stärkeren Einfluß auf die Schulwahl.

Liberale Ordnungsvorstellungen haben auch in der institutionellen Struktur des Schulwesens an Autorität gewonnen. Geschlechtsspezifische Bildungsgänge sind weitgehend verschwunden; Koedukation wurde zum dominanten Organisationsprinzip. Das Verschwinden konfessioneller Gliederungen im Bildungssystem zeigt, daß auch der Einfluß religiöser Mächte abgenommen hat. Verbunden war diese Entwicklung nicht zuletzt mit der Landschulreform, die zugleich die Unterschiede zwischen dem städtischen und dem ländlichen Schulwesen weitgehend aufhob. Hervorzuheben ist schließlich, daß auch die länderspezifischen Differenzen der Schulen geringer geworden sind. In allen Bundesländern folgt die Schulentwicklung faktisch liberalen Bildungsvorstellungen. Davon war auch die Sekundarstufe mit ihrer Dreigliedrigkeit nicht ausgenommen. Sie hat an ständischem Charakter verloren. Die Curricula der verschiedenen Schulformen gleichen sich an, und zwischen Schulformen und Schulstufen wurden zahlreiche Übergänge geschaffen. Sie ermöglichen und fordern, daß der einzelne über seinen Gang auf diesen Bildungswegen selbst entscheidet. Fluktuationsstudien zeigen, daß die Schüler von diesen Übergangsmöglichkeiten auch häufig Gebrauch machen. Dabei werden Vorstellungen von Eignung und Neigung handlungsbestimmend und lösen ständische Bindungen auf.

Offenkundig ist, daß die Durchsetzung der Gleichheitsnorm im Bildungswesen bis heute unvollständig geblieben ist. Die Schule kann die Spannungen nicht ohne weiteres auflösen, die zwischen der normativen Idee bürgerlicher Gleichheit und der materialen Ungleichheit in der Gesellschaft bestehen. Die immer wieder nachgewiesene schichtenspezifische Ungleichheit der Bildungschancen macht das deutlich. Sie läßt aber auch erkennen, daß dieser Widerspruch als anstößig empfunden und deswegen – auch vermittels der Sozialwissenschaften – zu einem ständigen Thema kollektiver Selbstprüfung gemacht wird. Im Verlauf dieser Auseinandersetzungen hat die Ungleichheit des mehrgliedrigen Bildungssystems einen Bedeutungswandel erfahren. Als ständische Ordnungselemente an Autorität verloren und dem bildungsökonomischen neokonservativen Materialismus der Erfolg versagt blieb, wurde die Ungleichheit des Bildungssystems als sozialstrukturelle Voraussetzung freier Bildungswahl und Selbstverwirklichung gerechtfertigt. So haben liberale Bildungsvorstellungen selbst dort an Bedeutung gewonnen, wo es um Schulstrukturen geht, die sich vorliberalen Verhältnissen verdanken.

In den Schulen der DDR wurde die Gleichheitsnorm schon sehr früh und mit großem Nachdruck durchgesetzt. In einer Reihe von Reformen wurde eine Einheitsschule mit zehn Jahrgängen geschaffen, in der nahezu alle Kinder eine mehr oder weniger gleiche Bildung erfuhren. Das international übliche Modell nationaler Bildungssysteme hatte sich hier insofern gründlicher durchgesetzt als in der BRD. Die Einheitsschule entwickelte sich im Gegensatz zu Motiven, die sich gleichermaßen aus der deutschen Schulgeschichte und aus dem marxistisch-leninistischen Basis-Überbau-Schema ergaben. Die sozialistische Gleichheitsnorm wurde dabei zum Inbegriff von Demokratie, während sich Gesichtspunkte individueller Unabhängigkeit in Schule und Gesellschaft kaum geltend machen konnten. Die sozialistische Gleichheitsnorm sollte die Mängel der bloß formalen liberalen vermeiden und deswegen materialen Charakters sein, so wie die staatssozialistische Ordnung überhaupt. Die Institutionalisierung von Normen materialen Charakters gelang aber nur um den Preis bürokratischer Fremdbestimmung.

Das liberale Recht der freien Bildungswahl stand den Schülern in der DDR nicht zu. Der Zugang zur Oberstufe unterlag Regelungen, die gegen die Gleichheitsnorm auch explizit verstoßen sollten. Arbeiter- und Bauernkinder sollten bei gleicher Leistung privilegiert werden. Bei festliegenden Übertrittsquoten bedeutete das notwendigerweise, daß Kinder anderer sozialer Herkunft negativ zu diskriminieren waren. So wurden statt des bürgerlichen oder sozialistischen Universalismus askriptive Sozialkategorien institutionalisiert. Die besonderen Schwierigkeiten, die vor allem Kinder aus den unteren sozialen Schichten beim Zugang zu weiterführenden Bildungseinrichtungen haben, gelten auch in der BRD als bildungspolitisches Problem. Das Interesse daran ist aber nicht machtpolitisch motiviert und zielt nicht auf Kaderbildung durch Reproduktion von Abstammungsprestige, sondern folgt sozialpolitischen Motiven und zielt auf die Durchsetzung der Gleichheitsnorm. Schichtenspezifische Gleichheit der Bildungschancen konnte freilich in keiner der beiden Gesellschaften hergestellt werden. Im Westen haben sich die Ungleichheitsrelationen allem Anschein nach wenig geändert, während entsprechende Anstrengungen der ostdeutschen Bildungspolitik nicht durchgehalten werden konnten. Die Arbeiter- und Bauernkinder waren dort in den weiterführenden Schulen schließlich sogar deutlicher unterrepräsentiert als im Westen.

In den westdeutschen und ostdeutschen Schulen wurden die überkommenen Bildungskonventionen durch die Verwissenschaftlichung der Curricula überwunden. Dabei setzten sich unterschiedliche Begriffe von Wissenschaftlichkeit durch. Unterrichtsinhalte wurden im Namen nichthintergehbarer Notwendigkeiten durch Objektivierung kanonisiert. Das geschah in beiden Bildungssystemen. Der Glaube an Naturnotwendigkeiten trat an die Stelle traditionalen Autoritätsglaubens. Im Westen gewannen im Gegensatz dazu aber auch Gesichtspunkte einer formalen kognitiv-moralischen Disziplin stärkeres Gewicht. Sie sollen das Denken nicht inhaltlich festlegen, sondern als Voraussetzung seiner Unabhängigkeit fungieren. Verwissenschaftlichung in diesem Sinn zielt explizit auf die Entwicklung autonomer Affektkontrolle, Unabhängigkeit von Tradition und suggestivem Einfluß, die Anerkennung der Gleichheitsnorm, die in Tugenden wie Toleranz und Offenheit impliziert ist usw. Der Formalismus dieser Wissenschaftlichkeit entspricht demjenigen der liberalen Bürgerrechte. Deswegen bringt ein derartiger Unterricht Bürger und nicht Experten hervor.

Dem ausgeprägteren Objektivismus der Curricula entsprach in der DDR, daß Lehrer und Schüler einem engeren bürokratischen Reglement unterlagen als ihre westdeutschen Kollegen. Der Unterricht hatte einem Lehrplan zu folgen, der ›kleinschrittig‹ materiale Bildungsvorstellungen dekretierte. Damit korrespondierende Schulbücher, Unterrichtshilfen und Materialien sollten darüber hinaus für den Gleichschritt der Bildung sorgen. Hinzu kamen die Direktorialverfassung und die Gesinnungsorganisationen für Lehrer und Schüler, die Konformität sichern sollten. So nahmen die auch in der Schulkultur des Westens üblichen Normen des Leistungsprinzips, der Unabhängigkeit, Gleichheit und funktionalen Spezifizität bürokratische Gestalt an. In diesem organisatorischen Kontext wurde den Lehrern die Funktion von Experten zugemessen, die mit Hilfe unpersönlichen Regelwissens den verordneten Bildungszielen zur intendierten Wirkung verhelfen sollten.

Zwar hat auch das bundesrepublikanische Bildungssystem bürokratischen Anstaltscharakter, aber Veränderungen der Schulverfassung haben zusammen mit einer sich liberalisierenden Gesellschaft Schülern und Lehrern einen Autonomiegewinn verschafft. Schüler unterliegen zwar den Zwängen der Mehrgliedrigkeit des Bildungssystems, aber es wird weniger selektiv verfahren. Sie unterliegen zwar einem differenzierter gewordenen Berechtigungswesen, aber das durchlässiger gewordene Bildungssystem erlaubt ihnen in höherem Maße, über ihre Bildungskarriere selbst zu entscheiden. Indem die sozialen Verhältnisse der Schule durch Verwissenschaftlichung und Verrechtlichung formalisiert wurden und den am Schulgeschehen Beteiligten einen Autonomiezuwachs verschafften, gewann Schulbildung an privatem Charakter. In zunehmendem Maße hängt es von den Entscheidungen des einzelnen ab, was er für sich aus der Schule macht. In den westdeutschen Schulen stirbt auf diese Weise der Staat ab, während in den ostdeutschen die Gesellschaft abstarb.

Lehrer werden auch im Westen zu Experten, aber stärker als in der DDR auch zu Professionellen. Abgeschlossen ist der Professionalisierungsprozeß bei weitem nicht. Nicht zuletzt die Selektionszwänge und Karriererisiken, die die mehrgliedrige Sekundarstufe Lehrern und Schülern aufbürdet, wirken einer unabhängigen Bildung im Effekt ähnlich entgegen wie die bürokratische Struktur der ostdeutschen Schulen. Diese Verhältnisse schwächen die Stellung der Lehrer und Schüler, lassen ihre Beziehungen spannungsvoll werden und wirken der gleichermaßen pädagogisch wie demokratisch erwünschten vertrauensvollen Zusammenarbeit entgegen.

Die Schulentwicklung entsprach dem Typus bürgerlicher Bildung in beiden Gesellschaften auch insofern, als sie von der Welt der Arbeit weitgehend abstrahierte. Das zeigt sich in der Durchsetzung der Gleichheitsnorm, die der Ungleichheit des beruflichen Schichtensystems widerspricht. Die Curricula folgen nicht beruflichen Leistungsansprüchen, sondern Vorstellungen von Rationalität, die auch in ihrer objektivistischen Variante in Berufstechnik nicht aufgeht. In der Bildungspolitik der DDR kam dem Motiv der Einheit von Bildung und Arbeit zwar eine gewisse Bedeutung zu, seine Verwirklichung scheiterte jedoch an den Arbeitsverhältnissen. Der Staatssozialismus hatte an die überkommene Form der innerbetrieblichen Arbeitsteilung nur in Grenzen gerührt. Mit geringen Modifikationen war es bei der Enteignung der Arbeitenden von der Kontrolle über den Arbeitsprozeß geblieben, so daß der Arbeitserfahrung ein Bildungswert kaum zukam. Da der Widerspruch zwischen den geltenden Bildungsvorstellungen und der restriktiven Arbeitsorganisation nicht gelöst werden konnte, blieb das Programm einer Bildung durch Arbeit insgesamt eng begrenzt.

In der BRD wurde das dreigliedrige Bildungssystem mit Erfordernissen der Arbeitswelt in Zusammenhang gebracht. Aber einer Ausrichtung des Schulwesens auf die Belange der Wirtschaft stehen hier die liberalen Freiheitsrechte entgegen. Sie lassen eine bildungsökonomische Planung nicht zu. Auf seiten des Arbeitskräfteangebots widerstreiten dem die Freiheit der Bildung und Ausbildung, sowie die Freiheit der Berufswahl, die Freizügigkeit usw., auf seiten der Arbeitskräftenachfrage vor allem die privaten Eigentumsrechte. Anders aber als durch staatliche Planung können Schule und Arbeitswelt nicht aufeinander abgestimmt werden. In der DDR widersprach die Gleichheitsnorm der Durchsetzung bildungsökonomischer Notwendigkeiten. Sie wurde auch durch die Gründung von Spezialschulen und durch die restriktive Quotierung der weiterführenden Bildung kaum berührt. Die Beendigung der Bildungsexpansion schließlich wurde zwar auch im Namen bildungsökonomischer Notwendigkeiten durchgesetzt, sie zielte aber vor allem darauf, die Macht der Partei gegen eine Ausbreitung sozialtechnisch orientierter akademischer Eliten zu verteidigen.

Damit sind die institutionellen Effekte angesprochen, die sich im Zusammenhang mit der Schulentwicklung in der Sozialstruktur ergeben. Sie nahmen in beiden Gesellschaften unterschiedliche Formen an. In der DDR tendierten sie zur Bildung einer Expertenherrschaft instrumenteller Sachlichkeit. Das Vordringen einer bloß instrumentellen Rationalität ist auch in der Bundesrepublik Gegenstand gesellschaftlicher Konflikte. Die Widerstände, die sich dagegen durchsetzen, sind aber andere als diejenigen, zu denen sich die ostdeutsche Gesellschaft verstehen konnte. Sie bestehen in der Effektivierung der Bürgerrechte. Die Bürgerrechte konstituieren nicht nur die marktförmige und demokratische Interessenartikulation, sondern dringen allmählich auch in die Arbeitsorganisation selbst ein, also in jene Enklaven der bürgerlichen Gesellschaft, in denen sie bislang nur für die Besitzer von Eigentum galten. Als förmlich qualifizierte Arbeitskräfte können die Beschäftigten ihre Arbeit in zunehmendem Maße

durch Berufung auf den Stand der Wissenschaft, auf die geltende Kunstlehre oder auf andere Berufsregeln, die im Ausbildungswesen formuliert werden, legitimieren. Was als Berufskompetenz gilt, wird zunehmend in den Einrichtungen von Bildung und Wissenschaft definiert. Die praktische Wirksamkeit dieser Kompetenz wird vom Gesetzgeber und den Interessenvertretungen der Arbeitnehmer sanktioniert. Ähnliches gab es – in geringerem Umfang – auch in der DDR. Aber anders als dort vollziehen sich diese Definitionsprozesse im Westen im Kontext der Bürgerrechte, vor allem also der Wissenschaftsfreiheit, Informationsfreiheit, Publikationsfreiheit, Freizügigkeit und Freiheit zu professioneller Selbstorganisation, die die Entwicklung eines professionellen Berufsethos fördert.
Die hoch qualifizierten Arbeitskräfte dürfen die Bestandsbedingungen der Betriebe nicht verletzen. Aber worin diese bestehen, versteht sich immer weniger von selbst. Der Modernisierungsprozeß hat nicht nur die materiellen Bedingungen der Arbeit immer radikaler zur Disposition gestellt, sondern auch die kulturellen. Die vorliberalen Wertnormen, die ein konstitutives Element bürokratischen Handelns sind, haben dabei an Autorität verloren. An deren Stelle sind Rechte der Beschäftigten getreten, ihren Arbeitsinteressen Geltung zu verschaffen und darunter auch dem Interesse am Arbeitsinhalt. Diese Rechte sind mit dem System der industriellen Beziehungen, mit Gewerkschaften, Berufsverbänden und betrieblicher Mitbestimmung institutionalisiert. Hinzu treten die Interventionen des Sozialstaats in der Arbeitswelt, der als demokratischer der öffentlichen Meinung Rechnung tragen muß. Die Öffentlichkeit aber stimmt zunehmend darin überein, daß der Arbeit mehr als nur eine instrumentelle Bedeutung zuzumessen ist. Sehr deutlich kommt das in den Karrieremotiven zum Ausdruck, die die Nachfrage nach weiterführender Bildung haben wachsen lassen. Von der traditionalen Schicksalergebenheit jener katholischen Arbeitermädchen aus der süddeutschen Provinz und der damit verwandten ständischen Sozialcharaktere sind die Berufsansprüche der Mehrheit heute weit entfernt. So wird die Berücksichtigung individueller Berufsinteressen, die bürgerlichen Wertnormen folgen, in vielgestaltiger Weise zu einer Bestandsbedingung der Betriebe. Auch im Hinblick auf die Verfassung der Gesellschaft als ganzer hat die Orientierung individuellen Verhaltens an Begriffen technischer Exper-

tise an Autorität verloren. Unpersönliche Sachlichkeit ist öffentlich in Mißkredit geraten und wird zunehmend als gesellschaftliche Verantwortungslosigkeit kritisiert. Indem sich aber die hoch qualifizierten Arbeitskräfte an allgemeinen gesellschaftlichen Wertnormen orientieren, werden sie zu Professionellen.

Die Professionalisierung der Arbeit ist gewiß begrenzt. Die überkommenen Formen der Fremdbestimmung zeigen sich nicht nur am Anteil der unqualifizierten Arbeitsplätze, sondern sind in unterschiedlichem Maße auch bei den qualifizierten zu beobachten. Ihrer Aufhebung stehen massive gesellschaftliche Zwänge entgegen; sie werden verstärkt durch die Massenarbeitslosigkeit, die die Möglichkeit schmälert, anspruchsvolleren Berufserwartungen Geltung zu verschaffen. Andererseits darf aber auch der berufskulturelle Wertewandel nicht unterschätzt werden. Wie die anhaltende Expansion der Nachfrage nach weiterführender Bildung zeigt, ist das Interesse an einer subjektiv befriedigenden Arbeit ungebrochen. Dieses Interesse geht über die instrumentellen oder ständischen Gesichtspunkte von Einkommen und Status hinaus und zielt auf Arbeit, in der der einzelne eigenverantwortlich von sich selbst etwas geltend machen kann, auf praktische Intersubjektivität.

Literatur

Abbott, A. (1988), *The System of Professions*, Chicago; London.

Adam, K., »Erziehung mit Nebenfolgen«, in: *Frankfurter Allgemeine Zeitung* (5. 3. 1993), S. 1.

Adler, F., »Das sozialistische Leistungsprinzip in der Dialektik von sozialer Gleichheit und Differenziertheit«, in: *Deutsche Zeitschrift für Philosophie* 34 (1986) 2, S. 116-125.

Adorno, Th. W. (1962), »Theorie der Halbbildung«, in: Horkheimer, M./ Th. W. Adorno, Hg., *Sociologica* II (Frankfurter Beiträge zur Soziologie. 10), Frankfurt/M., 168-192.

Adorno, Th. W. (1970), »Erziehung nach Auschwitz«, in: Ders., *Erziehung zur Mündigkeit*, Frankfurt/M., 140-155.

Adorno, Th. W., »Tabus über dem Lehrerberuf«, in: *Neue Sammlung* 5 (1977) 6, S. 31-44.

Akademie der Pädagogischen Wissenschaften der DDR (1987, 1988, 1989), *Begabungsforschung. Positionen und Berichte*, Berlin.

Alheit, P. (1994), *Zivile Kultur*, Frankfurt/M.

Alt, R., »Zur gesellschaftlichen Begründung der neuen Schule«, in: *Pädagogik* 1 (1946) 1, S. 12-22.

Alt, R. (1978), *Das Bildungsmonopol*, Berlin.

Altvater, E./F. Huisken (Hg.) (1971), *Materialien zur Politischen Ökonomie des Ausbildungssektors*, Erlangen.

Amtsblatt des hessischen Kultusministeriums (1976), Nr. 6, Wiesbaden.

Anderson, B. (1983), *Imagined Communities*, London.

»Anordnung über die Aufnahme in die erweiterte allgemeinbildende polytechnische Oberschule und in Spezialklassen an Einrichtungen der Volksbildung sowie über die Bestätigung von Schülern für die Bewerbung um eine Lehrstelle in der Berufsausbildung mit Abitur – Aufnahmeordnung – vom 5. Dezember 1981«, in: *GBL, Teil I* (1982), S. 93-95.

Anweiler, O. (1988), *Schulpolitik und Schulsystem in der DDR*, Opladen.

Anweiler, O. et al. (1990), »Grundzüge der Bildungspolitik und der Entwicklung des Bildungswesens seit 1945«, in: Bundesministerium für Innerdeutsche Beziehungen, Hg., *Vergleich von Bildung und Erziehung in der BRD und in der DDR* (Materialien zur Lage der Nation), Köln, 11-33.

»Anweisung Nr. 100 des Staatssekretariats für Hochschulwesen über die Auswahl, Delegierung und Zulassung zum Studium an den Arbeiter-und-Bauern-Fakultäten vom 29. 5. 1957«, in: *Karteibuch des Schulrechts in der DDR* B/6 (1957), S. 22.

Arbeitsgruppe Bildungsbericht am Max-Planck-Institut für Bildungsfor-

schung (Hg.) (1990), *Das Bildungswesen in der BRD (Neuausgabe)*, Reinbek.
Arbeitsgruppe Bildungsbericht am Max-Planck-Institut für Bildungsforschung (Hg.) (1994), *Das Bildungswesen in der BRD. Strukturen und Entwicklungen im Überblick*, Reinbek.
Arbeitsgruppen des Instituts für Arbeitsmarkt- und Berufsforschung und des Max-Planck-Instituts für Bildungsforschung (1976), *Bedarfsprognostische Forschung in der Diskussion*, Frankfurt/M.
Aurin, K. (1990), *Gute Schulen: Worauf beruht ihre Wirksamkeit?*, Bad Heilbrunn.
Autorenkollektiv (unter der Leitung von G. Neuner) (1973), *Allgemeinbildung – Lehrplanwerk – Unterricht*, Berlin.
Autorenkollektiv (unter der Leitung von H. Nick) (1979), *Zur materiell-technischen Basis in der DDR*, Berlin.
Autorenkollektiv (unter der Leitung von H. Grabley und F. Sachse) (1987), *Planung und Bilanzierung der Arbeitskräfte*, Berlin.
Autorenkollektiv (unter der Leitung von T. Hahn und R. Welskopf) (1988), *Innovation und Motivation in Forschung, Entwicklung und Überleitung*, Berlin.
Autorenkollektiv (unter der Leitung von Eberhard Meumann), »Thesen zur Geschichte der zehntklassigen allgemeinbildenden polytechnischen Oberschule in der DDR«, in: *Pädagogik* 44 (1989) 6, S. 449-537.
Averch, H. A. et al. (1972), *How Effective is Schooling?*, Santa Monica, Cal.

Baethge, M. et al. (1980), *Bildungsexpansion und Beschäftigungslage von Angestellten. Zwischenbericht*, Göttingen.
Baethge, M. et al. (1989), *Jugend: Arbeit und Identität*, Opladen.
Baron, J. N./F. R. Dobbin/P. D. Jennings, »War and Peace: The Evolution of Modern Personnel Administration in US Industry«, in: *American Journal of Sociology* 92 (1986), S. 350-383.
Bartz, J./D. Mor (1979), »Der Weg in die Jugendzwangsarbeit. Maßnahmen gegen Jugendarbeitslosigkeit zwischen 1925 und 1935«, in: Lenhardt, G., Hg., *Der hilflose Sozialstaat*, Frankfurt/M., 28-94.
Baske, S. (Hg.) (1979), *Bildungspolitik in der DDR. 1963-1976*, Berlin.
Basso, L. (1975): »Anmerkungen zur Entwicklung der Revolutionstheorie bei Marx und Engels«, in: ders., *Gesellschaftsform und Staatsform. Drei Aufsätze*, Frankfurt M.
Bathke, G.-W. (1990), »Soziale Reproduktion und Sozialisation von Hochschulstudenten in der DDR«, in: *Zeitschrift für Sozialisationsforschung und Erziehungssoziologie*, 1. Beiheft 1990, S. 120-131.
Baumert, J. (1980), »Aspekte der Schulorganisation und Schulverwaltung«, in: Max-Planck-Institut für Bildungsforschung, Projektgruppe Bildungsbericht, Hg., *Bildung in der BRD, Bd. 1*, Reinbek, 589-748.

Becker, G. S. (1964), *Human Capital. A Theoretical and Empirical Analysis with Special Reference to Education*, New York.
Becker, H. (1956), *Die verwaltete Schule*, Stuttgart. (Wieder abgedruckt in: »Die verwaltete Schule. Hellmut Becker zum 80. Geburtstag«, in: *Recht der Jugend und des Bildungswesens* 2 [1993]).
Becker, H. (1989), »Bildungspolitik«, in: *Die Geschichte der BRD, Bd. 1: Politik* (Fischer Taschenbuch. 4420), Frankfurt/M., 324-353.
Becker, H./G. Kluchert (1993), *Die Bildung der Nation*, Stuttgart.
Beckerhoff, D./J. Jochimsen (1976), *Bedarfsorientierung eines expandierenden Bildungssystems. Vortrag vor dem Verein für Sozialpolitik*. Manuskript.
Behr, M., »Regressive Gemeinschaft oder zivile Vergemeinschaftung«, in: *Zeitschrift für Soziologie* 24 (1995) 5, S. 325-344.
Benavot, Aaron (1982), *The Rise and Decline of Vocational Education*. Manuskript.
Bendix, R. (1960), *Herrschaft und Industriearbeit*, Frankfurt/M.
Benner, D. (1990), *Wilhelm von Humboldts Bildungstheorie*, Weinheim; München.
Benner, D./H. Sladek, »Das Erziehungsprogramm von 1947«, in: *Zeitschrift für Pädagogik* 41 (1995) 1, S. 63-79.
Bericht des ZK der SED an den VIII. Parteitag (1971), Berlin.
Bericht über die Ergebnisse der Untersuchung ›Das Verhältnis von Leistungsstand und sozialer Struktur bei Schülern der Allgemeinbildenden Polytechnischen Oberschule‹ (1966) (Deutsches Pädagogisches Zentralinstitut [Abteilung Soziologie des Bildungswesens]), Berlin.
Bertram, H./C. Dannenbeck (1990), »Pluralisierung von Lebenslagen. Empirie regionaler Disparitäten in der Bundesrepublik Deutschland«, in: Berger, P. A./S. Hradil, Hg., *Lebenslagen, Lebensläufe, Lebensstile* (Soziale Welt. Sonderband 7), Göttingen, 207-230.
Beschluß des Parteivorstandes der SED vom 24. 8. 1949 (1949).
»Beschluß des Politbüros des ZK der SED zur Erhöhung des wissenschaftlichen Niveaus des Unterrichts an den allgemeinbildenden Schulen vom 29. 7. 1952«, in: *Karteibuch des Schulrechts der DDR* C/2 (1952) S. 1.
»Beschluß der Volkskammer über den Volkswirtschaftsplan 1959 vom 21. 1. 1959«, in: *Karteibuch des Schulrechts der DDR* F/4 (1959).
Blossfeld, H.-P. (1987), *Bildungsverläufe im historischen Wandel*, Frankfurt/M.
Blossfeld, H.-P., »Changes in Educational Careers in the Federal Republic of Germany«, in: *Sociology of Education* 63 (1990), S. 165-177.
BMBW (Der Bundesminister für Bildung und Wissenschaft) (Hg.) (1992), *Grund- und Strukturdaten 1992/1993*, Bonn.
Bödeker, H. E. (1989), »Die ›gebildeten Stände‹ im späten 18. und frühen 19. Jahrhundert: Zugehörigkeit und Abgrenzungen. Mentalitäten und

Handlungspotentiale«, in: Kocka, J., Hg., *Bildungsbürgertum im 19. Jahrhundert, Teil 4*, Stuttgart, 21-52.
Bommes, M./B. Dewe/F.-O. Radtke (1996), *Sozialwissenschaften und Lehramt*, Opladen.
Bourdieu, P./J. C. Passeron (1971), *Die Illusion der Chancengleichheit*, Stuttgart.
Bourdieu, P./L. Boltanski (1981), »Titel und Stelle. Zum Verhältnis von Bildung und Beschäftigung«, in: Dies., Hg., *Titel und Stelle. Über die Produktion sozialer Macht*, Frankfurt/M., 89-116.
Bourdieu, P. (1987), *Die feinen Unterschiede. Kritik der gesellschaftlichen Urteilskraft*, Frankfurt/M.
Bowles, S./H. Gintis (1978), *Pädagogik und die Widersprüche der Ökonomie*, Frankfurt/M.
Brämer, R., »Was bleibt, ist Schein. Versuch einer soziologischen Problematisierung sozialistischer Bildung«, in: *Deutschlandarchiv* 13 (1980 a) 2, S. 162-179.
Brämer, R., »Der schichtspezifische Charakter sozialistischer Bildung – demonstriert am Beispiel des naturwissenschaftlichen Unterrichts in der DDR«, in: *Die deutsche Schule* 72 (1980 b) 12, S. 760-770.
Bramhoff, M./B. Woidtke, »Die Problematik der Chancengleichheit in den sozialistischen Ländern am Beispiel der DDR«, in: *Kölner Zeitschrift für Soziologie und Sozialpsychologie* 26 (1974) 3, S. 588-629.
Bravermann, H. (1977), *Die Arbeit im modernen Produktionsprozeß*, Frankfurt/M.
Brunkhorst, H. (1992), »Professionalität, Kollektivitätsorientierung und formale Wertrationalität«, in: Dewe, B./W. Ferchhoff/F.-O. Radtke, Hg., *Erziehen als Profession*, Opladen, 49-69.
Buch, R. (1980), *Soziale Herkunft und sprachliches Entwicklungsniveau älterer Kindergartenkinder.* Dissertation. Berlin.
Bücher, P. (1983), »Vom Befehlen und Gehorchen zum Verhandeln«, in: Preuss-Lausitz, U. et al., Hg., *Kriegskinder, Konsumkinder, Krisenkinder*, Weinheim; Basel, 196-212.
Bund-Länder-Kommission für Bildungsplanung (BLK) (1973), *Bildungsgesamtplan*, Stuttgart.
Bundesministerium für Familie, Senioren, Frauen und Jugend (Hg.) (1994), *Neunter Bundesjugendbericht*, III. 2 Bildung und Schule (Deutscher Bundestag – 13. Wahlperiode, Drucksachen 13/70), Köln, 101-139.
Bundesministerium für innerdeutsche Beziehungen (Hg.) (1990), *Vergleich von Bildung und Erziehung in der BRD und in der DDR* (Materialien zur Lage der Nation), Köln.

Carr-Saunders, A. M./P. A. Wilson (1968), »Professional Ethics«, in: *Encyclopedia of the Social Sciences, Vol. 12*, New York.
CDU-Bundesgeschäftsstelle (1994), *Erziehung und Ausbildung in unse-*

rem freiheitlichen und demokratischen Bildungssystem. Beschluß des 4. Parteitages der CDU Deutschlands, Bonn.

Cha, Y.-K./S.-Y. Wong/J. W. Meyer (1992), »Values Education in the Curriculum: Some Comparative Empirical Data«, in: Meyer, J. W./D. H. Kamens/A. Benavot, eds., *School Knowledge for the Masses: World Models and National Primary Curricular Categories in the Twentieth Century* (Studies in Curriculum History Series. 19), Washington, D. C.; London, 139-151.

Coleman, J. (1966), *Equality of Educational Opportunity*, Washington, D. C.

Collins, R., »Functional and Conflict Theories of Educational Stratification«, in: *American Sociological Review* 36 (1979), S. 1002-1019.

Cramer, U., »Probleme bei der Besetzung von offenen Stellen«, in: *Mitteilungen aus der Arbeitsmarkt- und Berufsforschung* 23 (1990) 2, S. 246-254.

Czerwenka, K. et al. (1990), *Schülerurteile über die Schule. Bericht über eine internationale Untersuchung* (Europäische Hochschulschriften. XI: Pädagogik), Frankfurt/M.; Bern; New York; Paris.

Dahrendorf, R. (1965), *Bildung ist Bürgerrecht*, Bramsche; Osnabrück.

Deppe, R./D. Hoß (1980), *Sozialistische Rationalisierung. Forschungsberichte des Instituts für Sozialforschung*, Frankfurt/M.

»Der Aufbau einer sozialistischen Kultur«, in: *Schriftenreihe ›Der Fünfjahrplan‹* 16 (1952).

Deutscher Ausschuß für das Erziehungs- und Bildungswesen (1963), *Rahmenplan zur Umgestaltung und Vereinheitlichung des allgemeinbildenden öffentlichen Schulwesens*, Stuttgart.

Deutscher Ausschuß für das Erziehungs- und Bildungswesen (1964), *Empfehlungen zum Aufbau der Hauptschule* (Empfehlungen und Gutachten), Stuttgart.

Deutscher Ausschuß für das Erziehungs- und Bildungswesen (1966), *Empfehlungen und Gutachten 1953-1965*, Stuttgart.

Deutsches Jugendinstitut (Hg.) (1993), *Was für Kinder. Aufwachsen in Deutschland*, München.

Dewe, B./H.-U. Otto (1984), »Professionalisierung«, in: Eyfert, H./H.-U. Otto/H. Thiersch, Hg., *Handbuch Sozialarbeit/Sozialpädagogik*, Neuwied, 775-811.

Dewe, B. et al. (1986), *Professionalisierung – Kritik – Deutung*, Frankfurt/M.

Dewe, B./W. Ferchhoff/F.-O. Radtke (Hg.) (1992), *Erziehen als Profession*, Opladen.

Dewe, B./W. Ferchhoff/F.-O. Radtke (1992), »Das ›Professionswissen‹ von Pädagogen. Ein wissenschaftstheoretischer Rekonstruktionsversuch«, in: Dies., Hg., *Erziehen als Profession*, Opladen, 70-91.

»Die Demokratisierung der deutschen Schule«, in: *Pädagogik* 1 (1946) 1, S. 5-12.
Ditton, H. (1992), *Ungleichheit und Mobilität durch Bildung*, Weinheim; München.
Dobbin, F. et al., »Equal Opportunity Law and the Construction of Internal Labor Markets«, in: *American Journal of Sociology* 99 (1993) 2, S. 396-427.
Döbrich, P./W. Huck/G. Schmidt (1990), *Zeit für Schule. Bundesrepublik Deutschland – Deutsche Demokratische Republik*, Köln; Wien.
Dornbusch, S. M./W. R. Scott (1975), *Evaluation and the Exercise of Authority*, San Francisco.
Dreeben, R. (1980), *Was wir in der Schule lernen*, Frankfurt/M.

Edding, F. (1989), *Mein Leben mit der Politik*. Manuskript.
Engels, F. (1973 a), »Die Entwicklung des Sozialismus von der Utopie zur Wissenschaft«, in: *MEW, Bd. 19*, Berlin, 189-228.
Engels, F. (1973 b), »Herrn Eugen Dührings Umwälzung der Wissenschaft (Anti-Dühring)«, in: *MEW, Bd. 20*, Berlin, 16-306.
Engels, F. (1974), »Grundrisse des Kommunismus«, in: *MEW, Bd. 4*, Berlin, 361-380.
Engels, F. (1979), »Die Lage der arbeitenden Masse in England«, in: *MEW, Bd. 2*, Berlin, 225-506.
Engler, W. (1995), »Die ungewollte Moderne«, in: Ders., *Die ungewollte Moderne. Ost-West-Passagen*, Frankfurt/M., 31-84.
Ettrich, F., »Soziologie in der DDR: Hilfswissenschaft zwischen ideologischer Delegitimierung und partieller Professionalisierung«, in: *Berliner Journal für Soziologie* 3/4 (1992), S. 447-472.

Fauser, P. (1986), *Pädagogische Freiheit in Schule und Recht*, Weinheim; Basel.
Fend, H. (1980), *Theorie der Schule*, München; Wien; Baltimore.
Förtsch, E. (1988), »Die bedrohliche Produktivkraft. Zur Pluralisierung des Wissenschaftsverständnisses in der DDR«, in: Glaeßner, G. J., Hg., *Die DDR in der Ära Honecker*, Opladen, 561-573.
Frankenberg, G. (1978), *Elemente einer Kritik und Theorie des Schulrechts*. Dissertation. München.
Frankiewicz, H. (1968), *Technik und Bildung in der Schule der DDR*, Berlin.
Freidson, E. (1975), *Dominanz der Experten. Zur sozialen Struktur medizinischer Versorgung*, München.
Freud, S. (1975), »Ratschläge für den Arzt bei der psychoanalytischen Behandlung«, in: *Schriften zur Behandlungstechnik – S. Freud Studienausgabe, Ergänzungsband*, Frankfurt/M., 170-180.
Friedeburg, L. von (1963), *Soziologie des Betriebsklimas* (Frankfurter Beiträge zur Soziologie. 13), Frankfurt/M.

Friedeburg, L. von (1993), *Bildungsreform in Deutschland*, Frankfurt/M.
Friedrich, W., »Mentalitätswandlungen der Jugend in der DDR«, in: *Aus Politik und Zeitgeschichte* 16/17 (1990), S. 25-37.
Fritze, L., »Kommandowirtschaft: Ein wissenschaftlicher Erlebnisbericht über Machtverhältnisse, Organisationsstrukturen und Funktionsmechanismen im Kombinat«, in: *Leviathan* 21 (1993) 2, S. 174-204.
Fuchs, J., »Übergang auf weiterführende Schulen«, in: *Recht der Jugend und des Bildungswesens* 37 (1989) 1, S. 106-111.
Führ, C. (1985), »Gelehrter Schulmann – Oberlehrer – Studienrat. Zum sozialen Aufstieg der Philologen«, in: Conze, W./J. Kocka, Hg., *Bildungsbürgertum im 19. Jahrhundert, Teil 1*, Stuttgart, 417-457.
Füssel, H. P. (1995), »Schulkonzept und Schulverfassung«, in: Rolff, H. G., Hg., *Zukunftsfelder der Bildungsforschung*, Weinheim, 75-87.

Gapp, R., »Differenzierung in der Einheitsschule. Bericht über ein Experiment«, in: *Pädagogik* 2 (1991), S. 50-54.
Geissler, G., »Zur Schulreform und zu den Erziehungszielen in der sowjetischen Besatzungszone 1945-1947«, in: *Pädagogik und Schulalltag* 46 (1991), S. 410-422.
Geißler, R. (1991), »Umbruch und Erstarrung in der Sozialstruktur der DDR«, in: Glatzer, W., Hg., *Die Modernisierung moderner Gesellschaften* (25. Deutscher Soziologentag), Opladen, 520-524.
»Gesetz über die sozialistische Entwicklung des Schulwesens in der DDR vom 2. 12. 1959«, in: *Karteibuch des Schulrechts der DDR* C/3 (1959), S. 1/2.
»Gesetz für das einheitliche sozialistische Bildungssystem vom 25. 2. 1965« (1988), in: *Sozialistisches Bildungsrecht. Volksbildung. Allgemeine Bestimmungen*, Berlin, 6-34.
Giddens, A. (1983), »Klassenspaltung, Klassenkonflikt und Bürgerrechte«, in: Kreckel, R., Hg., *Soziale Ungleichheiten*, Göttingen, 17-33.
Giddens, A. (1984), *Die Klassenstruktur fortgeschrittener Gesellschaften*, Frankfurt/M.
Glaeßner, H. J./J. Rudolph (1978), *Macht durch Wissen. Zum Zusammenhang von Bildungspolitik, Bildungssystem und Kaderqualifizierung in der DDR*, Opladen.
Grünberg, C. (1976), *Die soziale Herkunft und die Lebenspläne von Abiturienten in Klassen mit erweitertem Russischunterricht*. Dissertation. Berlin.
Gruner, P., »›Nun dachte ich jetzt fängt's neu an, nun soll's sozial werden...‹. Zur Politik des Neulehrer-Mythos«, in: *Zeitschrift für Pädagogik* 41 (1995) 6, S. 943-957.
Gruschka, A. (1988), *Negative Pädagogik*, Wetzlar.
Gruschka, A., »Abiturienten auf dem Weg nach oben«, in: *Pädagogische Korrespondenz* 10 (1991/1992), S. 72-83.
Gstettner, P./P. Seidl (1975), *Sozialwissenschaft und Bildungsreform*, Köln.

Haas, W., »Die soziale Gruppe der Un- und Angelernten in der Sozialstruktur der Arbeiterklasse in der DDR«, in: *Informationen zur soziologischen Forschung in der DDR* 24 (1988) 4, S. 25-34.
Habermas, J. (1962), *Strukturwandel der Öffentlichkeit*, Neuwied.
Habermas, J. (1981), *Theorie des kommunikativen Handelns. 2 Bde.*, Frankfurt/M.
Haft, H. et al. (1986), *Lehrplanarbeit in Kommissionen. Ergebnisse einer Untersuchung des Instituts für die Pädagogik der Naturwissenschaften*, Kiel.
Haft, H./S. Hopmann, »Strukturen staatlicher Lehrplanarbeit«, in: *Zeitschrift für Pädagogik* 33 (1987), S. 381-399.
Hage, K./J. Staupe (1985), *Schulrecht von A bis Z*, München.
Hager, K., »Die entwickelte sozialistische Gesellschaft. Aufgaben der Gesellschaftswissenschaften nach dem VIII. Parteitag«, in: *Einheit* 11 (1971).
Handl, J., »Mehr Chancengleichheit im Bildungssystem. Erfolg der Bildungsreform oder statistisches Artefakt?«, in: *Kölner Zeitschrift für Soziologie und Sozialpsychologie* 37 (1985), S. 698-722.
Hansen, R./H. G. Rolff (1990), »Abgeschwächte Auslese und verschärfter Wettbewerb – Neuere Entwicklungen in den Sekundarschulen«, in: Rolff, H. G. et al., Hg., *Jahrbuch der Schulentwicklung, Bd. 6*, Weinheim, 45-80.
Hanushek, C. A., »Throwing Money at Schools«, in: *Journal of Policy Analysis and Management* 1 (1981), S. 19-41.
Heidenreich, M., »Zur Doppelstruktur planwirtschaftlichen Handelns in der DDR«, in: *Zeitschrift für Soziologie* 20 (1991) 6, S. 411-429.
Heuer, U.-J. (1965), *Demokratie und Recht im Neuen Ökonomischen System der Planung und Leitung der Volkswirtschaft*, Berlin.
Hoffmann, S. et al. (1987), *Der Übergang von der Schule in die berufliche Ausbildung. Forschungsbericht* (Akademie der Pädagogischen Wissenschaften der DDR [Abteilung Soziologie des Bildungswesens]), Berlin.
Honecker, M., »Mit guten Leistungen zum VII. Pädagogischen Kongreß. Referat auf der Schrittmacherkonferenz der Pädagogen in Magdeburg vom 18./19. 11. 1969«, in: *Deutsche Lehrerzeitung (DLZ-Information)* 48 (1969), S. 3-22.
Honecker, M. (1989), *Unser sozialistisches Bildungssytem – Wandlungen, Erfolge, neue Horizonte.* IX. Pädagogischer Kongreß der DDR, Berlin.
Hopf, D. (1970), *Differenzierung in der Schule*, Stuttgart.
Hopmann, S./K. Riquarts (1994), *Didaktik und/oder Curriculum. Beitrag zum Symposium ›Didaktik and/or Curriculum‹ des Instituts für die Pädagogik der Naturwissenschaften (IPN) im Oktober 1993*, Kiel.
Horn, K. (1967), *Dressur oder Erziehung. Schlagrituale und ihre gesamtgesellschaftliche Funktion*, Frankfurt/M.
Hornstein, W./C. Lüders, »Professionalisierungstheorie und pädagogische Theorie«, in: *Zeitschrift für Pädagogik* 35 (1989), S. 749-769.

Hübner, P., »Balance des Ungleichgewichts. Zum Verhältnis von Arbeiterinteressen und SED-Herrschaft«, in: *Geschichte und Gesellschaft* 19 (1993), S. 15-28.
Hüfner, J. et al. (1986), *Hochkonjunktur und Flaute: Bildungspolitik in der BRD. 1967-1980*, Stuttgart.
Hughes, E. C. (1958), *Men and Their Work*, Glencoe, Ill.
Huschner, A. (1996), *Schulen und Klassen mit erweitertem Russischunterricht im Schulsystem der DDR (1952/53- 1989/90)*. Manuskript.
Hylla, E., »Zur ›Einzügigkeit‹ des amerikanischen Schulaufbaus«, in: *Pädagogik* 1 (1946), S. 22-29.

Ingenkamp, K. H., »Zur Diskussion über die Leistungen unserer Berufs- und Studienanfänger«, in: *Zeitschrift für Pädagogik* 32 (1986) 1, S. 1-29.
Institut für Arbeitsmarkt- und Berufsforschung und Max-Planck-Institut für Bildungsforschung (Hg.) (1976), *Bedarfsprognostische Forschung in der Diskussion. Probleme, Alternativen und Forschungsnotwendigkeiten aus der Sicht der Arbeitsmarkt-, Berufs- und Bildungsforschung*, Frankfurt/M.

Jańossy, F. (1966), *Das Ende der Wirtschaftswunder*, Frankfurt/M.
Jencks, C. S. et al. (1972), *Inequality: A Reassessment of the Effect of Family and Schooling in America*, New York.

Kaelble, H./J. Kocka/H. Zwahr (Hg.) (1994), *Sozialgeschichte der DDR*, Stuttgart.
Kamens, D. H./A. Benavot (1992), »A Comparative and Historical Analysis of Mathematics and Science Curricula. 1800-1989«, in: Meyer, J. W./D. H. Kamens/A. Benavot, eds., *School Knowledge for the Masses: World Models and National Primary Curricular Categories in the Twentieth Century* (Studies in Curriculum History Series. 19), Washington, D. C.; London, 101-123.
Kamens, D. H./J. W. Meyer/A. Benavot, »World Wide Patterns in Academic Secondary Education Curricula«, in: *Comparative Education Review* 40 (1996) 2, S. 116-138.
Karsten, F./A. Meier/I. Steiner (1975), *Einheitliche Oberschulbildung und differenzierte Sozialstruktur* (Akademie der Pädagogischen Wissenschaften der DDR [Institut für pädagogische Theorien, Abteilung Soziologie des Bildungswesens]), Berlin.
Kern, H./R. Land, »Der ›Wasserkopf‹ oben und die ›Taugenichtse‹ unten«, in: *Frankfurter Rundschau* (13. 2. 1991), S. 16-17.
Kirchhöfer, D., »Die Werte des Sozialismus im Lehrplanwerk«, in: *Informationen der Akademie der Pädagogischen Wissenschaften der DDR* 3 (1987), S. 30-49.
Klein, Th., »Arbeitslosigkeit und Wiederbeschäftigung im Erwerbsverlauf«, in: *Kölner Zeitschrift für Soziologie und Sozialpsychologie* 42 (1990), S. 688-705.

Klingberg, L. (1962), *Pädagogische Führung und Selbsttätigkeit in der sozialistischen Schule*, Berlin.

Kluchert, G. (1995), *Die religiöse und ethnische Unterweisung von Kindern und Jugendlichen durch die evangelischen Kirchen in der DDR*. Manuskript.

Knab, D. (1981), »Curriculumreform zwischen theoretischem Anspruch und Realisierungsproblemen. Versuch einer Zwischenbilanz für die BRD«, in: Hörner, W./D. Waterkamp, Hg., *Curriculumentwicklung im internationalen Vergleich*, Weinheim; Basel, 177-217.

Knab, D., »Schritte auf dem Weg zu einer demokratischen Schulverfassung«, in: *Recht der Jugend und des Bildungswesens* 35 (1987), S. 248-254.

Knauer, A. (1976), »Technische Revolution und Berufsbildung«, in: *Technische Revolution und Berufsbildung* (Wissenschaftliche Schriftenreihe der Humboldt-Universität), Berlin, 25-50.

Knipping, H., »Sorgen mit dem Nachwuchs? Gründe und Hintergründe der Berufswahl unserer Schüler und der Einfluß der Pädagogen«, in: *Deutsche Lehrerzeitung* 2 (1973), S. 3-5.

Köhler, H. (1990), *Neue Entwicklungen des relativen Schul- und Hochschulbesuchs. Eine Analyse der Daten für 1975-1987* (Materialien aus der Bildungsforschung. 37), Berlin.

Köhler, H./G. Schreier (1990), »Statistische Grunddaten zum Bildungswesen«, in: Bundesministerium für Innerdeutsche Beziehungen, Hg., *Vergleich von Bildung und Erziehung in der BRD und in der DDR* (Materialien zur Lage der Nation), Köln, 112-156.

Köhler, H. (1992), *Bildungsbeteiligung und Sozialstruktur in der Bundesrepublik* (Studien und Berichte des Max-Planck-Instituts für Bildungsforschung. 53), Berlin.

Köhler, H., »Qualifikationsstruktur und Hochschulentwicklung in der DDR und der BRD«, in: *Mitteilungen aus der Arbeitsmarkt- und Berufsforschung* 28 (1995) 1, S. 46-54.

Köhler, H. (1996), *Konzept für ein Datenhandbuch zur Schulgeschichte der SBZ/DDR und Perspektiven für die Analyse der Daten*. Manuskript.

Köhler, H. (1996), »Bildung ist Ländersache. Zur Entwicklung des Schulwesens im föderalistischen Staat«, in: *Zeitschrift für Pädagogik (Die Institutionalisierung von Lehren und Lernen. Beiheft 34.)* Weinheim; Basel, 49-70.

Körner, W./H. Schröder, »Die Rolle der Bildung im gesellschaftlichen Reproduktionsprozeß und die Aufgaben der Bildungsökonomie«, in: *Pädagogische Forschung* 9 (1968) 5/6, S. 111-120.

Konrád, G./I. Szelényi (1978), *Die Intelligenz auf dem Weg zur Klassenmacht*, Frankfurt/M.

Koring, B., »Zur Professionalisierung der Lehrertätigkeit«, in: *Zeitschrift für Pädagogik* 35 (1989), S. 771-788.

Korn, K./H. Maier (1977), *Ökonomie und Bildung im Sozialismus*, Berlin.
Kornhauser, W. (1962), *Scientists in Industry. Conflict and Accomodation*, Berkeley.
Krahn, H., »Der Begriff ›Arbeiterkind‹ richtig angewendet«, in: *Die neue Schule* 6 (1951) 6, S. 131-132.
Krais, B. (1983), »Bildung als Kapital«, in: Kreckel, R., Hg., *Soziale Ungleichheiten* (Soziale Welt. Sonderband 2), Göttingen, 199-220.
Krais, B. (1984), »Qualifikationsstruktur«, in: Baethge, M./K. Nevermann, Hg., *Enzyklopädie Erziehungswissenschaften, Bd. 5: Organisation, Recht und Ökonomie des Bildungswesens*, Stuttgart, 540-546.
Krappmann, L. (1971), *Soziologische Dimensionen der Identität*, Stuttgart.
Krüger, W. (1983), »Professionalisierung durch den Staat« in: *Soziale Welt*, Jg. 1983, H. 4, S. 514-531.
Kultusministerkonferenz der Länder (KMK) (1965), *Kulturpolitik der Länder 1963 und 1964*, Bonn.
Kultusministerkonferenz der Länder (KMK) (1969), *Kulturpolitik der Länder 1967 und 1968*, Bonn.

Laaser, A. (1980), »Die Verrechtlichung des Schulwesens«, in: Max-Planck-Institut für Bildungsforschung, Projektgruppe Bildungsbericht, Hg., *Bildung in der BRD, Bd. 2*, Reinbek, 1343-1375.
Lange, M. G./E. Richert/O. Stammer (1954), »Das Problem der ›Neuen Intelligenz‹ in der sowjetischen Besatzungszone«, in: *Veritas-Justitia-Libertas. Festschrift zur 200-Jahrfeier der Columbia Universität New York* (überreicht von der Freien Universität Berlin und der Deutschen Hochschule für Politik), Berlin, 191-246.
Langen, E.-M. (1986), *Analyse der Qualifikationsnutzung des gesellschaftlichen Arbeitsvermögens – nach der Qualifikationsstruktur* (Akademie der Wissenschaften [Zentralinstitut für Wirtschaftswissenschaften]), Berlin.
Lenhardt, G. (1974), *Berufliche Weiterbildung und Arbeitsteilung in der Industrieproduktion*, Frankfurt/M.
Lenhardt, G. (1984), *Schule und bürokratische Rationalität*, Frankfurt/M.
Lenhardt, G., »›Ethnische Identität‹ und gesellschaftliche Rationalisierung«, in: *Prokla* 20 (1990), S. 132-154.
Lenhardt, G., »Bürgerlicher Universalismus und staatliche Schule«, in: *Das Recht der Jugend und des Bildungswesens* 44 (1996), S. 300-308.
Lepsius, M. R. (1989), »Das Erbe des Nationalsozialismus und die politische Kultur der Nachfolgestaaten des ›Großdeutschen Reiches‹«, in: Haller, M./H.-J. Hoffmann-Nowottny/W. Zapf, Hg., *Kultur und Gesellschaft. Verhandlungen des 24. Deutschen Soziologentages, des 11. Österreichischen Soziologentages und des 8. Kongresses der Schweizerischen Gesellschaft für Soziologie in Zürich 1988*, Frankfurt/M.; New York, 247-264.
Lepsius, M. R. (1992), »Das Bildungsbürgertum als ständische Vergesell-

schaftung«, in: Ders., Hg., *Bildungsbürgertum im 19. Jahrhundert, Teil 3*, Stuttgart, 8-18.
Lepsius, M. R. (1994), »Die Institutionenordnung als Rahmenbedingung der Sozialgeschichte der DDR«, in: Kaelble, H./J. Kocka/H. Zwahr, Hg., *Sozialgeschichte der DDR*, Stuttgart, 17-30.
Leschinsky, A./P. M. Roeder (1980), »Didaktik und Unterricht in der Sekundarstufe 1 seit 1950: Entwicklung der Rahmenbedingungen«, in: Max-Planck-Institut für Bildungsforschung, Projektgruppe Bildungsbericht, Hg., *Bildung in der BRD. Daten und Analysen, Bd. 1*, Reinbek, 283-392.
Little, T. D. et al., »Children – Action Control. Beliefs About School Performance: How Do American Children Compare with German and Russian Children?«, in: *Journal of Personality and Social Psychology* 69 (1995) 4, S. 686-700.
Löbner, H., »Die Neuaufnahme von Oberschülern«, in: *Die neue Schule* 6 (1951) 8, S. 178/179.
Lötsch, M. (1981), »Annäherung von Arbeiterklasse und Intelligenz. Gesetzmäßigkeiten der Reduzierung sozialer Unterschiede zwischen körperlicher und geistiger Arbeit«, in: *Lebensweise und Sozialstruktur. Material des 3. Kongresses der Marxistisch-Leninistischen Soziologie in der DDR vom 25.-27. März 1980*, Berlin, 212-221.
Lötsch, M., »Arbeiterklasse und Intelligenz in der Dialektik von wissenschaftlich-technischem, ökonomischem und sozialem Fortschritt«, in: *Deutsche Zeitschrift für Philosophie* 33 (1985) 1, S. 31-41.
Lötsch, M./A. Meier (1988), »Das Verhältnis zwischen körperlicher und geistiger Arbeit, Qualifikation und Bildung«, in: Weidig, R., Hg., *Sozialstruktur der DDR*, Berlin, 176-209.
Lötsch, M. (1992), »Intelligenzproblematik in der DDR«, in: Fischer-Rosenthal, W./P. Alheit, Hg., *Biographien in Deutschland*, Opladen, 177-188.
Löwe, H. (1971), *Probleme des Leistungsversagens in der Schule*, Berlin.
Ludwig, U./H. Maier/J. Wahse (1972), *Bildung als ökonomische Potenz im Sozialismus*, Berlin.
Ludz, P. C. (1970), *Parteielite im Wandel*, Köln; Opladen.
Luhmann, N./K.-E. Schorr (1979), *Reflexionsprobleme im Erziehungssystem*, Stuttgart.
Lutz, B. (1976), »Bildungssystem und Beschäftigungsstruktur in Deutschland und Frankreich – Zum Enfluß des Bildungssystems auf die Gestaltung betrieblicher Arbeitskräftestrukturen«, in: Mendius, H. G. u. a. (Hg.), *Betrieb, Arbeitsmarkt, Qualifikation*, München.
Maier, H. (1977), »Das Wechselverhältnis von Bildung und Ökonomie in der entwickelten sozialistischen Gesellschaft«, in: Korn, K./H. Maier, *Ökonomie und Bildung im Sozialismus*, Berlin, 15-45.
Mallet, S. (1972), *Die neue Arbeiterklasse*, Neuwied.

Marshall, T.H. (1965 a), »Citizenship and Social Class«, in: Lipset, S.M., ed., *Class, Citizenship and Social Development. Essays by T.H. Marshall*, Garden City, N.Y., 71-134.
Marshall, T.H. (1965 b), »The Recent History of Professionalism in Relation to Social Structure and Social Policy«, in: Lipset, S.M., ed., *Class, Citizenship, and Social Development. Essays by T.H. Marshall*, Garden City, N.Y., 158-179.
Marx, K. (1952), »Kritik des Gothaer Programms«, in: Marx, K./F. Engels, *Ausgewählte Schriften, (MEAS) Bd. II*, Berlin, 7-40.
Marx, K. (1953), *Grundrisse der Kritik der politischen Ökonomie, MEW, Bd. 42*, Berlin.
Marx, K. (1973), *Das Kapital. Zur Kritik der politischen Ökonomie, Bd. 1. MEW, Bd. 23*, Berlin.
Marx, K. (1973), »Zur Kritik der Hegelschen Rechtsphilosophie. Kritik des Hegelschen Staatsrechts (§§ 261-313)«, in: *MEW, Bd. 1*, Berlin, 201-336.
Marx, K. (1973), »Zur Judenfrage«, in: *MEW, Bd. 1*, Berlin, 347-377.
Marx, K. (1973), »Ökonomisch-philosophische Manuskripte aus dem Jahr 1844«, in: *MEW, Ergänzungsbd. I*, Berlin, 465-590.
Marx, K./F. Engels (1973), »Manifest der Kommunistischen Partei«, in: *MEW, Bd. 4*, Berlin, 459-493.
Marx, K./F. Engels (1973), *Die deutsche Ideologie. MEW, Bd. 3*, Berlin.
Marz, L., »Dispositionskosten des Transformationsprozesses«, in: *Aus Politik und Zeitgeschichte* B 24 (1992), S. 3-14.
Mason, T. (1975), *Arbeiterklasse und Volksgemeinschaft*, Opladen.
Mayer, K.U./H.-P. Blossfeld 1990, »Die gesellschaftliche Konstruktion sozialer Ungleichheit im Lebensverlauf«, in: Berger, P.A./S. Hradil, Hg., *Lebenslagen, Lebensläufe, Lebensstile* (Soziale Welt. Sonderband 7), Göttingen, 87-111.
Mayer, K.U., »Lebensverlauf und Bildung. Ergebnisse aus dem Forschungsprojekt ›Lebensverläufe und gesellschaftlicher Wandel‹ des Max-Planck-Instituts für Bildungsforschung«, in: *Unterrichtswissenschaft* 19 (1991), S. 313-332.
Meier, A. (1974), *Soziologie des Bildungswesens*, Berlin.
Meier, A., »Schule und Dialektik der Sozialstruktur in der sozialistischen Gesellschaft«, in: *Deutsche Zeitschrift für Philosophie* 23 (1975) 10, S. 1331-1340.
Meier, A., »Bildung als Wertorientierung sozialistischer Persönlichkeiten«, in: *Deutsche Zeitschrift für Philosophie* 26 (1978) 7, S. 841-855.
Meier, A. et al. (1978), *Zur sozialistischen Lebensweise älterer Schüler, Bd. 1-3. Forschungsbericht* (Akademie der Pädagogischen Wissenschaften der DDR [Abteilung Soziologie des Bildungswesens]), Berlin.
Meier A. et al. (1980), *Lebensbedingungen und Lebensweise von Schuljugendlichen, Bd. 1-3 Forschungsbericht* (Akademie der Pädagogischen

Wissenschaften der DDR [Abteilung Soziologie des Bildungswesens]), Berlin.

Meier, A. et al. (1983), *Soziale Erfahrungen der Schuljugend in ihrer Bedeutung für deren Bewußtseinsentwicklung und Erziehung. Forschungsbericht* (Akademie der Pädagogischen Wissenschaften der DDR [Abteilung Soziologie des Bildungswesens]), Berlin.

Menck, P., »Lehrplanentwicklung nach Robinsohn«, in: *Zeitschrift für Pädagogik* 33 (1987) 3, S. 363-380.

Mertens, D. (Hg.) (1988³), *Konzepte der Arbeitsmarkt- und Berufsforschung* (Beitr AB. 70). Nürnberg.

Messmer, H., »Pädagogische Verfremdung der industriellen Tätigkeit in der produktiven Arbeit der Schüler«, in: *Die deutsche Schule* 67 (1975) 7/8, S. 451-471.

Messmer, H., »Die Politechnikmalaise«, in: *Pädagogische Forschung* 31 (1990) 5/6, S. 158-170.

Messmer, H. (1991), *Historische und aktuelle Aspekte der Sekundarschulreform in Deutschland-Ost*. Manuskript, erstellt für das Centro di Iniziativa e di Ricerca sul Sistema Educativo e Scientifico (CIRSES).

Meulemann, H. (1992), »Expansion ohne Folgen? Bildungschancen und sozialer Wandel in der Bundesrepublik«, in: Glatzer, W., Hg., *Entwicklungstendenzen der Sozialstruktur*, Frankfurt/M., 123-156.

Meuschel, S. (1992), *Legitimation und Parteiherrschaft in der DDR*, Frankfurt/M.

Meyer, J. W./R. Rubinson, »Education and Political Development«, in: *Review of Research in Education* 3 (1975) 2, S. 134-162.

Meyer, J. W., »The Effects of Education as an Institution«, in: *American Journal of Sociology* 83 (1977) 1, S. 55-77.

Meyer, J. W. et al., »Public Education as Nation-Building in America: Enrollments and Bureaucratization in the American States, 1870-1930«, in: *American Journal of Sociology* 85 (1979) 3, S. 591-613.

Meyer, J. W./D. H. Kamens/A. Benavot (eds.) (1992), *School Knowledge for the Masses: World Models and National Primary Curricular Categories in the 20. Century* (Studies in Curriculum History Series. 19), Washington, D. C.; London.

Meyer, J. W./F. O. Ramirez/Y. Soysal, »World Expansion of Mass Education, 1870-1980«, in: *Sociology of Education* 65 (1992), S. 128-149.

Mitter, W. (1990), »Grundfragen und Überblick«, in: Bundesministerium für Innerdeutsche Beziehungen, Hg., *Vergleich von Bildung und Erziehung in der BRD und in der DDR* (Bericht zur Lage der Nation), Köln, S. 171-200.

Mitter, W. (1991), »Allgemeinbildendes Schulwesen – Grundfragen und Überblick«, in: Anweiler, O., Hg., *Vergleich von Bildung und Erziehung in der BRD und in der DDR* (Bundesministerium für innerdeutsche Beziehungen), Köln, 171-200.

Monahan, S. C./J. W. Meyer/W. R. Scott (1993), »Employee Training: The Expansion of Organizational Citizenship«, in: Scott, W. R./J. W. Meyer, eds., *Institutional Environments and Organizations*, London; New Delhi, 257-271.

Müller, S. F./H. E. Tenorth (1977), »Professionalisierung der Lehrertätigkeit«, in: Baethge, M./K. Nevermann, Hg., *Organisation, Recht und Ökonomie des Bildungswesens* (Enzyklopädie für Erziehungswissenschaft. 5), Stuttgart, 153-171.

Müller, W./D. Haun, »Bildungsungleichheit im sozialen Wandel«, in: *Kölner Zeitschrift für Soziologie und Sozialpsychologie* 46 (1994), S. 1-42.

Nakath, D. (1990), »Zu einigen Aspekten der quantitativen Entwicklung der Intelligenz in der DDR in den Jahren 1955-1961«, in: *Wissenschaftliche Zeitschrift der Humboldt-Universität*, Reihe Gesellschaftswissenschaften, Jg. 39, H. 7, S. 552-559.

Neumann, D./J. Oelkers, »Verwissenschaftlichung als Mythos?«, in: *Zeitschrift für Pädagogik* 30 (1984), S. 229-252.

Neuner, G., »Sozialistische Allgemeinbildung und Lehrplanwerk«, in: *Pädagogik* 41 (1986) 2, S. 102-120.

Neuner, G., »Neue Lehrpläne und schöpferische Unterrichtsgestaltung«, in: *Deutsche Lehrerzeitung* 35 (1988) 11, S. 3-5.

Neuner, G. (1989), *Allgemeinbildung. Konzeption, Inhalt, Prozeß*, Berlin.

Neuner, G., »Das Einheitsprinzip im DDR-Bildungswesen«, in: *Zeitschrift für Pädagogik* 43 (1997) 2, S. 261-277.

Nickel, H.-M., »Geschlechtersozialisation in der DDR. Oder: Zur Rekonstruktion des Patriarchats im realen Sozialismus«, in: *Zeitschrift für Sozialisationsforschung und Erziehungssoziologie. Sozialisation im Sozialismus* Beiheft 1 (1990), S. 17-32.

Nitsch, W. et al. (1965), *Hochschule in der Demokratie*, Berlin; Neuwied.

Oevermann, U. (1972), *Sprache und soziale Herkunft*, Frankfurt/M.

Oevermann, U., »Die falsche Kritik an der kompensatorischen Erziehung«, in: *Neue Sammlung* 14 (1974) 6, S. 537-568.

Oevermann, U. (1981), *Professionalisierung der Pädagogik – Professionalisierbarkeit pädagogischen Handelns*. Manuskript.

Offe, C. (1975), *Berufsbildungsreform. Eine Fallstudie über Reformpolitik*, Frankfurt/M.

Offe, C. (1983), »Arbeit als soziologische Schlüsselkategorie?«, in: Matthes, J., Hg., *Krise der Arbeitsgesellschaft* (Verhandlungen des 21. Deutschen Soziologentages in Bamberg 1982), Frankfurt/M.; New York, 38-65.

Olk, T. (1986), *Abschied vom Experten*, Weinheim.

Paffrath, F. H. (1994²), *Die Wendung aufs Subjckt*, Weinheim.
Parsons, T. (1964), »Die akademischen Berufe und die Sozialstruktur«, in: Ders., *Soziologische Theorie*, Neuwied; Berlin, 160-179.
Parsons, T. (1968 a), *Professions in Encyclopedia of the Social Sciences, Vol. 12*, New York, 536-547.
Parsons, T. (1968 b), »Die Schulklasse als soziales System«, in: Ders., *Sozialstruktur und Persönlichkeit*, Frankfurt/M., 161-193.
Pfeffer, G./Y. Cohen, »Labor Markets in Organization«, in: *Administrative Science Quarterly* 29 (1984), S. 550-572.
Picht, G. (1965), *Die deutsche Bildungskatastrophe*, München.
Pirker, T. et al. (1995), *Der Plan als Befehl und Fiktion*, Opladen.
Platt, G. M./T. Parsons (1990), *Die amerikanische Universität*, Frankfurt/M.
Popitz, H. et al. (1957), *Technik und Industriearbeit*, Tübingen.
Popitz, H. et al. (1961), *Das Gesellschaftsbild des Arbeiters*, Tübingen.
Powell, W. W./P. J. DiMaggio (eds.) (1991), *The New Institutionalism in Organizational Analysis*, Chicago; London.
Psacharopoulos, G./M. Woodhall (1985), *Education for Development*, Oxford.
Pütz, H. (1974), *Innerparteiliche Willensbildung*, Mainz.
Purkey, S. C./M. S. Smith (1991), »Wirksame Schulen – Ein Überblick über die Ergebnisse der Schulwirkungsforschung in den Vereinigten Staaten«, in: Aurin, K., Hg., *Gute Schulen – Worauf beruht ihre Wirksamkeit?*, Bad Heilbrunn, 13-45.

Ramirez, F. R./J. Weiss (1979), »The Political Incorporation of Women«, in: Meyer, J. W./M. T. Hannan, eds., *National Development and the World System. Educational, Economic and Political Change. 1950-1970*, Chicago; London, 238-252.
Ramirez, F. O./J. Boli-Bennett (1982), »Global Patterns of Educational Institutionalization«, in: Altbach, Ph. G./B. F. Arnov/G. P. Kelly, eds., *Comparative Education*, New York; London, 15-38.
Ramirez, F. O./J. Boli, »The Political Construction of Mass Schooling: European Origins and Worldwide Institutionalization«, in: *Sociology of Education* 60 (1987) 2, S. 2-18.
Raschert, J. (1980), »Bildungspolitik im kooperativen Föderalismus«, in: Max-Planck-Institut für Bildungsforschung, Projektgruppe Bildungsbericht, Hg., *Bildung in der BRD, Bd. 1*, Reinbek, 103-216.
Reinhardt, S. (1972), *Zum Professionalisierungsprozeß des Lehrers*, Frankfurt/M.
Reyher, L./E. Spitznagel/G. Kretschmer, »Das gesamtwirtschaftliche Stellenangebot. Umfang, Struktur, Besetzungsprobleme«, in: *Mitteilungen aus der Arbeitsmarkt- und Berufsforschung* 23 (1990) 3, S. 347-372.

Richter, I., »Schule, Schulverfassung und Demokratie«, in: *Recht der Jugend und des Bildungswesens* 35 (1987), S. 254-262.
»Richtlinie für die Arbeiter- und Bauernfakultäten (bisher Vorstudienanstalten) an den Universitäten und Hochschulen der sowjetischen Besatzungszone Deutschland«, in: *Forum* 3 (1949) 7, S. 27.
»Richtlinie für die Aufnahme der Schüler in die Mittel- und Oberschule v. 12. 12. 1955«, in: *Karteibuch des Schulrechts der DDR* B/2 (1955), S. 5.
Rosenbladt, B. von, »Fachkräftemangel und Arbeitslosigkeit. Wann und wie wird Arbeitskräftenachfrage beschäftigungswirksam?«, in: *Mitteilungen aus der Arbeitsmarkt- und Berufsforschung* 23 (1990) 3, S. 373-385.
Roth, H. (Hg.) (1968), *Begabung und Lernen*, Stuttgart.
Rottenburg, R., »Der Sozialismus braucht den ganzen Menschen«, in: *Zeitschrift für Soziologie* 20 (1991) 4, S. 305-322.
Rudolph, W., »Entwicklung und Nutzung der Qualifikaion der Facharbeiter als Faktor ökonomischer Effektivität«, in: *Deutsche Zeitschrift für Philosophie* 33 (1985) 1, S. 53-62.
Rudolph, W., »Zum Verhältnis von Allgemeinbildung und Spezialbildung im einheitlichen sozialistischen Bildungssystem«, in: *Pädagogik* 41 (1986) 10, S. 757-767.

Sachse, E. (1965), *Technische Revolution und Qualifikation der Werktätigen*, Berlin.
Sarfatti-Larson, M. (1977), *The Rise of Professionalism*, Los Angeles; London.
Schaeffer, D. (1992), »Tightrope Walking. Handeln zwischen Pädagogik und Therapie«, in: Dewe, B./W. Ferchhoff/F.-O. Radtke, Hg., *Erziehen als Profession*, Opladen, 200-229.
Schelsky, H. (1963), *Anpassung oder Widerstand?*, Heidelberg.
Schmiede, R./E. Schudlich (1976), *Die Entwicklung der Leistungsentlohnung in Deutschland*, Frankfurt/M.
Schreier, G., »Zur Entwicklung der regionalen Bildungsbeteiligung in der DDR«, in: *Bildung und Erziehung* 43 (1990) 1, S. 79-96.
Schubert, v. (1994), »Schule in Nichu und Rebhausen«, in: Thofern, D./S. Gabbani/W. Vosse, Hg., *Rationalität im Diskurs*, Marburg, 155-166.
Schütze, Y./D. Geulen (1983), »Die ›Nachkriegskinder‹ und die ›Konsumkinder‹. Kindheitsverläufe zweier Generationen«, in: Preuss-Lausitz, U. et al., Hg., *Kriegskinder, Konsumkinder, Krisenkinder*, Weinheim; Basel, 29-52.
Schultz, Th. W. , »Investment in Human Capital«, in: *American Economic Review* 51 (1961), S. 1-17.
Scott, W. R. (1994), »Institutions and Organizations: Towards a Theoretical Synthesis«, in: W. R. Scott/J. W. Meyer, eds., *Institutional Environments and Organizations*, London; New Delhi, 55-81.
Sekretariat der Ständigen Konferenz der Kultusminister der Länder in der

BRD (Hg.) (1994), *Schüler, Klassen, Lehrer und Absolventen der Schulen 1984-1993* (Statistische Veröffentlichungen der Kultusministerkonferenz; Dokumentation. 129), Bonn.

Sladek, H. (1993), »Das Erziehungsprogramm von 1947 und das allmähliche Entstehen der Staatspädagogik in der DDR«, in: Benner, D./J. Schriemer/H. E. Tenorth, Hg., *Deutsche Bildungsgeschichte seit 1946* (Arbeitstexte aus dem Institut für allgemeine Pädagogik der Humboldt-Universität. 2), Berlin, 9-26.

Solga, H. (1995), *Auf dem Weg in eine klassenlose Gesellschaft? Klassenlagen und Mobilität zwischen Generationen in der DDR*, Berlin.

Sozialismus – Wissenschaft – Produktivkraft. Über die Rolle der Wissenschaft beim umfassenden Aufbau des Sozialismus in der Deutschen Demokratischen Republik (1963), Berlin.

Soziologische Probleme der Bildung und Erziehung des Nachwuchses der Arbeiterklasse (1974): *Forschungsbericht* (Akademie der Pädagogischen Wissenschaften der DDR [Institut für pädagogische Theorien, Abteilung Soziologie des Bildungswesens]), Berlin.

Statistisches Bundesamt (Hg.) (1994), *Datenreport 1994. Zahlen und Fakten über die Bundesrepublik Deutschland*, Bonn.

Steiner, I. (1986), *Struktur der Allgemeinbildung und Berufsbildung der Wohnbevölkerung der DDR* (Akademie der Pädagogischen Wissenschaften der DDR [Abteilung Bildungssoziologie]), Berlin.

Stephan, H./E. Wiedemann, »Lohnstruktur und Lohndifferenzierung in der DDR«, in: *Mitteilungen aus der Arbeitsmarkt- und Berufsforschung* 23 (1990) 4, S. 550-562.

Stephens, J. M. (1967), *The Process of Schooling*, New York.

Stock, M. (1991), »Jugendliche Subkulturen in Ostdeutschland«, in: Büchner, P./H.-H. Krüger, Hg., *Aufwachsen hüben und drüben*, Opladen, 257-266.

Stock, M./M. Tiedtke (1992), *Schüler erfahren die Wende. Schuljugendliche in Ostdeutschland im gesellschaftlichen Transformationsprozeß*, Weinheim; München.

Streich, U. (1975), *Der Zusammenhang zwischen vorzeitigem Schulabgang und familialen Lebensbedingungen*. Dissertation. Berlin.

Studie 1989 (1989), *Ökonomie und Planung des einheitlichen sozialistischen Bildungssystems im Prozeß der umfassenden Intensivierung der Volkswirtschaft der DDR* (Akademie der Pädagogischen Wissenschaften der DDR [Institut für Ökonomie und Planung des Volksbildungswesens]), Berlin.

Sutton, J. R. et al., »The Legalization of the Work Place«, in: *American Journal of Sociology* 99 (1994), S. 944-971.

Szelény, I., »The Intelligentsia in the Class Structure of State – Socialist Societies«, in: *American Journal of Sociology* 88 (Supplement) (1982), S. 287-327.

Szelényi, I., »The Prospects and Limits of the East European New Class Project: An Autocritical Reflection in ›The Intellectuals on the Road to Class Power‹«, in: *Politics and Society* 15 (1986/1987), S. 103-145.

Teichmann, H., »Die Ansprüche der Eltern an die Schulleistung ihrer Kinder«, in: *Probleme und Ergebnisse der Psychologie* 31 (1969), S. 45-79.

Tenorth, H.-E. (1977), »Professionen und Professionalisierung«, in: *Der Lehrer und seine Organisation* (Veröffentlichungen der Historischen Kommission der Deutschen Gesellschaft für Erziehungswissenschaft. 2), Stuttgart, 457-475.

Tenorth, H.-E., »Professionstheorie für die Pädagogik?«, in: *Zeitschrift für Pädagogik* 35 (1989), S. 809-824.

Tiedtke, M., »Vielfalt statt Einheit«, in: *Pädagogische Korrespondenz* 13 (1994), S. 5-21.

Trommer-Krug, L./L. Krappmann (1980), »Soziale Herkunft und Schulbesuch«, in: Max-Planck-Institut für Bildungsforschung, Hg., *Bildung in der BRD. Bd. 1*, Reinbek, 217-282.

Ulbricht, W. (1966), *Zum neuen ökonomischen System der Planung und Leitung*, Berlin.

»Verordnung über die Sicherung einer festen Ordnung an den allgemeinbildenden polytechnischen Oberschulen – Schulordnung – vom 29.11.1979« (1988), in: *Sozialistisches Bildungsrecht – Volksbildung. Allgemeine Bestimmungen*, Berlin, 109-125.

Wahse, J./R. Schaefer (1990), *Datenreport DDR-Arbeitsmarkt. Langfristige Zeitreihen* (Akademie der Wissenschaften der DDR [Institut für Wirtschaftswissenschaften]. trends & facts special, Nr. 1), Berlin.

Warren, R. L. (1967), *Education in Rebhausen*, New York; Chicago; Toronto; San Francisco; London.

Waterkamp, D. (1981), »Lehrplanreform in der DDR – eine Bilanz«, in: Hörner, W./D. Waterkamp, Hg., *Curriculumentwicklung im internationalen Vergleich*, Weinheim; Basel, 144-176.

Waterkamp, D. (1985), *Das Einheitsprinzip im Bildungswesen der DDR*, Köln.

Waterkamp, D. (1987), *Handbuch zum Bildungswesen der DDR*, Berlin.

Waterkamp, D. (1990), »Schule in der DDR – eine Bilanz«, in: Rolff, H. G. et al., Hg., *Jahrbuch der Schulentwicklung, Bd. 6*, Weinheim; München, 1-18.

Waterkamp, D. (1990), »Erziehung in der Schule«, in: Bundesministerium für Innerdeutsche Beziehungen, Hg., *Vergleich von Bildung und Erziehung in der BRD und in der DDR* (Materialien zur Lage der Nation), Köln, 261-277.

Weber, M. (1924), »Der Sozialismus«, in: Ders., *Gesammelte Aufsätze zur Soziologie und Sozialpolitik*, Tübingen, 492-518.
Weber, M. (1958), »Parlament und Regierung im neugeschaffenen Deutschland«, in: Ders., *Gesammelte politische Schriften*, Tübingen, 306-443.
Weber, M. (1963[5]), *Die protestantische Ethik und der Geist des Kapitalismus. Gesammelte Aufsätze zur Religionssoziologie, Bd. 1*, Tübingen, 17-206.
Weber, M. (1972[5]), *Wirtschaft und Gesellschaft (Studienausgabe)*, Tübingen.
Weber, M. (1982[5]), »Die ›Objektivität‹ sozialwissenschaftlicher und sozialpolitischer Erkenntnis«, in: Ders., *Gesammelte Aufsätze zur Wissenschaftslehre*, Tübingen, 146-214.
Weber, M. (1988[2]), »Diskussionsrede zu W. Sombartz' Vortrag über Technik und Kultur. Erste Soziologentagung. Frankfurt 1910«, in: Weber, M., *Gesammelte Aufsätze zur Soziologie und Sozialpolitik*, Tübingen, 451.
Wehler, H.-U. (1989), »Deutsches Bildungsbürgertum in vergleichender Perspektive – Elemente eines ›Sonderweges‹?«, in: Kocka, J., Hg., *Bildungsbürgertum im 19. Jahrhundert. Teil 4*, Stuttgart, 215-237.
Weinstock, H. (1955), *Realer Humanismus*, Heidelberg.
Wigger, L./K.-H. Walter/C. Hilbrich (1994), »Schulstrukturentwicklungen aus argumentationsanalytischer Sicht. Am Beispiel der Reform der Abiturstufe in der DDR«, in: Krüger, H. H./W. Marotzki, Hg., *Pädagogik und Erziehungsalltag in der DDR*, Opladen, 137-160.
Willis, P. (1982), *Spaß am Widerstand. Gegenkultur in der Arbeiterschule*, Frankfurt/M.
Wingens, M./A. Weymann (1988), *Die Verwendung soziologischen Wissens in der bildungspolitischen Diskussion* (Schriftenreihe des Instituts für empirische und angewandte Soziologie), Bremen.
Wörterbuch der marxistisch-leninistischen Soziologie, hrsg. von G. Aßmann et al. (1977[2], überarbeitete Auflage), Berlin.
Wolf, W., »Arbeitsteilung und kommunistische Erziehung«, in: *Pädagogik* 14 (1959) 4, S. 263-274.
Wong, S.-Y. (1992), »The Evolution and Organization of Social Science Curriculum«, in: Meyer, J. W./D. H. Kamens/A. Benavot, eds., *School Knowledge for the Masses: World Models and National Primary Curricular Categories in the Twentieth Century* (Studies in Curriculum History Series. 19), Washington, D. C.; London, 124-138.

Zaisser, E., »Wissenschaftlichkeit des Unterrichts – bewußtes Lernen. Kameradschaft«, in: *Die neue Schule* 8 (1953) 21, S. 5/6.
Zensuren, Prüfungen, Zeugnisse (1987), *Eine Zusammenstellung von Rechtsvorschriften*, Berlin.

Zimmermann, H. (1976), *Politische Aspekte in der Herausbildung, dem Wandel und der Verwendung des Konzepts ›Wissenschaftlich-Technische Revolution‹ in der DDR*. Referat für die IX. Tagung zum Stand der DDR-Forschung in der Bundesrepublik vom 8. bis 11. Juni 1976 in der Europäischen Akademie Lehrbach/Zentralinstitut für Sozialwissenschaftliche Forschung (ZIF) an der Freien Universität Berlin. Manuskript.

Zimmermann, H. (1978), *Die DDR im Zeichen der Honecker-Führung. Zu einigen Aspekten der innerpolitichen Situation der DDR*. Manuskript.

Zimmermann, H. (1994), »Überlegungen zur Geschichte der Kader und der Kaderpolitik in der SBZ/DDR«, in: Kaelble, H./J. Kocka/H. Zwahr, Hg., *Sozialgeschichte der DDR*, Stuttgart, 322-358.

Zymek, B., »Historische Voraussetzungen und strukturelle Gemeinsamkeiten der Schulentwicklung in Ost- und Westdeutschland nach dem Zweiten Weltkrieg«, in: *Zeitschrift für Pädagogik* 38 (1992), S. 942-962.

Namenregister

Abbott, A. 29, 84
Adam, K. 65
Adler, F. 19
Adorno, Th. W. 31, 34 ff., 60, 67, 120, 163, 171
Alheit, P. 96
Alt, R. 140 ff., 172 ff.
Altvater, E. 75
Anderson, B. 40
Anweiler, O. 12, 62, 141 f., 188
Aurin, K. 51
Averch, H. A. 51

Baethge, M. 79, 81
Baron, J. N. 83
Bartz, J. 90
Baske, S. 187
Basso, L. 75
Bathke, G.-W. 161
Baumert, J. 61, 101
Becker, C. H. 64
Becker, G. S. 39
Becker, H. 20, 48, 55, 82, 113, 163
Beckerhoff, D. 73
Behr, M. 85
Benavot, A. 27, 181 f.
Bendix, R. 14
Benner, D. 20, 175
Bertram, H. 102
Blossfeld, H.-P. 82, 97, 104
Bödeker, H. E. 163
Boli, J. 25
Boli-Bennett, J. 12
Boltanski, L. 83 f.
Bommes, M. 29, 32
Bourdieu, P. 53, 59, 83 f., 163
Bowles, S. 53
Brämer, R. 184
Bramhoff, M. 159
Bravermann, H. 14
Brunkhorst, H. 33
Buch, R. 164
Bücher, P. 67

Carr-Saunders, A. M. 18
Cha, Y.-K. 182
Cohen, Y. 83
Coleman, J. 51
Collins, R. 82
Cramer, U. 89
Czerwenka, K. 126, 128

Dahrendorf, R. 59, 70, 92 f.
Dannenbeck, C. 102
Deppe, R. 37, 209
Dewe, B. 29, 31 f., 85, 87
DiMaggio, P. J. 14
Ditton, H. 104
Dobbin, R. 83
Döbrich, P. 185
Dornbusch, S. M. 51
Dreeben, R. 28, 49, 51

Edding, F. 70, 75
Engels, F. 25, 165, 170 f., 176
Engler, W. 191

Fauser, P. 113, 120
Fend, H. 51
Ferchhoff, W. 29, 32, 87
Förtsch, E. 205
Frankenberg, G. 113 f.
Frankiewicz, H. 189
Freidson, E. 84
Freud, S. 31 f.
Friedeburg, L. von 55, 60, 71 f., 86, 102, 116 f.

Fritze, L. 162, 211
Fuchs, J. 76, 208
Führ, C. 29

Gapp, R. 152
Geissler, G. 142, 159
Geißler, R. 150
Geulen, D. 67
Giddens, A. 13, 215
Gintis, H. 53
Glaeßner, H. J. 207
Grünberg, C. 164
Gruner, P. 142
Gruschka, A. 36, 81
Gstettner, P. 71

Haas, W. 160
Habermas, J. 26, 114
Haft, H. 107f.
Hage, K. 119, 204
Hager, K. 204
Handl, J. 104
Hansen, R. 104
Hanushek, C. A. 51
Haun, D. 99, 104
Heidenreich, M. 209
Hilbrich, C. 151
Hoffmann, S. 159f., 164, 200f.
Honecker, M. 133, 160, 188, 204
Hopf, D. 51
Hopmann, S. 66, 107f.
Horn, K. 65
Hornstein, W. 29
Hoß, D. 37, 209
Huck, W. 185
Hübner, P. 210
Hüfner, J. 71
Hughes, E. C. 84f.
Huisken, F. 75
Huschner, A. 152
Hylla, E. 141

Ingenkamp, K. H. 105

Jencks, C. S. 51
Jennings, P. D. 83
Jochimsen, J. 73

Kamens, D. H. 27, 181f.
Kant, I. 34
Karsten, F. 164
Kern, H. 162
Kirchhöfer, D. 197
Klein, Th. 89
Klingberg, L. 176
Kluchert, G. 20, 48, 82, 146, 163
Knab, D. 106, 114
Knauer, A. 205
Knipping, H. 190
Köhler, H. 62, 98f., 103ff., 146ff.
Körner, W. 206
Kogon, E. 60
Konrád, G. 211
Koring, B. 29
Korn, K. 37
Kornhauser, W. 86
Krahn, H. 156
Krais, B. 37
Krappmann, L. 52, 59
Kretschmer, G 89
Krüger, W. 85

Laaser, A. 65, 73, 113, 117, 120
Land, R. 162
Lange, M. G. 157
Lenhardt, G. 54, 90
Lepsius, M. R 143, 164
Leschinsky, A. 62, 64, 108, 110
Little, T. D. 130
Löbner, H. 154, 155
Lötsch, M. 151, 212, 214
Löwe, H. 158
Ludwig, U. 37
Ludz, P. C. 207
Lutz, B. 83
Lüders, C. 29

Luhmann, N. 23, 53, 81
Luther, M. 17, 40 ff.
Maier, H. 37, 214
Mallet, S. 75
Marshall, T. H. 12 f., 18, 85, 165
Marx, K. 14, 25, 37, 134 ff., 164 ff., 191, 215
Marz, L. 163
Mason, T. 90
Mayer, K. U. 97, 104
Meier, A. 151, 158 ff., 163 f., 171, 192, 198 ff.
Menck, P. 107
Mertens, D. 37
Messmer, H. 152, 186, 189
Meulemann, H. 104
Meuschel, S. 155, 211
Meyer, J. W. 12, 27, 53, 91, 181 f.
Mitter, W. 137, 180 f.
Monahan, S. C. 91
Mor, D. 90
Müller, S. F. 29
Müller, W. 99, 104

Nakath, D. 206
Neumann, D. 29
Neuner, G. 150, 153, 177 f., 181, 183 f.
Nickel, H.-M. 147
Nitsch, W. 93

Oelkers, J. 29
Oevermann, U. 32 f., 59
Offe, C. 71, 73, 77
Otto, H.-U. 29, 85

Paffrath, F. H. 36
Parsons, T. 18, 30, 32, 85, 88
Passeron, J. C. 53, 59
Pfeffer, G. 50, 71, 83
Picht, G. 68 f.
Platt, G. M. 18, 30, 85
Popitz, H. 59, 86, 212
Powell, W. W. 14
Psacharopoulos, G. 37, 40
Pütz, H. 72
Purkey, S. C. 51
Radtke, F.-O. 29, 32, 87
Ramirez, F. O. 12, 15, 24 f.
Raschert, J. 109
Reinhardt, S. 29
Reyher, L. 89
Richert, E. 157, 206
Richter, I. 119
Riquarts, K. 66
Roeder, P. M. 62, 64, 108, 110
Rolff, H. G. 104
Rosenbladt, B. von 89
Roth, H. 75
Rottenburg, R. 163
Rubinson, R. 12, 15
Rudolph, J. 207
Rudolph, W. 240

Sachse, E. 205
Sarfatti-Larson, M. 84
Schaefer, R. 159
Schiller, F. 63
Schmidt, G. 185
Schmiede, R. 14
Schorr, K.-E. 23, 53
Schreier, G. 98, 147 ff.
Schröder, H. 206
Schubert, V. 63
Schudlich, E. 14
Schütze, Y. 67
Schultz, Th. W. 39
Scott, W. R. 14, 51
Seidl, P. 71
Sladek, H. 175 f.
Smith, M. S. 51
Solga, H. 148, 155, 160
Spitznagel, E. 89
Stammer, O. 157
Staupe, J. 119
Steiner, I. 160, 163 f.
Stephan, H. 162
Stephens, J. M. 51

Stock, M. 164, 200
Streich, U. 164
Sutton, J. R. 85
Szelény, I. 211, 215
Teichmann, H. 158
Tenorth, H.-E. 29
Tiedtke, M. 125
Trommer-Krug, L. 59

Ulbricht, W. 204

Wahse, J. 37, 159
Walter, K.-H. 151
Warren, R. L. 63, 65 f.
Waterkamp, D. 106, 151
Weber, M. 15, 22, 40 f., 43 ff., 60, 78 ff., 125, 146, 183, 209
Wehler, H.-U. 163
Weinstock, H. 69
Weiss, J. 24
Weymann, A. 71
Wiedemann, E. 162
Wigger, L. 151
Wilson, P. A. 18
Wingens, M. 71
Woidtke, B. 159
Wolf, W. 186
Wong, S.-Y. 182
Woodhall, M. 37, 40

Zaisser, E. 157
Zimmermann, H. 206 f., 209, 213
Zymek, B. 55, 64, 147

Sachregister

Abitur mit Facharbeiterbrief 187
Abiturklassen in der Berufsausbildung 147 f.
Abstammungsprestige, proletarisches 20, 153 ff.
Akademie der Pädagogischen Wissenschaften 177
Allgemeinbildende Polytechnische Oberschule (POS) 138, 150
Alliierte 55
Altersstatus 91
Anthropologie, pessimistische 65, 67
Arbeit, reale Subsumtion der 36
Arbeiter- und Bauernfakultäten 148, 154
Arbeitnehmerrechte 86
Arbeitserziehung 189
Arbeitskraft 13
Arbeitskräftebedarfsansatz 37, 74
Arbeitslosigkeit 89
Arbeitsmarktpolitik 90
Arbeitsorganisation, bürokratische 45
Arbeitsorganisation 15
Arbeitsorientierung 77, 79
Armut 90
Aufstiegsorientierung 163
Ausbildungsrecht 120
Autonomie, individuelle 33
Avantgardpartei 176

Basis-Überbau-Theorem 18, 19, 37
Beamtenrecht 118
Begabung 17, 39, 71, 74, 117, 142, 151, 173
Bekenntnisschulen 56, 60, 72, 97, 146
Berechtigungswesen 82 ff., 121 ff., 127
Berufliche Bildung 18, 71
Berufsausbildung mit Abitur 188
Berufskultur 78
Berufsordnung 41
Berufsverbände 88
Besoldungsrecht 120
Bildung, allgemeine 18
Bildung, berufliche 21
Bildung, polytechnische 37, 134 f., 175, 185 ff.
Bildungsbürgertum 19, 55, 75, 163, 212 ff.
Bildungsexpansion 202 ff.
Bildungsforschungseinrichtungen 70
Bildungskatastrophe 68
Bildungsmonopol 140
Bildungsökonomie 37 ff., 68 ff., 206
Bildungsplanung 72, 76, 137
Bildungspolitik 71
Bildungssoziologie 70 f.
Bischöfe 72
Blue Jeans 67
Bund-Länder-Kommission für Bildungsplanung 71
Bundesschulrecht 117
Bürgerrechte 65, 73 f., 76, 92 ff., 117 f., 132
Bürgerrolle 128
Bürokratie 43 ff., 168
Bürokratische Rationalisierung 78 ff.
Bürokratisierung 114

CDU 16 ff., 27
Chancengleichheit 93 f.
Charisma 46
Curricula 24, 27, 36, 48, 61, 62, 106 ff., 127, 136, 171 ff., 176 ff.

Deutsche Zentralverwaltung für Volksbildung 175
Deutscher Ausschuß für das Erziehungs- und Bildungswesen 56 ff.
Deutscher Ausschuß 62
Deutschunterricht 62 f.
Didaktik 66
Dienstleistungsarbeit 77
Differenzierung, funktionale 23
Direktorialverfassung 192
Distanzierung 196 ff.
Disziplin, sachliche 46
Duales System 17
Düsseldorfer Abkommen 56, 61

Egalitarismus, restriktiver 215
Einführung in die sozialistische Produktion 187
Einheitsfront 141
Einheitsschule 23, 27, 55 ff., 93 f., 140, 144 ff., 172
Elitebildung 160 ff.
Eliten 78
Elternrecht 72, 114, 116
Emanzipation 168
Enteignung 155
Entfremdung 168
Erweiterte Oberschule 138
Erziehung, kompensatorische 21
Eselsbrücke 52
Expertenherrschaft 137
Expertentum 29, 211

Fächerwahl 111, 125, 127, 185
Fachmenschentum 211
Fachunterricht 62 f., 108
Fachwissen 21, 43 ff., 48, 112
FDJ 197
Förderstufe 116
Freiheit, pädagogische 119
Frontalunterricht 64, 66
Funktionale Spezifizität 29

Geisteskultur 36, 70, 172
Geisteswissenschaftliche Bildung 177
Gemeinschaft 58
Gesamtschule 72, 94 ff.
Geschlechtsrollen 24, 59, 99, 146
Gesetz über das Einheitliche Sozialistische Bildungssystem 138, 151, 178
Gesetz über die Demokratisierung der deutschen Schule 174
Gesetz über die sozialistische Entwicklung des Schulwesens in der DDR 138, 175
Gesetz zur Demokratisierung der Deutschen Schule 55, 137, 141
Gesetzesvorbehalt 117
Gewaltverhältnis, besonderes 65, 113
Gleichheit 15, 27, 92, 124
Gleichheitsnorm 23 ff., 28, 94
Grundausbildung, berufliche 187 f.
Grundschule 144, 150

Halbbildung 33 ff.
Hand- und Kopfarbeit 36
Hauptschulkrise 124
Hauptschulreform 108 ff.
Heilsgewißheit 42
Humankapitaltheorie 39 ff.

Idealtypus 22
Identität 52
Individualisierung 26
Individualismus, institutionalisierter 28, 192 f.
Individualismus 77, 117

Intersubjektivität, praktische 169
Kader 213
Kapitalismus 34 ff., 132, 140
Karriereplanung 79
Kirche 64
Kirchen 56, 60
Kirchhain 72
Koedukation 99, 146
Konferenzverfassung 119
Konfession 60, 96
Kultur 34ff
Kulturmenschentum 43
Kultusministerkonferenz der Länder (KMK) 56, 61, 71, 110
Kurssystem 150

Landschulen 60, 72
Landschulreform 72, 99 ff., 147
Legitimität 113, 140
Lehrbücher 183
Lehrer 31 ff.
Lehreraufgaben 193 ff.
Lehrerbildner 108
Lehrerbildung 63 f., 108 f.
Lehrerrolle 64, 67, 118, 126 ff., 129, 136, 191 ff.
Lehrplan 183 ff.
Lehrplan, heimlicher 30
Lehrplan-Kommission 106 ff., 178
Leistung 127
Leistungsmotivation 130
Leistungsniveau 105
Leistungsprinzip 19, 28, 93
Lernen, lebenslanges 91
Lohnarbeit 13, 168
Luthertum 40 ff.

Macht 26
Markt 26
Marxismus-Leninismus 169 ff.
Mäßigungsrecht, 118
Materialismus, neokonservativer 37, 132
Materialismus 151
Max-Planck-Institut für Bildungsforschung 73
Mittelschule 150
Mobilität 81
Mobilität, soziale 162
Modernisierung 216 ff.

Nationalismus 68
Nationalsozialismus 132, 143
Nationsbildung 24
Naturphilosophie 175
Neoinstitutionalismus 15
Neokonservativer Materialismus 16 ff., 69
Neomarxismus 18, 75, 77, 93
Neue Arbeiterklasse 75 ff., 77
Neues Ökonomisches System der Planung und Leitung der Sozialistischen Volkswirtschaft (NÖS) 158, 204 ff.
Neuhumanismus 19
Neulehrer 142
Noten 50, 115, 128, 198

Objektivismus 169
Objektivität 21, 32, 43 ff., 48, 78, 136
Optimismus, anthropologischer 130
Ordnung, liberale 25

Pädagogische Hochschulen 108
Personalwesen, betriebliches 81 ff.
Polytechnische Bildung 177
Preußen 19, 82
Privatisierung 33, 97, 121 ff., 167
Produktive Arbeit (PA) 188
Produktivkräfte 134
Professionalismus 18, 29 ff., 85, 118, 126

Protestantische Ethik 60
Protestantismus 40 ff., 128

Qualifikation 43
Qualifikationsanforderungen 19
Qualifikationsbedarf 37 ff., 76, 143

Rationalisierung, bürokratische 43 ff.
Ratsverfassung 119
Rechtsaufsicht 120
Rechtsprechung 117
Rechtswissenschaft 120
Regionalismus 101 ff., 147
Religionsunterricht 97
Restauration 55
Revisionismus 134
Revolutionstheorie 164

Sachzwang 47
Sachzwangideologie 75
Schichten, soziale 59
Schichtenspezifische Ungleichheit 102 ff., 158 ff.
Schichtensystem 162
Schulabbrecher 122
Schulaufsicht 114, 120
Schulautonomie 119
Schüler 30
Schülerrolle 49 ff.; 64, 67, 117, 126 ff., 136, 191 ff.
Schulgartenunterricht 188
Schulleitung 192
Schulordnung 191, 197 f.
Schulorganisation 49 ff., 61
Schulpflicht 36, 50, 121, 150
Schulrecht 65
Schulstrafen 65 ff.
Schulverfassung 119
Schulversagen 127 ff.
Schulzufriedenheit 129 f., 199 ff.
Selektion 116 ff., 122, 154, 158, 200
Sitzenbleiber 122
Spezialklassen 152
Spezialschulen 152
Staat 23 ff., 166 ff.
Staatsplanung 133
Staatssozialismus 21, 132
Stalinismus 142
Ständeordnung 14 ff., 58 ff., 61, 140, 166 ff.
Ständische Ehre 45
Stanford 66
Statusvererbung 79, 159 ff.
Subkulturen, schichtenspezifische 140 f., 164
System, duales 72 f.

Tauschbeziehung 167
Taylorismus 15
Technik 77
Technische Qualifizierung 20
Technokratie 207 ff.
Traditionale Autorität 78
Trennung von Hand- und Kopfarbeit 186

Überprüfbarkeit, gerichtliche 115
Unabhängigkeit 28
Ungleichheit, schichtenspezifische 15, 136 ff., 148 ff., 160
Unterrichtsfächer 178 ff.
Unterrichtshilfen 183 ff.
Unterrichtskommunikation 48
Unterrichtstag in der sozialistischen Produktion 186 f.
USA 15, 25, 80, 92, 94, 127 ff., 141

Verberuflichung 81 ff., 83 ff.
Verrechtlichung 24, 73, 112 ff.
Versachlichung 78
Verwissenschaftlichung 24, 27, 106 ff., 111, 171 ff.
Volksschule 56, 60
Vorbereitungsklassen 151

Weiterbildung, berufliche 88 ff.
Werterziehung 200
Wirtschaftsethik 40 ff.
Wissen, objektives 174 ff.
Wissenschaftlich-praktische Arbeit (WPA) 188 f.
Wissenschaftlich-technische Revolution 158
Wissenschaftliche Schülergesellschaften 152
Wissenschaftlichkeit 106 ff.